天下史学文库

知识分子与近代公共文化秩序建构

——以近代图书馆、博物馆创设为中心

山东省社会科学规划研究项目「近代文化秩序重建视域下的山东金石保存所研究」（18CLSJ18）阶段性成果

姬秀丽 著

武汉大学出版社
WUHAN UNIVERSITY PRESS

图书在版编目(CIP)数据

知识分子与近代公共文化秩序建构:以近代图书馆、博物馆创设为
中心/姬秀丽著.—武汉:武汉大学出版社,2021.10(2022.9重印)
岱下史学文库
ISBN 978-7-307-22363-9

Ⅰ.知⋯　Ⅱ.姬⋯　Ⅲ.知识分子—作用—文化机构—文化发展—
研究—中国—近代　Ⅳ.G129

中国版本图书馆 CIP 数据核字(2021)第 099059 号

责任编辑:李　程　贺紫君　　责任校对:李孟潇　　版式设计:马　佳

出版发行:**武汉大学出版社**　（430072　武昌　珞珈山）
　　　　（电子邮箱:cbs22@whu.edu.cn　网址:www.wdp.com.cn）
印刷:武汉邮科印务有限公司
开本:720×1000　1/16　印张:19.25　字数:266千字　插页:2
版次:2021年10月第1版　　2022年9月第2次印刷
ISBN 978-7-307-22363-9　　定价:72.00元

《岱下史学文库》编委会

总　序

　　"岱下史学文库"是泰山学院历史学院为提升师生的科研创新能力而设立的学术专著和教学成果出版项目,出版内容集结了老师们高质量的学术专著、学生优秀的专业论文与实践报告。

　　泰山学院位于泰山脚下的泰安市,是同城九所高校中唯一设置历史学类专业的学校,创办历史学院已满40载。几十年的风雨历程,几代人的辛勤付出,今天的历史学院已经具有了较强的教学和科研实力。目前开设历史学和文物与博物馆学两个专业;有"区域社会与文化研究中心"一个研究机构,"泰山民俗博物馆"和"文物保护与修复实验室"两个实习实训基地;拥有一支职称、学历、年龄结构合理的优秀教师队伍,专任教师23名,高级职称占比50%,博士占比80%。

　　适应高等教育发展的新形势,历史学院立足区域社会经济文化的发展,在科研方面坚持本省、同城的"错位发展",突出区域化研究特色,提高社会的认同度和影响力,以实现为地方社会发展服务;教育教学方面以培养高质量人才为目标,积极探索"应用文科"的教育模式,有效构建教学实践、科研实践、社会实践"三位一体"的实践教学体系,适应社会发展对人才培养的要求。

　　历史学院办学思路清晰,学术气氛浓厚,在全体老师们的共同努力下,近五年取得了显著成绩。专业建设方面,2017年入选山东省首批"黄大年式教师团队",2019年历史学专业获批国家一流专业建设点。科研立项和获奖方面,实现了人人有研究项目,人均研究经费达30余万元。目前主持国家社科基金项目 7 项，教育部人文社科规划项目 3 项，山东省社科规划项目 15 项；服务社会的横向课题 15 项，获得研究经费 700 余万元。2019 年获评山东省社科成果一等奖。学术交流方面，2016 年主办"第二届海丝文化国际青年学者联盟论坛"，2018 年主办"第四届全国区域文化研究会年会暨泰山文化研讨会"，2019 年 10 月主办"教育部社会科学委员会历史学学部工作会议暨七十年来中国历史学发展研讨会"，11 月主办"第三届全国财税史论坛"。在自身不断提高的基础上，历史学院也为学校的发展贡献了智慧和力量。从 2017 年至 2020 年，先后提交了四个建设方案：虚拟仿真实验室建设方案、学校发展口述历史方案、泰山石刻研究重大项目方案、区域文化保护与研究协同创新中心建设方案。

设立"岱下史学文库"这一出版项目，目的是搭建一个高品质的交流平台，营造一种潜心教学科研的良好氛围，推出一批高质量的研究成果，凝练一支高水平的研究队伍，以扩大学术和社会影响，推动历史学院的发展再上一个新的台阶。

"路漫漫其修远兮，吾将上下而求索。"历史学院的发展充满了坎坷曲折，艰难的环境磨砺出团队顽强的品格，大家凝心聚力，务实努力，积极进取。惟愿历史学院今后能够继续立足"区域社会与文化"的研究支点，探索"应用文科"的教育模式，发挥学科团队整体优势，实现服务社会新的突破，打造出一支教学和科研"双优"的教师团队。为教育事业和地方社会的发展做出应有的贡献。

历史学院　郭华

2020 年 5 月 25 日

前　言

鸦片战争以后，国难不断，时事堪忧，传统文化秩序承载了国内动荡的严重摧残，同时面临着近代化思潮的步步紧逼，礼崩乐坏成为普遍的社会写照，国人亟亟谋文化秩序重建以复兴民族，并进行了艰苦的探索和尝试。

本书基于唯物史观，基于史料，重点围绕从晚清到民国两个时期，近代公共文化秩序建构的理念、主体、实践三个方面，以近代图书馆、博物馆创设为中心。梳理近代公共文化机构在中国合理化的过程，探索在此过程中知识分子所发挥的作用。本书内容共分五章：

第一章为国外公共文化思想对中国的影响。一方面经由社会各界人士的全面宣传和介绍，安德鲁·卡内基及其图书馆捐助活动激发了国内社会力量投入图书馆事业的热情，并为他们参与图书馆建设提供了思路和解决方法。一方面近代国人在国外公共文化机构开展了一系列实践活动，以国人在不列颠博物馆阅读活动和著名考古学家夏鼐在海外留学期间的博物馆实践为中心的考察，发现近代国人对公共文化机构辅助教育的功能，对其免费面向公众开放的特征有了切实体会，为推动国内相应机构的设立提供了指导和样板。

第二章为知识分子的公共文化思想。以我国近代著名启蒙思想家梁启超、著名实业家张謇为代表，知识分子在传统文化和国外公共文化思想结合的基础上形成了公共文化建设理念，通过二人的公共文化建设实践，总结了他们的博物馆与图书馆共同发展思想。

第三章为近代公共文化机构建设主体。从"人"的角度分别论述图书馆、博物馆人群体及个别代表人物的特点，突出了知识分子在近代公共文化机构建设中的主导作用。

第四章为近代公共文化机构建设实践。分别从省会城市、地级城市论述了我国近代公共文化机构的建设概况。

第五章为余论。总结了近代公共文化秩序建构的规律及其对中华人民共和国成立以后公共文化秩序建构的启示。

目　　录

第一章 国外公共文化建设思想及其影响

第一节 安德鲁·卡内基的图书馆捐助活动及其对中国的影响

经过清末、民国时期的全面宣传和介绍，安德鲁·卡内基及其图书馆捐助活动对当时正处于萌芽时期的中国近代图书馆事业产生了重要影响。一方面，卡内基基金会为我国图书馆培养了专业人才，并捐助了书刊，另一方面，安德鲁·卡内基对图书馆的捐助活动激发了国内社会力量投入图书馆事业的热情，且为他们参与图书馆建设提供了思路和解决方法。

一、安德鲁·卡内基及其图书馆捐助活动

安德鲁·卡内基(Andrew Carnegie，1835—1919)，与洛克菲勒、摩根并立，是19世纪中后期美国经济界的三大巨头之一。从一文不名的移民到堪称世界首富的"钢铁大王"，他是一个充满人类使命感和爱心的慈善家，在功成名就后，他几乎将全部的财富捐献给社会。到他去世前，捐献总额已经超过3.3亿美元。其捐款数额之巨大，足以与设立诺贝尔奖的瑞典科学家、实业家诺贝尔相媲美。

在卡内基移居美国开始童工生活后，曾长时间在一位叫安特森的私

人图书室里借书阅读，这令他终身受益，为他的成长、事业和修养奠定了坚实基础。这位从安特森先生的私人图书室走出来的劳动儿童，对所受之恩以涌泉相报，1890年卡内基在捐建的安特森图书馆的纪念碑文中写道："立此碑的是，从前的劳动儿童之一。因为先生的恩赐，才能和人生的理想、上进的指南、知识的宝库接近。因而立此碑以对所受恩泽永志不忘。安德鲁·卡内基。"①卡内基经过深入研究后，列出了七大慈善领域，而捐建免费图书馆则位列"首选"。他从自身的成长经历中真正认识到正是图书馆书籍中的知识开启了他的智慧，提升了他的能力和素质，因此才有了后来的功成名就。为此，从1880年起到20世纪初，卡内基通过其基金会以前所未有的规模参与了图书馆事业。

1881年，卡内基首先向故乡苏格兰邓费尔姆枚（Durfermline）捐资兴建公共图书馆，之后他不断为美国的许多社区、乡镇、大学捐款兴建图书馆。1901年，卡内基在给纽约市公共图书馆筹备委员会主任的一封信中写道："如果纽约公共图书馆能够健全它的分馆建设，使纽约市各个社区里生活的民众受益，那么我将很愿意提供图书馆分馆的建设费用——也就是520万美元，它们今后的维持和维修费用也由我来承担。"②纽约市公共图书馆就用这笔钱修建了65个分馆。通过这些图书馆的建立，他希望千千万万青年，都能像他那样，利用图书馆自学成才。之后他又陆续在美国、加拿大、英国捐建图书馆，终其一生共兴建图书馆3000座左右。其中美国1946座，英国660座，加拿大156座，新西兰23座，南非13座，西印度群岛6座，澳大利亚4座，塞舌尔、毛里求斯、斐济各1座等。

卡内基最初捐助图书馆的方式一般是捐献馆舍。获得卡内基的捐助必须满足两个条件："一是申请捐助的社区必须无偿提供土地用于修建

① 李忠昊：《四川省图书馆百年馆庆纪念文集》，四川人民出版社2013年版，第154页。

② 翟艳芳、赵喜红：《美国钢铁大王卡内基与图书馆》，《图书与情报》2007年第4期。

图书馆，而他的捐助只能用于图书馆的建筑开支，而不是采购图书和人员工资；二是接受捐助的社区政府必须立法同意将每年当地地方税收的至少10%用于图书馆的维护和人员开支。"①可见，卡内基力主图书馆的可持续发展，并非局限在建好图书馆了事，而是要地方政府以立法方式保证对图书馆的持续支持，以此作为捐款前提，因此"卡内基的捐款模式客观上促进了具有美国特色的图书馆立法，使美国形成了以地方立法为基础的政府对公共图书馆事业的支持体系"。② 它播种了用公共支出提供图书馆服务是政府一项固有功能的理念，其意义非常深远。

从1925年起，卡内基基金会开始资助图书馆教育。卡内基基金会开始了一个"图书馆10年改善项目"，除了拨出500万美元来支持图书馆服务的各种图书馆特殊项目外，还拨出380万美元资助芝加哥大学图书馆学校、哥伦比亚大学图书馆学校、密歇根大学图书馆学校、北卡罗来纳大学图书馆学校、加拿大麦吉尔大学图书馆学校等10个图书馆学校改进教育工作，提高教育质量。"卡内基基金会从资助图书馆馆舍建设转到了对图书员教育，这段历史特别值得中国图书馆界注意……漂亮的馆舍、先进的设备、丰富的馆藏，并不等于就是好的图书馆。好的图书馆需要专业化管理和专业化的服务。没有高质量的专业化管理与服务，再好的物质条件也无法充分发挥其作用。"③

卡内基的图书馆捐建活动"直接和间接地影响到美国社会生活的各个层面"④，开创了美国图书馆史上的卡内基时代，"促进了美国文化知识的传播，推动了美国民主思想的发展和民主社会的进程，在美国历史

① 翟艳芳、赵喜红：《美国钢铁大王卡内基与图书馆》，《图书与情报》2007年第4期。
② 范并思等编著：《20世纪西方与中国的图书馆学——基于德尔斐测评的理论史纲》，北京图书馆出版社2004年版，第7页。
③ 陈肃：《专业化：从北美经验看中国图书馆教育的改进》，《大学图书馆学报》2004年第6期。
④ 侯玮辰：《卡内基图书馆捐建活动的历史与价值》，北京大学硕士学位论文，2010年，第54页。

上具有举足轻重的地位"①。同时它也是"世界图书馆事业史上规模最大、历时时间最长的一项捐款"②，对 19 世纪末 20 世纪初世界图书馆事业与图书馆学发展都产生了广泛而深远的影响，也是当时正处于萌芽时期的中国近代图书馆事业不可忽视的重要内容。

二、清末国人开始关注卡内基的图书馆捐助活动

清末，经过西方传教士、开眼看世界的中国人、维新派、新政期间的中央和地方各级政府，以及地方士绅的共同努力，图书馆事业作为一种教育机构在中国必须确立的问题得到解决。在此过程中，卡内基的图书馆捐助活动引起国人的注意。

梁启超作为维新派的代表人物，发挥的启蒙作用功不可没，他是把卡内基介绍到中国的第一人。光绪二十九年(1903)，流亡海外的梁启超应美洲保皇会之邀再度游美。在美洲的 8 个月中，梁启超对心仪已久、羡慕向往的美国作了广泛的实地考察。在梁启超游览了卡内基的钢铁企业大本营——美国匹兹堡后，其人引起了他的注意："卡匿奇(卡耐基)为现今美国第一富豪。然其所以为世模范者，不在其能聚财，而在其能散财。"③在游历美国其他城市之后，梁启超通常使用诸如"游波士顿""游华盛顿""游费城"之类的文字作为当天日记的标题，但是参观匹兹堡之后梁启超使用的日记标题是钢铁大王的名字"卡匿奇"。他了解到"卡匿奇彼常语人曰：'积资产以遗子孙，大丈夫之耻辱也。'于是定计，将其有五万万美金之财产，务于生前悉散之，分布于社会之自助者，务使得其所，毋失其宜。彼近年来之苦心，皆在于是。彼尝言大集者必当大散，集之固不易，散之亦良难"。指出卡内基捐助社会的目的

①　范并思：《卡内基图书馆计划的回眸与反思》，《中国图书馆学报》2010 年第 1 期。

②　范并思等编著：《20 世纪西方与中国的图书馆学——基于德尔斐测评的理论史纲》，北京图书馆出版社 2004 年版，第 7 页。

③　梁启超：《新大陆游记》，社会科学文献出版社 2007 年版，第 100 页。

是为了资助社会上自立自强之人。

梁启超进一步了解到卡内基对美国图书馆事业的贡献,钢铁大王卡内基多年来捐助"纽约市图书馆一千万元,纽约以外美国诸市之图书馆凡一千万元,必珠卜(即匹兹堡)图书馆及工人救恤费一千万元,都合捐出八千万元以上云"①。他对卡内基的善举既惊讶又赞许,"卡氏以图书馆为慈善事业之第一,倾全力以助之。余所至各市,无不见有卡氏所立图书馆者"②。

梁启超重点说明卡内基捐助图书馆的原因是"助其能自助者",理由是"自发心欲上梯子者,从后助之可也。若不欲上者,虽助之亦不得上,徒令其受堕落之苦而已,是非益之却害之也"。他对此触动很大,因此在看到日本得其捐助而中国没有后,感叹说:"殆岂中国人无自助力,不足邀卡氏之助耶!"③梁启超这句话的用意当然是在启发国人须自助而后始得人助,须自求上进才能得到帮助。

当时中国还处在传统的藏书楼时代,梁启超对于近代图书馆的了解也仅限于初步。在读书期间,他就与二三同志,各出其所有之书,聚书而成万木草堂书藏,"以饷戚好中之贫而好学者",希望能有利于养成其才,"以备国家缓急"。④ 1895 年 7 月,梁启超在北京主持维新运动总机关——强学会时,设立了强学书藏,"备置图书仪器,邀人来观,冀输入世界之知识于我国民"⑤。1896 年,梁启超在他主编的《时务报》创刊号上,称"泰西教育人才之道,计有三事,曰学校,曰新闻馆,曰书籍馆"⑥。所谓书籍馆即图书馆,在梁启超眼中,作为强国智民的重要机构,图书馆的地位与学校和报纸同样重要。1899 年 6 月,梁启超

---

① 梁启超:《新大陆游记》,社会科学文献出版社 2007 年版,第 100 页。
② 梁启超:《新大陆游记》,社会科学文献出版社 2007 年版,第 100 页。
③ 梁启超:《新大陆游记》,社会科学文献出版社 2007 年版,第 100 页。
④ 郭绍虞编:《近代文编》,辽宁人民出版社 2012 年版,第 194 页。
⑤ 茅海建编:《戊戌变法史事考二集》,生活·读书·新知三联书店 2018 年版,第 282 页。
⑥ 任继愈:《中国藏书楼》,辽宁人民出版社 2001 年版,第 1555 页。

在其主办的《清议报》上译载了《论图书馆为开进文化一大机关》一文，该文罗列了图书馆的八大利益，认为图书馆不但能"使现在学校教育之青年学子得辅助其知识之利"，也能"使凡青年志士有不受学校教育者得知识之利"，还能"使阅览图书者得加速知地球各国近况之利"，"不知不觉使养成人才之利"。① 这表明梁启超已深刻意识到近代图书馆的重要功能，即图书馆是具备普及知识，传授技能等开启民智功能的社会教育机构，因而他大力提倡建立图书馆，但对于图书馆如何建立、如何管理等都还没有重视，至于政府出资兴办图书馆之事，他见所未见，而由个人出资兴建众多图书馆之举则更是难以想象，故而对当时卡内基竟能捐出巨资兴建图书馆，用于培养人才，换取最大的社会效益之举，即使像梁启超这样博览群书、见多识广的文化精英，也不得不叹为观止。他对卡内基非常仰慕，可惜他"至必珠卜时，卡氏往欧洲，惜未得见"②，与卡内基失之交臂。

梁启超的美国之行，使他看到当时中国与世界先进国家图书馆事业的差距，尤其是对卡内基的一系列图书馆捐助活动印象深刻并深受启发，认识到个人捐助图书馆将是我国发展图书馆事业的重要途径，因而他游美归来大力宣传卡内基的善举，撰写了《新大陆游记》（最初是由横滨"新民丛报社"作为《新民丛报》的临时增刊而于 1903 年 12 月发行于世），该书先后四处写到图书馆，其中详细论述了卡内基对图书馆事业的贡献，并分析了其中的原因，这是中国最早关注卡内基图书馆捐助活动的记载。1904 年由梁启超主笔的《新民丛报》第 29 期又专文刊登了《美国富豪卡匿奇氏》一文，全面介绍了卡内基的善举。

继梁启超之后，时任上海商务印书馆编译所编辑的孙毓修，"援仿

---

① 《清议报》第 17 期（光绪二十五年五月一日）"外论汇释"，台湾京华书局影印本 1967 年版，第 15~16 页。

② 梁启超：《梁启超游记》，东方出版社 2012 年版，第 323 页。

密土藏书之约，庆增记要之篇，参以日本文部之成书，美国联邦图书之报告"①，于1909年写成长达2万余字《图书馆》一文，并在商务印书馆的《教育杂志》上连载，这是中国学者对图书馆的第一次系统论述，具有开创性的意义。在该书中他"考美国图书馆之基本出于富豪之捐助者，十居五六。其类有三，一金钱之捐助，二产业之捐助，三书籍之捐；吾国任恤之典，载于周官，即今风虽未古，而救灾扶患，慷慨倾囊，其事往往而有。然以衣食馈贫，惠在一时，以诗书馈贫，惠于毕世。善于散财者，知必有，味乎鄙言，而视助地方图书馆之较他事为急矣。以书籍为捐助，尤有益于公而无害于私"②。指出美国图书馆一半以上都有富豪捐助，捐助有资金、产业、书籍三种方式，我国从古时候就有抚恤的传统，当前也多有捐助灾患的，但他认为馈赠衣食一时受益，馈赠书籍则一生受益。所以捐助图书馆是当前社会发展急需的，而在美国图书馆事业的发展中，"观察不以私之于儿孙而公之于桑梓，其有美国卡匿奇 Carnegie、泰罗尔 Taylor、尼古刺 Nechaler 诸人之风矣"③。说明在美国以卡内基为代表的富豪对图书馆的捐助已经形成了一种社会风尚，鼓励国内富豪效仿卡内基等人多捐助图书馆。

可见，梁启超、孙毓修等人在对国外图书馆事业的考察或参考过程中，通过关注卡内基的图书馆捐助活动，已经意识到社会力量捐助对图书馆事业发展的重要意义。

三、民国时期，社会各界对卡内基图书馆捐助活动的全面宣传和介绍

民国时期是图书馆事业发展壮大的重要时期，摆在人们面前的重要

---

① 孙毓修：《图书馆》，中国图书馆学会主编，《建筑创作》杂志社编：《百年文萃：空谷余音》，中国城市出版社2005年版，第15页。

② 孙毓修：《图书馆》，中国图书馆学会主编，《建筑创作》杂志社编：《百年文萃：空谷余音》，中国城市出版社2005年版，第15~16页。

③ 孙毓修：《图书馆》，中国图书馆学会主编，《建筑创作》杂志社编：《百年文萃：空谷余音》，中国城市出版社2005年版，第16页。

问题是如何发展图书馆事业。同时中国教育界经过明辨择善，已经把教育改革的参照重心由日本转向美国，图书馆事业作为教育机构的一部分，其发展也不外如此，卡内基其人及其图书馆捐助活动随着美国图书馆思想的传播被全面介绍和宣传到中国，这一过程中曾经出现过"卡匿奇""卡尼基""卡内基""康内基"等译名，后来逐渐统一称为"卡内基"。

(一)小学教材中的卡内基公益形象塑造

出版于民国二年(1913)的小学国文教材《修身国文》，原名《中华修身教科书》，共八册，编者为沈颐、路费达、戴克敦。该书主要目的在于教育孩子如何提升自己的道德修养，如何待人接物。其中第六册，第十三课公益的内容为，"卡匿奇，美之富豪。尝曰，积财产以遗子孙，大丈夫之耻也。又曰，大集者必当大散。于是尽出其家财，散助社会"①。可见卡内基的散尽财产资助社会发展的公益思想已经成为民国时期国民教育重要内容。该教材在当时影响非常大，前后印行达2560万册，卡内基的公益思想也随之广泛传播。

(二)文化名人对卡内基图书馆捐助活动的关注

1917年3月，在美国留学的胡适参观了纽约公共藏书楼，发现该馆："于今年正月一月之中，凡借出书籍一百万册有奇，可谓盛矣。此邦之藏书楼，无地无之。纽约之藏书楼共有支部四十三所，计去年一年中，在楼中阅书者凡六十二万余人，借出之书凡八百八十三万册，在楼中翻阅之书凡一百九十五万册。藏书分二部：(一)参考部(备读者在楼中参考之用，不能取出)凡一百二十五万一千二百八册。(二)流通部(可以假出)凡一百一万九千一百六十五册。1901年卡匿奇氏捐金五百二十万为纽约城造流通藏书室支部之用，而纽约市政府助以建筑地之

---

① 沈颐、路费达、戴克敦编：《民国老课本》中册，群言出版社2015年版，第128~129页。

费。今之支部林立费，皆出于此云。"①胡适对纽约图书馆的规模和服务感到震惊，卡内基对图书馆的捐助则让他深受启发，因而提出："吾归国后，每至一地，必提倡一公共藏书楼。在里则将建绩溪阅书社，在外则将建皖南藏书楼，安徽藏书楼。然后推而广之，乃提倡一中华民国国立藏书楼，以比英之 British Museum，法之 Bibliotheque Nationa，美之Library of Corgress，亦报国之一端也。"②决心回国后要提倡建立公共图书馆作为报效国家的重要方式，从家乡安徽绩溪建起，然后建皖南藏书楼和安徽藏书楼，由小到大逐级推广，最后建成可以与英国不列颠博物馆、法国国家图书馆、美国国会图书馆相比肩的中华民国国立图书馆。

1918 年，钱基博兼任无锡县立图书馆馆长，他很注重地方文献建设，大力开发无锡地方文献资源。1919 年，他计划主持编制《锡山先贤丛书》，以达到"蒐刻遗文，表彰幽隐，以诏四方之来观化者，后进之县又将来取法焉"③，他为此还特意制订了《无锡县图书馆刊刻"锡山先贤丛书"计划书》，从五个方面具体说明规范，详尽切实。此丛书卷帙浩繁，于一县立图书馆而言，实为浩大工程。为募集出版资金，他特写信给荣德生，在信中提道："博闻美国钢铁大王卡匿奇氏者，彼都第一富豪也，吾国梁任公先生尝称氏所以为世模范，不在其能聚财，而在其能散财。其散财之道，则以捐助图书馆为第一，所至各市，无不见有卡氏所立图书馆者。今先生之散财，实即中国之卡氏，岂博等一乡一邑之人所得私引以为荣利！"④以卡内基为例，建议荣德生效仿卡内基捐助无锡图书馆。1956 年荣氏家族遵荣德生先生的遗命，将其创办的大公图书馆 6 万余册藏书以及私人珍藏 3765 部、53263 册古籍线装书捐赠无

①　杨宏峰主编：《新青年简体典藏全本》第 5 卷，第 1~6 号，宁夏人民出版社 2011 年版，第 209 页。

②　谢军、钟楚楚编辑：《胡适留学日记》，海南出版社 1994 年版，第 373 页。

③　毛本栋：《钱基博与无锡图书馆》，《城乡建设》2017 年第 8 期。

④　钱基博著，傅宏星主编：《钱基博集：方志汇编》，华中师范大学出版社 2013 年版，第 26 页。

锡市图书馆，极大丰富了馆藏乡贤著述和地方资料，成为重要的馆藏特色，这正是对钱基博的回应。

1948 年，范左青为抗战建国实现大同，著《乌国春秋》一书，在该书施政时期根除遗产毒素部分，指出国家应鼓励福利生产事业，积德留名，光前裕后。"泰西各国亦有勒伐氏之模范工厂优待劳工，卡匿奇氏之办图书馆，助研究学会基金。"①卡内基捐助图书馆就是典范。

(三)图书馆学人对卡内基图书馆捐助理念的宣讲

1917 年开始，赴美留学归国的沈祖荣、胡庆生、刘国钧等人于各地演讲或撰文宣讲图书馆事业，宣传近代图书馆理念。沈祖荣是我国第一位留学美国学习图书馆学及第一位学成回国的图书馆学家，以他演讲为开端，从此宣讲图书馆的主要力量，由社会名流或其他学科的大学问家，变为了职业图书馆学家。职业图书馆学家们从更加专业的角度述说着他们对近代图书馆的理解，在宣讲近代图书馆的创立时，卡内基对图书馆事业的捐助是他们绕不开的重要内容。

刊登在《东方杂志》的《沈绍期君在报界俱乐部演说图书馆事业》一文，是见诸报刊的沈祖荣归国后的第一篇演说辞。在演讲中，他提道："美国钢铁大王康奈基先生，亦得力于图书馆，故致富后，特捐四千余万美金，建图书馆四十五所，此图书馆造就人才之铁证也。"②胡庆生在 1923 年 5 月 18 日为浙江省教育会作的演讲——《公共图书室之需要》，他讲道："凡私人捐建之图书馆在欧美甚多，如美国钢铁大王康内基能以独立创建大规模之图书馆，鄙人亦甚愿我国之有康内基其人也。"③刘国钧写于 1921 年的《近代图书馆之性质及功用》一文提到"美国迦立基以贫儿起家拥资亿兆，自言生平得图书馆之力至多，故捐资巨万以建立

---

① 范左青：《乌国春秋》，上海商务印书馆 1948 年版，第 54 页。
② 沈祖荣：《在报界俱乐部演说图书馆事业》，中国图书馆学会主编，《建筑创作》杂志社编：《百年文萃：空谷余音》，中国城市出版社 2005 年版，第 18 页。
③ 胡庆生：《公共图书室之需要》，《浙江公立图书馆年报》1922 年第 8 期。

图书馆及馆员之学校"①。

他们针对"吾国财政入不敷出如此,无力偏设学校,更何论乎图书馆"的现状,先后简要介绍了卡内基的图书馆捐助活动,同时提到"凡私人捐建之图书馆在欧美甚多",说明卡内基式的图书馆捐助活动在欧美非常普遍。通过揭示卡内基之所以捐助图书馆是因"得图书馆之力至多",说明卡内基是从图书馆受益良多而反哺图书馆,从而进一步反映图书馆在人才培养方面的重要作用,说明图书馆"至甚重要"。由此"甚愿我国之有康内基其人也",期盼中国出现卡内基式人物。

图书馆学人对当时卡内基基金会的活动也同步保持了高度关注。中华图书馆协会创办的《中华图书馆协会会报》先后 10 次报道了有关卡内基基金会的活动,主要内容是卡内基基金会对各国图书馆事业的补助和奖励情况。

(四)五四知识分子对卡内基图书馆捐助活动的赞美

在图书馆人对卡内基图书馆捐助活动宣讲的同时,卡内基为社会谋福利的公共精神,也使他获得了中国五四知识分子的赞美,对图书馆学人关于卡内基图书馆捐助活动的宣讲活动起到了重要的助推作用。在新文化运动的阵地——《青年杂志》创刊号的封面正中,为卡内基的头像,该刊物第一卷第一号还刊登了彭德尊的文章《卡内基传》,在对卡内基学习、创业、投资公益等经历的全面介绍中,其对图书馆的捐助活动作为一种散财办法囊括其中。接着,在第一卷第三号里,陈独秀在《抵抗力》一文中还特别引用了卡内基的名言"遇难而退,遇苦而悲者,皆无能之人也"②。

---

① 刘国钧:《近代图书馆之性质及功用》,中国图书馆学会主编,《建筑创作》杂志社编:《百年文萃:空谷余音》,中国城市出版社 2005 年版,第 24 页。
② 陈独秀:《独秀文存》,安徽人民出版社 1987 年版,第 25 页。

(五) 国外著作编译中对卡内基图书馆捐助活动的介绍

1919 年，在华盛顿大学专攻教育学的孟宪承翻译了美国黑人教育家布克·华盛顿(1856—1915)的自传《黑伟人》(今译为《超越奴役》)一书，书中摘录了华盛顿为争取卡内基资助阿拉巴马州塔斯基吉师范学校图书馆而写的信，信中介绍了该图书馆的现状后，指出该馆缺乏规范的藏书库和宽敞的阅览室，恳请卡内基捐助，认为"先生之赐将不仅泽及吾校，且霑溉贫苦学生，使能以工求学，仁人之惠利至溥也"①。1929年，时任浙江大学教授的孟宪承在《教育与民众》第一卷第五期发表对《英美的工人教育》著作的介绍一文，文中提及 1859 年美国劳工教育团体郭波学社(Cooper Union)成立。该团体包括"一个图书馆、大会堂和一所完全的工艺学校。郭波自己捐了美金二百万元，钢铁大王卡匿奇捐了六十万元，还有某富翁捐了四十万元，这郭波学社成了美国惟一的巨大工人教育机关"②。

出版界还编译了多种版本的卡内基自传，如由董瑞春翻译、中华书店出版的《世界实业大王》，由陈陟、张翼人编著经纬书局出版的《卡尼基自传》，由于树生翻译、商务印书馆出版的《卡尼基自传》等。在董瑞春翻译的《世界实业大王》一书中，列举了 18 位世界实业大王，卡内基位列第三，书中介绍了"多财而吝者谓之守财虏，卡匿奇氏非其人也，彼既创世界上伟业，名震全球，且常有博爱慈善之举。而以赈济穷困。自乐其志，凡公开图书馆暨诸公益事业得彼资助者随在而遇，是故卡匿奇氏不仅实业家之领袖也，亦思想界之大恩人"③。之后列举了卡内基资助图书馆的情况。

---

① 华盛顿著，孟宪承译述：《黑伟人》，上海商务印书馆 1919 年 1 月初版，1920 年 8 月再版。
② 孟宪承著，周谷平、赵卫平编：《孟宪承教育论著选》，人民教育出版社 1997 年版，第 188 页。
③ 董瑞春译：《世界实业大王》，中华书店 1927 年版。

（六）图书馆学人撰写的图书馆学著作中对卡内基图书馆捐助活动专业论述

当时的许多图书馆学著作在论及图书馆经费、图书馆与实业界关系等问题时，往往要论及卡内基的图书馆捐助活动，如我国图书馆学的先驱者杨昭悊在其编著的《图书馆学》中提到"创办图书馆经费，捐助金要算最好的来源"。"美国人士热心公益，对于图书馆事业尤其乐于捐助。据 1919 年调查，美国图书馆捐助金有五千多万美元，其中有四分之三都是卡勒几捐助的。卡勒几对图书馆具特别热诚，凡城市想创办图书馆的，若得他的援助，全部创办费都由他担任。"①

由通俗教育研究会编译的日本图书馆协会编辑的《图书馆小识》，第一章图书馆建设之理由部分："昂铎利卡匿奇者，本贫家子也，力不能受学校教育，初依知交借读，劳作得暇，刻苦自修，及得志，富甲全球，遂设图书馆以资公益，之二人（指该文前述法兰克林与卡内基）者，遭遇不时，教养无资，知德功业，乃其自成。刚毅坚忍之性，不少慨见。今也岁抛数十百万之私财，用广图书馆之建设，更能以利己者利天下，尤可佩也，二子以借读自修，身成名立，终能不忘其本，世界图书馆，亦因之先后起立。"②第四章图书馆之创立及经费部分："图书馆轫班费收得捐助金，亦当注意。盖维持书馆方法，可提出捐助金之一部做基本金，留置保存，以备缓急，若以建筑设备动用全部，至无闲余，建筑无论若何完备，苟维持费不敷用，设有缓急，立见竭蹶，非计之得也。美人卡匿奇氏捐助图书馆之件，既达两千，值金一亿万元以上，别订条件，令受捐助之都市，作为图书馆基地之用。更负担卡氏捐款之一

---

① 杨昭悊：《图书馆学》，商务印书馆 1933 年版，第 133 页。
② 通俗教育研究会编译：《图书馆小识》，通俗教育研究会 1917 年版，第 4 页。

成，作为常年维持费。于是捐助之效果，遂得圆满，其用意至深远也。"①

图书馆学者马宗荣在其所著《现代图书馆经营论》中对卡内基捐助图书馆的方式、方法都有详细的介绍。"美国卡勒几氏捐款于美国图书馆时，附有二条件：其一，即要求受捐的地方团体须捐出图书馆应用的宽宏的土地。其二，须承诺划出其所捐的款，十分之一作为基金，以为常年费之源泉。这是吾国慈善家所宜引以为法的。"②

社会各界对卡内基图书馆捐助活动的关注，尤其是图书馆学人撰写的图书馆学著作"直接为图书馆事业在中国的壮大提供了具体的方法论指导"③，他们在宣传的基础上已经将卡内基图书馆捐助活动上升到理论高度，将社会力量效仿卡内基对图书馆事业进行捐助视为一条解决图书馆发展问题的重要道路，这条道路的出现对于当时中国近代图书馆事业确实产生了重要影响。

四、卡内基的图书馆捐助活动对我国图书馆事业的影响

(一)直接支持我国图书馆事业的发展

1. 为我国培养了图书馆学专业人才

近代中国早期的图书馆学专业人才大多毕业于美国的图书馆学校，鉴于卡内基对美国图书馆事业的重要贡献，这些留学生图书馆专业学识的获取与卡内基及其基金会的支持也是分不开的。如据相关资料记载，新中国成立前山西留学生"焦芳泽，字德甫。美国卡匿奇图书馆专业毕

---

① 通俗教育研究会编译：《图书馆小识》，通俗教育研究会 1917 年版，第 21 页。

② 马宗荣：《现代图书馆经营论》，商务印书馆 1928 年版，第 26~27 页。

③ 范凡：《民国时期图书馆学著作出版与学术传承》，国家图书馆出版社 2011 年版，第 4 页。

业"①。又如吴光清是中国早期取得图书馆学博士学位的少数学者之一，也是唯一曾在中美两国国家图书馆担任主要职务的人物。1930年他获得美国卡内基基金会的奖学金，赴美入哥伦比亚大学进修，主修图书馆学，1931年取得学士学位，回国后曾经担任过金陵女子大学图书馆馆长、国立北平图书馆编纂兼编目部主任和《馆刊》编委等职。著名图书馆学者刘国钧在美国学习图书馆学期间，也曾经在卡内基图书馆实习过。

2. 为我国多家图书馆捐赠了书刊

1917年年底，由于埃尔文·约翰逊（Alvin Johnson，1874—1981）的调查报告严厉批评了美国卡内基图书馆的服务效果等原因，卡内基财团决定无限期停止对图书馆建设项目的审批，但一直保持对图书馆教育和服务等领域内的援助工作。

我国的许多图书馆得到过卡内基基金会的捐赠，特别是教会大学图书馆居多。如"华盛顿卡内基协会和卡内基国际和平基金会分别于1917年和1923年把圣约翰大学当作自己的书刊集散地，前者出版科学书籍，后者出版历史、经济和国际法书籍"②。1934年，金陵大学图书馆接受过卡内基国际和平基金会所赠该会出版品全份，卡内基学社所赠该社出版品全份等。沪江大学国际关系图书馆是中国第一所国际关系图书馆，卡内基基金会曾经赠送给这个图书馆大量图书，并与该馆长期合作。

中国教育界也积极争取卡内基基金会对中国图书馆事业的支持。如蔡元培担任北京大学校长期间，亲自主持营造图书馆，扩充藏书。1920年11月，他赴欧洲，除考察英美教育外，还为建设图书馆募捐资金。他访问了卡内基国际和平基金会，希望其能长期提供资料来源并得到支持。1921年7月7日，蔡元培致函卡内基国际和平基金会总干事斯科

---

① 丁天顺、许冰：《山西近现代人物辞典》，山西古籍出版社1999年版，第632页。

② 孟雪梅：《近代中国教会大学图书馆研究》，国家图书馆出版社2009年版，第82页。

特博士表示感谢，在信函中，他写道："您乐意将北京大学图书馆列为获得卡内基国际和平会出版品的图书馆之一。我深信，这些刊物将长期为我国学生提供资料来源，对他们具有持久而重要的价值。"①1935年，木斋图书馆得到"迦尼奇基金会赠书"。1938年，美国卡内基科学院又向国立北平图书馆馆赠送多种书籍，价值数千元。

卡内基基金会捐给中国的书刊都非常具有研究价值和收藏价值，成为我国近代图书馆藏书的重要组成部分。

3. 极大地推动我国社会力量积极参与图书馆建设

在近代图书馆发展的关键时刻，沈祖荣、胡庆生、刘国钧等人通过对卡内基图书馆捐建活动的宣传，使"图书馆之设置，不必尽赖政府。各地方人民，可合力为之"②的理念，深入人心，推动了社会各界效仿卡内基积极投身于图书馆建设，"热心教育之士，慨捐巨款"，以实现"各处遍设图书馆"的终极目标。如梁启超在1916年为纪念爱国将领蔡锷将军筹办松坡图书馆，在他亲自撰写的《创设松坡图书馆公启》中，还提道："昔美国豪绅卡匿奇氏尝云：一国图书馆之有无多寡，可以觇其国文野之程度。此言若信，则我国民与世界相见其惭汗为何如哉！夫我国频年以来，故家零落，古籍散佚，日稀一日。苟非有宏馆以网罗之，恐十年以后方策，且将扫地以尽。为保存国粹计，藏弆岂容更缓？"③由卡内基认为图书馆数量与国家文明程度有关说起，提出我国为保存国粹，进行图书馆建设的紧迫性。以卡内基的话语作为行动的目标，可见其影响之深刻。图书馆学家杨昭悊也效仿卡内基，与兄长一起筹资在家乡湖北谷城建立了杨太夫人纪念图书馆。据统计，1930年全国已有图书馆2935个，其中私立图书馆373个，有研究表明这与"晚清与民国时期，政府对于私立图书馆立场的连续性和一致性及政府一直把

---

① 高平叔：《蔡元培年谱长编》下，人民教育出版社1998年版，第420页。

② 沈祖荣：《在报界俱乐部演说图书馆事业》，中国图书馆学会主编，《建筑创作》杂志社编：《百年文萃：空谷余音》，中国城市出版社2005年版，第18页。

③ 梁启超：《饮冰室合集·文集之40》，中华书局1989年版，第29页。

私立图书馆的发展纳入图书馆事业的统一轨道的正确做法"①是密不可分的，但是政府对于私立图书馆的支持与图书馆学人全面宣传和介绍以卡内基为代表的美国社会力量参与图书馆建设也是分不开的。

当然，由于中国缺少产生卡内基式大实业家的社会和时代环境，不会出现卡内基那种大规模、持续的图书馆捐赠活动，当时社会各界对图书馆事业的捐助仅局限于对一两个馆的经费支持或图书捐赠，而且这种捐赠多是一次性的。

4. 为当时社会力量参与图书馆建设的方式提供了借鉴

卡内基捐助图书馆的行为深入人心，虽然 1907—1908 年美国图书馆协会主席博斯特威克博士（Arthur E. Bostwick）指出"从来没有任何规定和要求以任何形式来纪念这些捐赠，也没有任何规定和要求把他的名字铭刻在建筑上"②。但卡内基图书馆已成为"一个很大众化的称呼"，成为纪念捐赠人的图书馆特有的命名方式。这种纪念方式的出现给当时的中国人纪念先人或英雄提供了一个思路，以前的中国人"多谓范金以铸范蠡，立祠以祀诸葛"，只知道通过立神道碑、塑像、建祠堂等来纪念先人或英雄，设立纪念图书馆则在"可以系人怀思"的同时，又"使社会永被其泽"，使纪念具有了公益意义，所以近代中国出现了许多"为纪念而设立者，或为有功德之人或为重大之事皆可设立"③的纪念图书馆。除了松坡图书馆、杨太夫人纪念图书馆外，还有科学社为纪念胡明复先生创建的明复图书馆、卢木斋先生在南开大学建立的木斋图书馆和在北京建立的木斋图书馆、冯平山捐助的广东新会景堂图书馆、江苏齐孟芳捐款兴建的东南大学孟芳图书馆等。还有的图书馆为解决经费问

---

① 王小会：《清末和民国时期图书馆人事制度考略：民国图书馆相关法规研究》，《大学图书馆学报》2012 年第 2 期。

② 范并思：《卡内基图书馆计划的回眸与反思》，《中国图书馆学报》2010 年第 1 期。

③ 唐铖、朱经农、高觉敷：《教育大辞书》，商务印书馆 1930 年版，第 1360页。

题，以捐助者之名命名为条件吸引社会各界热情捐助，如 1924 年创立的甲子社人文类辑部，从 1927 年开始议论筹办图书馆的事情，但当时苦于没有经费，遂规定"如有私人独立捐助者，以捐助者之名为该图书馆名称"①。1933 年实业家叶鸿英前来参观人文社，了解其工作的意义后，答应捐资筹建图书馆，该馆遂定名为"鸿英图书馆"。这种纪念图书馆无论公立、私立，都打上了深深的社会力量参与图书馆建设的烙印，发展成激励社会力量参与图书馆建设的一种途径。

总之，经过清末、民国时期社会各界对卡内基及其图书馆捐助活动的全面宣传和介绍，卡内基的图书馆捐建活动对当时正处于萌芽时期的中国近代图书馆事业真正成为一种被社会公众所关注的事业产生了重要影响，一方面它通过为中国培养图书馆学专业人才，为我国图书馆捐助书刊直接支持了中国图书馆事业，另一方面它激发了社会力量投入图书馆事业的热情，并为他们参与建设图书馆提供了解决方法和思路。

第二节　近代知识分子在国外公共文化机构的实践

一、近代国人在不列颠博物馆的阅读活动

近代国人在不列颠博物馆的实践主要是阅读活动。"阅读是人类重要的认知活动"②，它既是一种普遍的文化现象，也是一种历史现象。晚清以来，我国由传统社会开始向近代社会转型，阅读的变迁与转型尤为显著，不列颠博物馆（即大英博物馆）则是推动和见证我国传统阅读到近代阅读转型的重要公共空间。

不列颠博物馆是中国人较早接触到的西方博物馆，从晚清到民国，

---

①　杨宝华、韩德昌编：《中国省市图书馆概况（1919—1949）》，书目文献出版社 1985 年版，第 160 页。

②　王余光等著，许欢、李雅编：《中国阅读文化史论》，北京图书馆出版社 2007 年版，第 3 页。

一些外交官员、学者、政治流亡者，流连忘返于该馆，阅读的空间由国内走向国外，阅读活动的主体由外交官员为主到学者为主，阅读目的由猎奇到求知，阅读形式由被动到主动，阅读内容由带有鲜明的中国文化中心主义到爱国主义色彩，由关注传统经典到关注中国流失文献及各国文献。通过阅读活动，近代国人改变了对世界的认知，接受了西方先进的自然和社会科学知识及研究方法，这不仅加速了自身近代新型知识分子的转型，也为国内发展带来了由传统社会向近代社会转型所需要的知识内容。在阅读过程中，国人对该机构辅助教育的功能，对其免费面向公众开放的特征有了切实体会，为推动国内相应机构的设立提供了指导和样板。

（一）中国悠久的阅读历史

长期以来，人们把阅读与读书等同起来。一方面，阅读是一种普遍的文化现象，无论中外，阅读都是知识保存和传播的主要途径。中国是一个有着悠久阅读历史的国家，阅读是中国古代读书人生活的重要内容，尤其是科举制度设立后，"知识总是与强权联系在一起的"①，学而优则仕是他们阅读的主要追求，在书房、藏书楼、书院或私塾等相对封闭的阅读空间勤学苦读传统经典则是他们从事阅读活动的主旋律。一方面，阅读是一种历史现象，是历史传统的延续和传承，随着时代的变迁而变迁。美国学者达恩顿认为，不同时代的人们，对"阅读什么，谁在阅读、何时阅读、在何地阅读、为何阅读及如何阅读"等6个问题的回答是不同的。② 尤其是晚清以来，我国由传统社会被迫开始向近代社会转型，国人阅读的空间由国内走向国外，阅读的变迁与转型尤为显著。

鸦片战争前，清政府以天朝上国自居，推行闭关锁国的政策，能够

---

① ［英］彼得·伯克著，陈志宏、王婉旎译：《知识社会史：从古登堡到狄德罗》，浙江大学出版社2016年版，第197页。

② 王余光主编，王余光、汪琴著：《中国阅读通史·理论卷》，安徽教育出版社2017年版，第11页。

走出国门的国人寥若晨星。中国大门被西方炮火打开后,一些外交官员、政治流亡者以及学者等,逐渐开始到国外游历,成立于 1753 年的不列颠博物馆(British Museum)是他们较早接触到的西方博物馆。不列颠博物馆不仅收藏了东西方各历史时期的许多文物,还曾馆藏不同时期、不同条件下汇聚而来的各国文献,直至 1973 年大英图书馆单独建馆,相关文献才随之从博物馆独立出去。晚清以来,许多造访不列颠博物馆的国人,在此阅读文献,这些阅读活动是我国传统阅读转型到近代阅读的重要组成部分,但学界多从近代文化交流史、思想史、社会史等角度展开研究,现有研究传统阅读变迁与转型的成果如王余光的《中国阅读史·民国卷》、台湾学者潘光哲在《晚清士人的西学阅读史:一八三三——一八九八》、张仲民的《种瓜得豆:清末民初的阅读文化与接受政治》、李仁渊的《阅读史的课题与观念:实践、过程与效应》等都立足国内阅读展开研究,鲜少涉及国人在国外的阅读活动,只有黄少明在《不列颠博物馆和中国读者》系列论文中[1],分别就孙中山、胡适、邹韬奋、郑振铎四人在不列颠博物馆的阅读概况做了简单的介绍。因此,从史学的角度,在收集整理相关资料的基础上,系统梳理晚清和民国时期国人在不列颠博物馆的整体阅读情况,分析并对比两个时期阅读活动的时代特征,揭示近代国人吸收西方先进文化,进而促进我国近代社会转型的经验和教训,对于丰富阅读史的研究及当前中华优秀传统文化的保护与传播意义重大。

(二)晚清时期国人在不列颠博物馆阅读活动

初到西方,国外的"火轮车(火车)""自行车""自行屋(电梯)"等先进技术;"巴力门(议会)"和"买阿尔(民选市长)"等先进政治制度;电报房、博物院(博物馆)等先进设施,无不对这些徘徊于西方文明之外

---

① 黄少明:《不列颠博物馆和中国读者(一)(二)(三)(四)》,《图书馆建设》1992 年第 6 期、1993 年第 1 期、1993 年第 2 期、1993 年第 4 期。

的晚清国人带来直观的冲击。不列颠博物馆的藏书及阅读制度更是让深受丰厚阅读传统濡染的晚清国人尤为关注。根据材料的丰富与否，梳理出 14 位晚清代表人物在不列颠博物馆的阅读情况，按他们到馆时间先后为序形成表 1-1：

表 1-1　　　　晚清国人在不列颠博物馆阅读情况一览表

序号	姓名	到馆时间	身份	阅读情况
1	张德彝	1866 年 5 月 17 日	斌椿游历团成员	至集书库，内载天下书籍，共八十余万卷，亦有满、汉、回、番各书。当中玻璃照棚，下有桌椅，国人皆可入内观看，亦可抄录
		1868 年 10 月 16 日	蒲安臣欧美使团通事翻译	往看卜立地集新院，其中新增者，有《大清律》一部
		1868 年 12 月 30 日		有卜立地括院德格乐者，能华语，约明往彼讨论文字，至则呈示华书
		1877 年 3 月 23 日	中国驻英公使郭嵩焘翻译	……先看藏书处……其司华书者为德格乐
		1877 年 6 月 11 日		下车，有德格乐、禧在明及傅立兰迎入，观其所储华书万卷。其中最要者，有《十三经注疏》《七经》《钦定皇清经解》等类
2	王韬	1868—1869 年间	英国汉学家理雅各所聘之中国学者	院中藏书最富，所有五大洲舆图、古今历代书籍不下五十二万部……其司华书者为德格乐……其前为广堂，排列几椅，可坐数百人，几上笔墨俱备，四环以铁阑。男女观书者目有百数十人，晨入暮归，书任检读，惟不令携去
3	李圭	1876 年间	出席美国世博会中国代表团成员	院正中为书库，藏各国古今书七十万册，中华书约万册。旁有圆楼，径可十五丈，坐三四百人……屋建以铁石，无寸木，防火患也

续表

序号	姓名	到馆时间	身份	阅读情况
4	刘锡鸿	1877 年 3 月 23 日	中国驻英副使	男女观书者三百余人。早入暮归，堂内之书任其检读，但不令携去……所藏有中国经史诸载籍，云是善板。典之者为德葛兰士，能华语亦习华文
		1877 年 6 月 11 日		其书之最要者，则有《十三经注疏》《七经》《钦定皇清经解》《二十四史》……至于粤逆伪诏伪示，亦珍藏矣
5	郭嵩焘	1877 年 3 月 23 日	中国驻英公使	克罗斯约游布利来斯妙西阿姆书馆……最后一圆屋，四围藏书六万卷
		1877 年 6 月 11 日		所见《通典》《通志》《西清古鉴》，皆内廷本……又乾隆中《平定台湾图》，又《圣迹全图》
6	黄宝屏	1877 年间	郭嵩焘随员	查验天文算书中圆周率值
7	左任叟			
8	姚彦嘉	1878 年 10 月 1 日	郭嵩焘随员	观所新购之《图书集成》
9	杨仁山	1879 年间	曾纪泽出使英法使团随员	见到国内遍寻不得的汉文古本佛经
10	曾纪泽	1886 年 4 月 5 日	中国驻英、俄公使	至英国书库博物院，与德罗巴谈极久，归
11	孙中山	1896 年 10— 1897 年 6 月	广州起义失败后流亡海外	研究西方政治、经济思想、法律体系、民政、军队及海军组织、工农业问题以及铁路的发展过程
12	康有为	1899 年 5 月	维新运动失败后流亡海外	见宋版《杜诗》摊在桌上
		1904 年 6 月		此院藏书二百万册，其书架直计长可四十英里……每年新增之书约五万册，中国书画亦多
13	载　振	1902 年 6 月 22 日		殿本如《图书集成》《西清古鉴》，皆以西式装成，储于箧

续表

序号	姓名	到馆时间	身份	阅读情况
14	张元济	1910 年 10 月 31 日—11 月 5 日	上海商务印书馆编译所所长	浏览部分敦煌文献，与斯坦因会面，商议复制敦煌文献四部书事宜

资料来源：《走向世界丛书》（钟叔和）中的《航海述奇》《欧美环游记》《随使英俄记》《漫游随录》《环游地球新录》《伦敦与巴黎日记》《英国游记》，《曾国藩全书》（曾国藩），《金陵刻经处》（薛冰），《康德黎夫妇的生平》（康德黎），《张元济年谱长编》（张人凤、柳和城）。

由表 1-1 可知：

1. 阅读活动概况

(1)外交官员、学者、政治流亡者等三大阅读主体。

阅读活动的主体是"读者"，依据身份的不同，晚清到不列颠博物馆进行阅读的主要有外交官员、学者、政治流亡者三部分人。

①外交官员。

外交官员借政府公务派遣的机会，成为第一批到不列颠博物馆阅读的国人，也是晚清时期到不列颠博物馆进行阅读的主要人群。以张德彝、郭嵩焘、刘锡鸿、李圭、曾纪泽、黄宝屏、左任叟、姚彦嘉、杨仁山等人为代表。

a. 外交官员在不列颠博物馆的阅读概况。

不列颠博物馆作为伦敦重要的地标性建筑，外交官员初到伦敦，大多受邀到博物馆参观。如 1866 年，年仅 18 岁的张德彝作为清政府第一次派往西方考察的斌椿游历团翻译初到伦敦，在 5 月 17 日"早有突姓者来拜，约游"①，受邀首次到达不列颠博物馆，成为游历团中到不列颠

---

① 张德彝著，钟叔河校点：《航海述奇》，湖南人民出版社 1981 年版，第 64 页。

博物馆的第一位中国读者①。1877年3月23日，中国首任驻英使团的重要成员郭嵩焘、刘锡鸿、张德彝等人受"克罗斯约游布利来斯妙西阿姆书馆"②。同年6月11日，上述人员再次"得喀勒斯约重游妙西恩博物馆，观所藏中国书籍，兼晤伯尔吡"③。该使团先后两次受约集体参观不列颠博物馆。

外交官员在参观过程中，以猎奇为目的走马观花、匆匆阅览了馆藏图书。在不列颠博物馆的阅读使他们惊叹多多，主要表现在以下几方面：

一是藏书数量大。1866年，张德彝记载该馆："内载天下书籍，共八十余万卷，亦有满、汉、回、番各书。"④1876年李圭记载该馆："藏各国古今书七十万册。"⑤可见在19世纪70年代，当时不列颠博物馆的馆藏古今各国图书已经有七八十万册。

二是有专门的阅读空间。除了藏书的空间，该馆还有专门阅读的空间，该空间是个圆形的，有玻璃顶棚，以铁石为建筑材料。如郭嵩焘描述得非常详细："中高为圆座，司事者处其中。两旁为巨案曲抱，凡三。外皆设长横案，约可容千余人。每日来此观书者六七百人。四围藏书分三层，下一层皆常用之书，听人自往取观；上二层则开具一条授司

①　据记载，第一位到不列颠博物馆的中国读者是一个来自中国广东叫齐呱（音译）的肖像画师兼泥塑艺术家，1770年12月，他曾受邀查看不列颠博物馆的"中文书籍"。见朱政惠主编：《海外中国学评论》第4辑，上海辞书出版社2012年版，第294页。

②　郭嵩焘撰，梁小进主编：《郭嵩焘全集》第10册，岳麓书社2018年版，第152页。

③　郭嵩焘：《伦敦与巴黎日记》，《走向世界丛书》第4册，岳麓书社2008年版，第225页。

④　张德彝著，钟叔河校点：《航海述奇》，湖南人民出版社1981年版，第64页。

⑤　李圭：《环游地球新录》，《走向世界丛书》第6册，岳麓书社2008年版，第285页。

事者，司事者书其所取书于牌，分别门类，各向所掌取之。"①在阅读空间里，有藏书，有阅览的桌椅，有负责为读者取书的管理人员，这就是著名的不列颠博物馆圆形阅览室，1859年建成，马克思在伦敦生活的三十多年里，曾多次在此阅读。1902—1903年，列宁移居伦敦，他有一半时间，是在不列颠博物馆图书馆里度过的。

三是藏书种类多。张德彝看到该馆："除四书五经外，如诸儒语录、道释外教、各省疆域图考。府县志书、兵法律例之编、琴棋书画之谱，示谕册帖尺牍之式、古今诗赋文艺之刻，词曲小说，方技白家，无不备有。"②郭嵩焘也有同感，他记述道："所藏国朝注述为多，杂以小说、时文。"③杨仁山还在这里找到了"一些在国内久已失传的中国古本佛经"④。张德彝在他八次出访欧美的历程中，先后五次到过不列颠博物馆，在第二次时，他尤其记载了该馆竟然收藏一张发逆伪军的告示，即太平天国农民起义军发布的告示，两年之后，刘锡鸿也注意到了该馆"至于粤逆伪诏伪示，亦珍藏矣"⑤。国内的太平天国文献多为清政府销毁，此类资料在国内藏书机构绝不可能出现。

四是藏书版本好。受乾嘉学派影响，他们对中国藏书的版本尤为关注，发现"所见《通典》、《通志》、《西清古鉴》，皆内廷本"⑥，还有

①　郭嵩焘撰，梁小进主编：《郭嵩焘全集》第10册，岳麓书社2018年版，第153页。

②　张德彝：《随使英俄记》，《走向世界丛书》第7册，岳麓书社2008年版，第409页。

③　郭嵩焘：《伦敦与巴黎日记》，《走向世界丛书》第4册，岳麓书社2008年版，第225~226页。

④　王小良、徐孙铭：《慧灯长明：佛教末法观》，宗教文化出版社2004年版，第50页。

⑤　刘锡鸿：《英轺私记》，《走向世界丛书》第7册，岳麓书社2008年版，第147页。

⑥　郭嵩焘：《伦敦与巴黎日记》，《走向世界丛书》第4册，岳麓书社2008年版，第225~226页。

"殿版之四书五经、兵法律例之编"①等。内廷本和殿版都是国内稀见的版本。

五是藏书管理好。博物馆藏书布局清晰，"其书馆藏书数十万册，皆分贮之，古书有在罗马先者，有刻本、有写本，分别各贮一屋。其余书籍，列屋藏庋"②。中建大堂，高数丈，四壁存书，藏书装潢精心，"多按西式装潢，四面庋阁"③，且"中国书有目录，以廿六字母合音编次之"④。

六是公开开放。"国人不论男女，在每周一三五皆可入内阅读，书任检阅，不能外借"，他们注意到了该馆不论男女，在规定的时间，皆可免费进入博物馆阅读。博物馆还提供笔墨和座椅，有专门的管理人员为读者找书，"每日来此观书者六七百人"⑤，或"男女观书者三百余人"⑥。

外交官员描绘了不列颠博物馆的藏书概况、空间布局和管理制度，这些描述随着他们日记的刊行，为后人到不列颠博物馆阅读提供了方便。遗憾的是他们自己在英期间，对不列颠博物馆的认识停留在肤浅的猎奇阶段，没有深入利用该馆的资源，只有黄宝屏、左任叟曾经在此"查验天文算书中圆周率值"⑦。

---

① 刘锡鸿：《英轺私记》，《走向世界丛书》第 7 册，岳麓书社 2008 年版，第 147 页。

② 郭嵩焘撰，梁小进主编：《郭嵩焘全集》第 10 册，岳麓书社 2008 年版，第 153 页。

③ 张德彝：《随使英俄记》，《走向世界丛书》第 7 册，岳麓书社 2008 年版，第 409 页。

④ 郭嵩焘：《伦敦与巴黎日记》，《走向世界丛书》第 4 册，岳麓书社 2008 年版，第 140 页。

⑤ 郭嵩焘：《伦敦与巴黎日记》，《走向世界丛书》第 4 册，岳麓书社 2008 年版，第 140 页。

⑥ 刘锡鸿：《英轺私记》，《走向世界丛书》第 7 册，岳麓书社 2008 年版，第 147 页。

⑦ 曾国藩著，邹博主编：《曾国藩全书：图文珍藏版》第 1 册，线装书局 2011 年版，第 351 页。

b. 外交官员在阅读活动中表现出的无知和麻木，客观上助推了中国两大学术瑰宝的外流。

晚清外交官员所代表的封建文化与西方资本主义文化一经接触，"弱势的中国文化就处于迫不得已的被动地位"①。

在外交官员狭隘的"皇权至上"视野中，只有代表皇权的实物才是他们所要维护的，当他们在博物馆看到英法联军入侵北京时掠走的太后、皇帝的御用之物时，"睹之不胜恨恨，乃辞出"②表示抗议，但他们没有认识到馆藏中国文献的历史价值和学术价值，自然也不会关注其藏品来源的途径，因此晚清外交官员在不列颠博物馆进行阅读活动期间，不列颠博物馆先后入藏殿本《古今图书集成》和敦煌文献，在收藏过程中，当时的外交官甚至参与其中，但由于他们的无知和麻木，均未采取有效措施阻止这两大学术瑰宝的外流。

1878 年 7 月，不列颠博物馆入藏《古今图书集成》，该书购买交易完成的时间应该是 1877 年年底。当时的驻英公使郭嵩焘在 1877 年 2 月12 日的日记记载："德罗巴来见，始询知妙西阿姆掌管汉文书籍，以居中国久，能通汉文故也。现在京师购买《图书集成》，已出价五千金。据梅辉立信，须银八千。"③也就是说，郭嵩焘得知不列颠博物馆要入藏《古今图书集成》这一信息时，交易还在商谈中，但郭嵩焘只是平淡地记载，没有任何强烈表示。当该书到不列颠博物馆后，属员姚彦嘉去参观归来，转述道格拉斯认为该书是"周地球内第一部大书也"时，郭嵩焘又记载："此书存琉璃厂积古斋已历数岁，乃为英人购得之"④，似为此书归入英人之手略有遗憾之情。郭嵩焘属当时国人中较早认识到"中

---

① 王介南：《近代中外文化交流史》，山西人民出版社 2009 年版，第 7 页。

② 张德彝著，钟叔河校点：《航海述奇》，湖南人民出版社 1981 年版，第 64页。

③ 郭嵩焘：《伦敦与巴黎日记》，《走向世界丛书》第 4 册，岳麓书社 2008 年版，第 142 页。

④ 郭嵩焘：《伦敦与巴黎日记》，《走向世界丛书》第 4 册，岳麓书社 2008 年版，第 613 页。

国官吏所不知者西人尽知之"的人,尚且麻木如此,何况普通国人。所以当英国人低价骗得此书后,就不吝笔墨,公开表示了他们的窃喜与得意。如1878年7月13日的《伦敦环球报》在其相关报道的一开头就说:"最近为不列颠博物馆图书馆购买的清国《古今图书集成》,理应是一项我们占便宜的交易。如果不是我们在购买这套书时的情况比较特殊,这件作品毫无疑问可要贵多了。看起来,我们住北京公使馆的秘书麦尔斯先生在同清国人谈判时,不但极其谨慎守密,同时,也决不能泄露这套百科全书是卖给外国人这个事实甚至连卖主本人也不能让他知道。"①他们对交易中的欺诈行为也毋庸讳言,可见英国人对当时的中国人了如指掌,在此图书交易过程中他们利用了中国人对此书价值的无知,并通过伪装骗取中国人。英国人自身却深知此书入藏不列颠博物馆的意义,1877年12月25日的《申报》刊登了一篇题目为"论英人购买中国书籍"的评论文章,其中提道:"此书果能买得,大约中国所有之书,英国亦均有矣,且中国未有之书英国亦有。"②可惜,这些报道均未在当时国人心中泛起涟漪。

事隔32年后,"吾国学术之伤心史"③再次谱写,英国再次利用中国人的愚昧无知,将敦煌文献掠取到不列颠博物馆,其中我国外交官员的麻木与前人竟然惊人类似。1909年1月底,斯坦因把在中国盗取的敦煌文物运抵伦敦,入藏不列颠博物馆。在此之前,英国各大报刊都曾连篇累牍地报道过斯坦因在中国境内的动态,仅《泰晤士报》便刊登过11篇相关报道,这些报道驻英的外交官员应该能读到,更有甚者,当时的驻英使馆参赞陈贻范还参加过斯坦因在伦敦的讲演会,④ 他对斯坦

---

① 郑曦原编:《帝国的回忆〈纽约时报〉晚清观察记(1854—1911)》(上),当代中国出版社2011年版,第123~124页。

② 叶新:《〈古今图书集成〉入藏不列颠博物馆始末》,《文史知识》2019年第7期。

③ 陈寅恪:《敦煌劫余录序》,陈垣编:《敦煌劫余录》上,中央研究院历史语言研究所1931年版,第1页。

④ 王冀青:《斯坦因与陈贻范交游考》,《南京师范大学学报》2007年第4期。

因敦煌考古的经过及敦煌文物收藏到不列颠博物馆信息很清楚，但他竟然没有向国内反馈过一次相关信息。陈贻范对敦煌文献唯一所做的亡羊补牢的事，就是写信给斯坦因，请他为张元济到不列颠博物馆阅读敦煌文献提供方便。①

外交官员在阅读活动中表现出的无知和麻木，助长了英国继续掠取中国文化精华的野心，客观上助推了中国两大学术瑰宝的外流。学术瑰宝的外流，使英国人深感自身文化的优越，早在1877年，他们就骄傲宣布不列颠博物馆"成为人们研究博大精深的中国文献的绝佳去处"，并狂妄预言："中国人本身也会在短时期内发现，在伦敦研究他们自己的文献比在他们本国要方便得多"②。对于这种不对等的文化交流，处于文化劣势的国人只能韬光养晦、被动接受，从孙中山、张元济开始，大批国人先后主动到不列颠博物馆查阅中国文献，见证了这一预言的实现。

②学者。

晚清时期到不列颠博物馆阅读的学者主要包括王韬和张元济。其中王韬是向不列颠博物馆捐书的第一位中国读者。1867年年底，王韬赴欧洲协助汉学家理雅各（C James Legge）翻译汉书，在英国待了两年多的时间，对英国社会进行了较为深入的考察，理雅各带王韬到不列颠博物馆参观时，他对藏书情况、阅读制度及设施等观察仔细并惊奇地发现那里"中土经、史、子、集，罔不赅备"③。同时，他积极向欧洲人介绍中国，除了多次演讲外，还向不列颠博物馆捐赠了所携去的11000卷书籍（一说为203本共712卷）。④ 因此，"在中西文化交流史上，王韬的

---

① 宋兵：《两封有特殊意义的张元济信札》，《世纪》2017年第5期。
② 叶新：《〈古今图书集成〉入藏不列颠博物馆始末》，《文史知识》2019年第7期。
③ 王韬：《漫游随录》，《走向世界丛书》第6册，岳麓书社2008年版，第113页。
④ 夏良才、曾景忠：《近代中国人物》第3辑，重庆出版社1986年版，第95页。

欧洲之行(又)是一件极富历史意义的大事"①。

张元济是到不列颠博物馆阅览敦煌文献的第一位中国读者。1910年3月,张元济到欧洲考察。在他离开上海时,只知道法国人伯希和的敦煌搜集品,而对斯坦因的中亚考察和敦煌考古事宜一无所知。当他在伯希和处得知不列颠博物馆馆藏敦煌文献后,随即到不列颠博物馆阅览敦煌文献,张元济面对失落在国外的中国文献非常难受,他说:"最刺心的是我们一千多年前的古书竟陈设在伦敦的博物院中。"②他注意到该馆所藏敦煌文献"四部不如伯君多,而佛经及其他古物则远过之"③。他与斯坦因在不列颠博物馆进行了面谈,并函告汪康年"其四部书亦已商妥,将来亦可影照也"④。斯坦因还赠给张元济一幅游览新疆路线图,张元济在此图的题记中记载了二人见面经过,后将该图捐赠给合众图书馆。⑤

张元济不仅是我国到不列颠博物馆阅览敦煌文献的第一人,也是"东方学者前往欧洲考察敦煌文献之第一人"⑥,他在归国之后进行了演讲,发布了他在不列颠博物馆阅读敦煌文献的信息,演讲内容后来被记者整理成文稿,以《环球归来之一夕谈》之名连载在《少年》杂志中,让更多的国人得知了更确切的敦煌文献外流信息,更加引起国内学者对此类文献的关注。

③政治流亡者。

---

① 张海林:《王韬评传》,南京大学出版社 2007 年版,第 116 页。

② 王咏霓、张元济:《道西斋日记·环游谈荟》,岳麓书社 2016 年版,第106 页。

③ 张元济:《张元济全集:第 1 卷·书信》,商务印书馆 2007 年版,第 199页。

④ 张元济:《张元济全集:第 1 卷·书信》,商务印书馆 2007 年版,第 199页。

⑤ 张人凤、柳和城编:《张元济年谱长编》下,上海交通大学出版社 2011 年版,第 1182 页。

⑥ 余欣:《博望鸣沙:中古写本研究与现代中国学术史之会通》,上海古籍出版社 2012 年版,第 42 页。

　　戊戌维新的旗手康有为和资产阶级革命的领袖孙中山，在国内斗争受挫后，都曾到过不列颠博物馆阅读。

　　孙中山是第一位主动利用不列颠博物馆资源的读者，也是在不列颠博物馆阅读时间最长的中国读者。1896年，孙中山在广东领导起义失败后，遂辗转来到英国。不久，他被清政府驻英使馆诱捕而遭到秘密监禁，后经他的老师康德黎及朋友多方交涉于10月23日被释放，之后他投入较大的精力在不列颠博物馆阅读书籍。清政府公使馆雇用英国的私人侦探，继续每天跟踪他的行踪，如1897年2月16日的跟踪记录上写着："他毫无变更的每日赴不列颠博物馆"，4月18日的记录也写着："他差不多每日都赴不列颠博物馆。"[①]根据这些侦探的记录，在1896年12月5日至1897年6月24日期间，孙中山到不列颠博物馆阅读的次数多达69次，时长约269小时。

　　多年的海外求学经历，使孙中山具有较高的英文水平，在不列颠博物馆里，孙中山以寻求救国的真理为目的，涉猎中外，他"不歇地工作，阅读有关政治、外交、法律、军事、海军的书籍；矿业、农业、畜牧、工程、政治、经济等类，占据了他的注意，而且细心和耐心地研究"[②]。这些研读，开阔了视野，再加上对英国社会现状的实地考察，使他产生了"采取民生主义，以与民族、民权问题同时解决"[③]的思想，为三民主义体系的完善打下了基础。

　　康有为在戊戌变法失败后，经历了十多年的海外流亡生活。在流亡中，他于1899年和1904年，两次到不列颠博物馆，但是他欧洲十一国之行的目的是"考政治"，主张"不可不读中国书，不可不游外国地，以

----

　　① 任青：《中华风云人物系列：孙中山之谜》，南京出版社2013年版，第66页。

　　② ［英］简·康德黎·斯图尔特著，施美华、李东译：《仁慈为本：康德黎夫妇的生平》，世界知识出版社1996年版，第124页。

　　③ 冯契：《中国近代哲学史》上，生活·读书·新知三联书店2014年版，第432页。

互证而两较之"①，所以他在不列颠博物馆的藏书只是走马观花的阅览一下。第一次在不列颠博物馆，他"见宋版《杜诗》摊在桌上"，第二次在不列颠博物馆，他注意到"此院藏书二百万册，其书架直计长可四十英里……每年新增之书约五万册，中国书画亦多"②。两次阅读，他都主要关注图书版本、数量、种类等情况，除了他是主动到不列颠博物馆阅读外，他的阅读活动内容和前面的士大夫出身的外交官员基本一致。

(2)不列颠博物馆管理人员多次主动与初到不列颠博物馆阅读的晚清国人展开交流。

当时不列颠博物馆虽然面向全社会免费开放，但规定进入阅览室"须有荐函致总管"③，办理阅览许可证后方可入内。晚清的外交官员都是由英国外交官员带领到不列颠博物馆参观，因而得到当时主管不列颠博物馆中国藏书的英国汉学家道格拉斯(Robert Kennaway Douglas)的热情接待。道格拉斯就是晚清外交人员游记中多次出现的"德格乐""德罗巴"或"德罗巴斯"。根据记载，他多次主动与张德彝、王韬、郭嵩焘、刘锡鸿、曾纪泽等人交流，并引导他们参观。办理阅览许可证的只有孙中山，他是经由其老师康德黎介绍，结识了道格拉斯，孙中山在不列颠博物馆的阅读活动也得到了他的帮助，在他的引见下，孙中山还结交了日本生物学家南方熊男，并结下深厚的友谊。④ 甚至道格拉斯还曾虚心向张德彝请教汉语的语法，邀请张德彝及其家人参加宴会，还为购买《古今图书集成》事宜主动拜访郭嵩焘，且在"新译《元史》一卷"后及时告知郭嵩焘。⑤

---

① 康有为：《欧洲十一国游记》，广西师范大学出版社 2016 年版，第 133 页。

② 康有为：《英国游记》，岳麓书社 2016 年版，第 31 页。

③ 郑观应著，辛俊玲评注：《盛世危言》，华夏出版社 2002 年版，第 137 页。

④ 王晓秋：《近代中日文化交流史人物研究》，昆仑出版社 2015 年版，第 233 页。

⑤ 郭嵩焘：《伦敦与巴黎日记》，《走向世界丛书》第 4 册，岳麓书社 2008 年版，第 394 页。

2. 阅读活动带有鲜明的"中国文化中心主义"色彩特征

初到不列颠博物馆的晚清国人大多学而优则仕，骨子里尊崇中国传统文化，他们习惯性地"将中国特有的意象和典故附会于域外事物"①，这种对西方事物"中国化"的认识方式，实质是基于华夷之辨对英国文化的误读，在他们的记载中频繁出现。

当他们看到不列颠博物馆的丰富藏书时，习惯性地从国内藏书楼或藏书阁的角度出发，将不列颠博物馆的本体认同为藏书性质的机构，如郭嵩焘称之为"布利来斯妙西阿姆书馆"、刘锡鸿视其为"大书院"、曾纪泽称之为"书库博物院"、张德彝称之为"集书库"。受"蕞尔夷邦，何得与中国并论"②影响，刘锡鸿认为不列颠博物馆自夸藏书80万卷，其实"得毋有择焉而不精者乎"③？竟然嘲笑不列颠博物馆藏书空有数量，缺乏精品。

他们对不列颠博物馆收藏的众多实物，也习惯性地从是否有利于读书的角度去理解该馆的用意，认为"夫英之为此，非徒令人观看以悦目怡情也。盖人限于方域，阻于时代，足迹不能游历五洲，见闻不能追及千古。虽读书知有是物，究未得一睹形象，故遇之于目而仍不知为何名者，往往皆然。今博采旁搜，综括万汇，悉备一庐，每于礼拜一、三、五等日开门，纵令士庶往观，所以佐读书之不逮而广其识也"④。强调不列颠博物馆收藏实物是为了辅助读书的功能，这种认识在张德彝、刘锡鸿、王韬三人的游记里都有，⑤ 文字表述基本一致。对于三人之间的

---

① 陈室如：《王韬〈漫游随录〉的物质文化》，《东吴中文学报》，2013年第25期。

② 陈恭禄：《中国近代史》上，上海古籍出版社2017年版，第36页。

③ 刘锡鸿：《英轺私记》，《走向世界丛书》第7册，湖南人民出版社1981年版，第111~113、第147~148页。

④ 王韬：《漫游随录》，岳麓书社1985年版，第101~102页。

⑤ 张德彝的说法见《四述奇》(《稿本航海述奇汇编》，北京图书馆出版社1997年版，第333~334页)。刘锡鸿的说法见《英轺私记》(《走向世界丛书》第7册，岳麓书社2008年版，第113页)。

抄录问题，学界多有讨论，还没有最终定论，但这种现象的出现说明他们对不列颠博物馆功能认同基本一致，即认为不列颠博物馆是让人读书、是有助于教育的机构。

3. 阅读活动的影响

(1) 开始改变他们对世界的认知。

晚清国人通过阅读活动，认识到了不列颠博物馆不仅收藏了浩繁的中国典籍，而且包揽了五大洲的古今历代书籍，如"大书院也，各国之书毕备"①，在汗牛充栋的藏书室中，中国典藏不过成为按架排列的藏书之一类，从而发现泱泱中华文明不过是普遍文明中的一个。这对惯于陶醉在"天朝帝国"幻觉中的晚清人而言，不得不是迷梦觉醒的开始，不得不被动接受了这个比中国天下要广大得多的世界。

(2) 开始改变他们对阅读文本的认知。

不列颠博物馆收藏的中国藏书，不仅有传统经典，还有太平天国的告示、及"示谕册帖尺牍之式"等原始文件，这些让当时的国人大为吃惊，认识到除四书五经之外，所有字纸都有阅读价值，都能带来有用信息。

(3) 开始认识到博物馆、图书馆等近代机构在社会发展中的作用。

晚清国人对不列颠博物馆阅读制度和"所以佐读书之不逮而广其识也"功能的描述，说明他们开始认识到博物馆、图书馆等近代机构在社会发展中的作用，这些认识开阔了国人的眼界，为我国近代博物馆、图书馆的建立提供了舆论准备。尤其是作为清政府派出的外交官员，在出国前，清政府就要求他们"沿途留心，将该国一切山川形势、风土人情随时记载，带回中国，以资印证"②，所以他们对不列颠博物馆的看法和意见可以直陈朝廷。晚清政府后来制定鼓励设立博物馆、图书馆等近

---

① 刘锡鸿：《英轺私记》，《走向世界丛书》第 7 册，岳麓书社 2008 年版，第 147 页。

② 王学珍、张万仓编：《北京高等教育文献资料选编：1861—1948》，首都师范大学出版社 2004 年版，第 11 页。

代机构，并归属学部管理、归属教育系统的政策，与他们的影响不无关系。

（4）开始推动由传统阅读向近代阅读转型。

中国传统阅读范围不外乎科举考试要考的四书五经，阅读多在私塾、书院、书房等相对封闭的场所。晚清时期，国家藏书阁和私人藏书楼虽藏书丰富，但都管理甚严，藏书往往秘不示人，而在不列颠博物馆"国人皆可入内观看，亦可抄录"①，对外免费开放的同时还提供"排列几椅，可坐数百人，几上笔墨具备"等优越的阅读设施，② 尤其是不论男女皆可入内和免费开放。晚清国人笔下的这些描述说明他们已经不得不承认不列颠博物馆作为一个开放的阅读空间与封闭的国内藏书场所有根本不同，尤其是与前期出国的外交官员政治背景不同的孙中山、张元济等人，作为普通的读者，开始在此有目的的阅读该馆文献并受益匪浅，他们阅读的目的、时间、空间、内容和方式已经与传统阅读发生明显变化，开始具有近代阅读的特征，并为后人在不列颠博物馆的进一步阅读，从而更多吸取西方先进文化开启了先河。

（三）民国时期不列颠博物馆的中国读者

民国以来，国人对西方文化的先进性有了进一步认识，"中西文化的格局态势完全改变……从严防用夷变夏转而大张旗鼓地输入新知"③。社会各界有志之士到达英国。到不列颠博物馆阅读人数和次数都有较大增加，依据书信、日记、传记等材料记述的丰富与否，梳理出 29 位代表人物在不列颠博物馆的阅读活动情况，按到馆时间先后为序形成表1-2。

---

① 张德彝：《航海述奇》，《走向世界丛书》第 1 册，岳麓书社 2008 年版，第506 页。

② 王韬：《漫游随录》，岳麓书社 1985 年版，第 101~102 页。

③ 桑兵：《晚清民国知识人的知识》，《学术研究》2020 年第 1 期。

表 1-2　　　　　　　　民国时期不列颠博物馆中国读者一览表

序号	姓名	到馆时间	身份	阅读内容
1	刘半农	1920 年	伦敦大学留学	抄写采集敦煌遗书中的俗文学作品、太平天国文献
2	老舍	1924 年秋到 1929 年夏	伦敦东方学院任汉语教员	查阅文学作品，曾帮郑振铎查阅、默写敦煌写经卷子
3	许地山	1924 年	牛津大学曼斯菲尔学院研究印度宗教和民俗学	查阅文学作品，曾帮郑振铎查阅、默写敦煌写经卷子
4	朱光潜	1925—1933 年	爱丁堡大学、伦敦大学、巴黎大学、斯特拉斯堡大学学生	英法留学八年之中，大部分的时间都花在不列颠博物馆和学校的图书馆里读美学书籍，曾帮郑振铎查阅、默写敦煌写经卷子
5	罗家伦	1925 年春	伦敦大学留学	查阅中国近代史资料
6	胡适	1926 年 7—9 月	中英庚款顾问委员会的中国访问团成员	阅读近百卷敦煌写本
7	郑振铎	1927—1928 年	商务印书馆《小说月报》主编	查阅中国古代通俗小说、戏曲、敦煌写本
8	戈公振	1927 年 11—12 月	报人，自费出国考察	查阅外国人早年在中国办的华文报刊
9	太虚大师	1928 年	佛教大师	珍视所藏书画
10	吴宓	1930 年	牛津大学游学	观敦煌经卷及中国藏书
11	朱自清	1931 年 8 月—1932 年 8 月	清华大学教授，在英国学术休假	浏览中国书籍
12	柳无忌	1931 年 3 个月时间	耶鲁大学毕业到欧洲游学	终日埋首在博物院内翻阅中国旧书，特别是一些通俗小说
13	萧一山	1932 年 12 月—1934 年 4 月	教育部派赴欧美考察	查阅太平天国资料

续表

序号	姓名	到馆时间	身份	阅读内容
14	冯友兰	1933 年	清华大学教授、文学院院长	看了一些共产主义的书
15	邹韬奋	1933 年 9 月—11 月 1933 年 12 月—1934 年 2 月	《生活周刊》主编	研读马列主义及其他社会科学著作
16	浦江清	1933 年 12 月	清华大学教师	与不列颠博物馆商谈拍摄敦煌文献佛经以外的写本，遭到拒绝
17	张荫麟	1933 年	美国斯坦福大学留学	站在写本陈列室内，利用展品的更换，一个字一个字抄录了十数种珍贵的敦煌写本资料
18	胡秋原	1934 年	《文化评论》主编	先看最新的科学书、哲学书，为的是研究科学方法论；其次是西方及各国文化史经济史；最后是当时流行的文艺作品
19	王统照	1934 年 5 月到秋天	自费赴欧洲考察	阅读英文名著，抄录珍贵的美术资料
20	邹文海	1935 年	伦敦政治经济学院就读	每天至不列颠博物馆研读，曾 6 个月无一日或缺
21	傅振伦	1935 年	中国艺术伦敦国际展览会干事	看到宋刻佛经、《古书集成》、《论语》、太平天国李秀成书信、景善日记等
22	夏鼐	1935 年 11 月 27 日	英国伦敦大学留学	看到颇多近代史之材料
23	王重民	1935 年 12 月 31 日、1938 年 4—8 月、1939 年 1 月 13 日	北平图书馆与法国国家巴黎图书馆交换馆员	查阅、抄录、拍照敦煌文献
24	刘修业（女）		伦敦大学图书馆专修科进修	

续表

序号	姓名	到馆时间	身份	阅读内容
25	向达	1936 年 9 月—1937 年 8 月	北平图书馆与英国牛津大学图书馆交换馆员	查阅、抄录、拍照敦煌写本、汉籍、俗文学等近 500 卷、明清在华耶稣会士和太平天国等方面资料
26	于道泉	1938 年	伦敦大学东方与非洲学院讲师	翻阅敦煌写本藏文卷子
27	姜亮夫	1936 年 9 月—1937 年 8 月	法国进修	和向达一起查阅、抄录、拍照敦煌文献
28	王庆菽（女）	1949 年年初	陪读	阅读影印敦煌俗文学资料、诗词及药方等

资料来源:《什么是最好的历史学》(裴宜理),《郑振铎》(郑尔康),《民国大人物》(滕征辉),《朱光潜谈美》(朱光潜),《我的父亲罗家伦》(罗久芳),《胡适古典文学研究》(胡适),《郑振铎日记》(郑振铎),《中国报学史》(戈公振),《太虚大师环游记》(太虚大师),《吴宓日记》(吴宓),《朱自清的艺术世界》(陈孝全),《与朱自清同寓伦敦的日子》(柳无忌),《中国史学名著评介》(创修良),《道通天地·冯友兰》(范鹏),《生活书店史稿》,《民国人物小传》(刘绍唐),《胡秋原》(谢远笋),《臧克家和他师友们》(臧克家),《百年无锡名人谱》(赵永良、蔡增基),《夏鼐日记》(夏鼐),《英伦所见敦煌经卷访问记》(王重民),《近代学人与中西交通史研究》(修彩波),《国学大师·姜亮夫》(孙虹),《客家院士》(政协广东省惠州市第十届委员会编)。

据表 1-2 可知:

1. 阅读活动概况

(1)阅读的主体集中表现为人文社会科学专业学者。

由表 1-2 可知,他们人数较多,主要有两部分来源,一部分是留学生,包括刘半农、老舍、许地山、朱光潜、罗家伦、邹文海、柳无忌、王庆菽等人,其中刘修业和王庆菽是女性读者。还有一部分是国内到欧洲进修或研究的在职人员，如冯友兰、邹韬奋、胡秋原、郑振铎、浦江清、胡适、戈公振、吴宓、萧一山、王重民、向达等人，其中王重民、向达是当时北平图书馆公派到欧洲查访中国文献的交换馆员，还包括到欧洲进行佛学交流的太虚大师。他们虽然来源不同，但学习或研究方向都是人文社会科学，在不列颠博物馆所进行的阅读活动也基本一致。

值得注意的是现有资料中没有发现有关民国时期外交官员到不列颠博物馆阅读的有价值记载，这主要是因为晚清国人已经完成对不列颠博物馆的认知任务，民国政府只要求外交官致力于外交事务，他们也就没有需要再到不列颠博物馆阅读，只是偶尔陪同国内到访的知名人士匆匆参观一下不列颠博物馆。

(2)阅读活动多是个人主动行为，多是以求知为目的。

本着"爱国不忘读书，读书不忘爱国"的理念，① 莘莘学子走出国门继续读书以寻求救国良策，晚清国人的介绍，加上国内图书馆、博物馆机构不断建立，使他们抛弃了对不列颠博物馆等西方公共机构的陌生和新鲜感，他们不再对不列颠博物馆的功能评头论足，而是以包容的姿态，多次主动走进不列颠博物馆，有选择性地、如饥似渴地阅读利用资源，以获取知识。如老舍回忆在伦敦要找许地山很容易，"他独自出去，不是到博物院，必是到图书馆，进去，他就忘了出来"②。民国时期唯一有组织的阅读活动是北平图书馆公派王重民和向达到不列颠博物馆复制敦煌文献。

(3)进行阅读活动的时间较长并相对集中。

民国时期的国人到博物馆阅读的次数较多，进行阅读活动的时间较长。有的连续几天，如朱自清"同月 7、8、9、10 日，均在不列颠博物馆阅书"③。有的几个月，如柳无忌用三个月的时间"终日埋首在博物院

---

①　蔡元培：《中国人的修养》，四川文艺出版社 2017 年版，第 239 页。

②　老舍：《济南的冬天》，安徽文艺出版社 2018 年版，第 134 页。

③　陈孝全：《朱自清的艺术世界》，福建教育出版社 1995 年版，第 241 页。

内翻阅中国旧书——特别是一些通俗小说"①。据郑振铎 1927 年 11 月 28 日至 1928 年 2 月 29 日的日记记载，其间他共计到不列颠博物馆 42 次，② 有的长达一年多，如向达回忆到"一九三六年九月至一九三七年八月，我在不列颠博物院阅读敦煌卷子"③。

相对来说，20 世纪二三十年代，到不列颠博物馆的读者最多，阅读时间集中。这主要是因为国内北伐的成功，国家统一于南京国民政府领导之下，政治的稳定，使中国社会赢得了短暂的发展时间，同时英国政府出台庚款支持留学生的政策，使知识分子得到更多出国机会以吸收西方先进文化。30 年代末之后，人数减少，这主要是因为日军全面侵华，海外留学人员积极回国和国内人民一起致力于保家卫国。

(4)阅读的范围涉及中外文献和多种文本。

他们阅读的范围涉及中外文献，如王统照在馆"阅读英文名著，抄录珍贵的美术资料"④。郑振铎在馆除阅读元曲外，还阅读了《变形记》《Daphinis and Chlobos》等英文书。⑤ 阅读的文献涉及多种文本，让晚清国人惊讶的太平天国告示已经进入民国国人的阅读视野。如萧一山将不列颠博物馆所藏的太平天国文献全部拍摄回来，并搜集了一些有关秘密社会资料及清朝方面李鸿章、洋将戈登等的文书。因为"我国向未视报章为一种著述，且日久则卷帙浩繁，非有大厦，庋藏实难"⑥，当时国内不将报纸视为著述，也没有相关收藏，戈公振为进一步补充完善《中

---

① 柳无忌：《与朱自清同寓伦敦的日子》，《文汇读书周报》，2017 年 2 月 20 日，DS7 版书刊博览。

② 郑振铎著，陈福康整理：《郑振铎日记全编》，山西古籍出版社 2006 年版，第 77~88 页。

③ 向达：《唐代长安与西域文明》，商务印书馆 2017 年版，第 214 页。

④ 王立鹏：《诸城文苑》，山东文艺出版社 1993 年版，第 282 页。

⑤ 郑振铎著，陈福康整理：《郑振铎日记全编》，山西古籍出版社 2006 年版，第 77~88 页。

⑥ 戈公振：《中国报学史》，生活·读书·新知三联书店 2011 年版，第 339 页。

国报学史》的相关资料，1927 年年底自费出国到不列颠博物馆查阅报纸，发现了外报创始时期的许多报刊。

（5）多种方式阅读文献并及时发布阅读经历和收获。

国人在不列颠博物馆阅读方式不仅有精读和泛读，对于国内没有的文献，他们多采用抄写、拍照等方式复制。如戈公振在"获曩日遍访而未得之定期出版物多种"①后，进行拍照复制，汇成《英京读书记》一文附在书后以供参考。向达在不列颠博物馆看到的敦煌文献"重要的部分都替北京图书馆照了相(当时并替清华大学也照了一份)"②，留下了宝贵资料。

而且他们大多把阅读的经历和收获及时发布。如郑振铎利用查阅到的敦煌资料中的"变文"和戏曲，写成论文《敦煌的俗文章》发表于 1929 年 3 月 10 日的《小说月报》，1935 年起，王重民在《大公报图书副刊》《北平图书馆馆刊》《图书季刊》《金陵学报》《东方杂志》等刊物上，陆续公布了他在不列颠博物馆和法国查阅到的新材料和研究成果。张荫麟将在该馆展厅看到的十篇敦煌写本整理成《不列颠博物院所藏敦煌写本瞥记》发表在《国闻周报》第十一卷第二十一期上。

（6）国人多次主动与不列颠博物馆管理人员展开交流。

随着自身英语水平和学术水平的提升，国人在阅读活动中，多次主动与不列颠博物馆管理人员交流，积极争取到更多的阅读机会。1914 年，尚在美国求学的胡适阅读英国《皇家亚洲学会报》时，看到当时在不列颠博物馆东方图书与写本部工作的翟林奈(Lionel Giles)所写的《敦煌录译释净》一文，发现其中的谬误，便写了一篇校勘记寄去，以此与翟林奈结缘，在 1926 年，胡适于英国伦敦不列颠博物馆看唐代禅宗史资料时，在他的协助下"读了近一百卷子"③，回国后还曾托翟林奈为其

---

① 戈公振：《中国报学史》，生活·读书·新知三联书店 2011 年版，第 339 页。

② 向达：《唐代长安与西域文明》，商务印书馆 2017 年版，第 214 页。

③ 胡适：《胡适论名著》，文化艺术出版社 2012 年版，第 18 页。

复印了敦煌写本《坛经》①。当时要进入不列颠博物馆的阅览室，"阅览券须向院长函索"，若"无阅览券，只在室外展望"。② 大多数中国学者都了解这一规定，在去不列颠博物馆查阅文献之前，想方设法寻求有影响力的介绍人，如吴宓访问欧洲时，经由袁同礼的介绍，由翟林奈引导阅览敦煌经卷。王重民在去不列颠博物馆查阅敦煌文献时，则主动请求欧洲著名汉学家伯希和："先生如肯写一信，或写一介绍片，向 L. Giles（翟林奈）先生介绍，尤感知"③，在伯希和的介绍下，王重民得翟林奈"欢迎参观"④。在翟林奈引导下，除了公开开放的资源外，他还进入藏经室，看到了密藏的敦煌经卷，详细考察了敦煌文献保管方式及残卷的修补和裱装，并详细阅览了翟氏编订的敦煌文献目录。姜亮夫也在伯希和的介绍下，在不列颠博物馆看敦煌经卷，"我要看几卷，翟里斯就给我看几卷"⑤。王庆菽也积极主动向当时的管理员福尔敦（A. S. Fulton）争取，得以将七千卷敦煌文献翻阅一遍。⑥

2. 阅读活动带有鲜明的爱国主义色彩特征

1922 年胡适提出"少说点空话，多读点好书"⑦的口号，提倡安心独坐图书馆，整理国故。此主张虽遭鲁迅、郭沫若、茅盾等文化界人士的反对，但在当时还是对许多学者产生了影响，他们走进不列颠博物馆重点阅读敦煌文献和太平天国文献。在异国土地上，得以目睹祖国被劫

① 胡适：《海外的中国佛教史料》，《胡适全集》第 9 卷，安徽教育出版社 2003 年版，第 135 页。
② 傅振伦：《英国博物院参观纪略》，《中国博物馆协会会报》1936 年第 5 期。
③ 陈恒新：《王重民在法国期间致伯希和四信考释》，《大学图书馆学报》2017 年第 6 期。
④ 王重民：《英伦所藏敦煌经卷访问记》，《敦煌遗书论文集》，中华书局 1984 年版，第 1~5 页。
⑤ 刘诗平、孟宪实：《敦煌百年：一个民族的心灵历程》，广东教育出版社 2000 年版，第 209 页。
⑥ 甘肃省社会科学院文学研究室编：《关陇文学论丛：敦煌文学专集》，甘肃人民出版社 1983 年版，第 199 页。
⑦ 胡适：《胡适谈读书》，百花洲文艺出版社 2016 年版，第 224 页。

掠的原物，刘半农、朱光潜、老舍、许地山、胡适、郑振铎、向达、王重民、萧一山等人备感无奈和亲切，感慨万千："吾辈别无他乐，唯见异书，斯为真乐耳"①，他们克服了各种冷遇及生活的贫困等不利因素，锲而不舍地到不列颠博物馆查阅、抄录、拍摄敦煌文献和太平天国文献。

尽管馆藏的中国文献多是不列颠博物馆从中国掠取或骗购的，但该馆对中国读者并没有特别的优待。当时馆藏的敦煌文献，馆方规定不得外借，也不准摘抄，郑振铎在查阅敦煌文献时，他就发动了许地山、老舍、朱光潜等人，用最笨的方法，硬是把材料背诵下来，回家后写出来。1933年年底，清华大学的浦江清教授为请求入库选取部分抄录，曾提出义务为不列颠博物馆藏敦煌文书编目，以方便学者利用被拒绝。向达尽管通过"托其他英国人代为转圜"②，得以为经卷拍照，但受制于翟林奈的留难，"一天坐在这里他只给我看四卷，这点数量是不够我看的，但翟里斯多一卷也不肯给"③，"一年之间，看到的汉文和回鹘文卷子，一共才五百卷左右"④。相对于前述王重民和姜亮夫由于事先有伯希和的介绍而得到的"优待"，向达很感叹地说："我们国家的影响力量还不及学术界私人的力量"⑤。

备受冷遇的阅读经历反而更加激发了他们的爱国之情，如向达在当时写给北平图书馆馆长袁同礼的一封信中写道："达虽一介书生，身无傲骨，然与其向此辈人足恭唯诺以讨生活，则毋宁返国饿死之为愈耳。

---

① 孟昭晋：《读王重民致向达书信》，《图书情报工作》2001年第4期。
② 谢方：《记1935年向达在伦敦给舒新城的一封信》，《书品》2004年第5期。
③ 刘诗平、孟宪实：《敦煌百年：一个民族的心灵历程》，广东教育出版社2000年版，第204页。
④ 向达：《唐代长安与西域文明》，商务印书馆2017年版，第214页。
⑤ 刘诗平、孟宪实：《敦煌百年：一个民族的心灵历程》，广东教育出版社2000年版，第209页。

惟念祖国风尘艰难，断不敢效叔宝之流，以海外桃源为避秦之乐土也。"①夏鼐对向达在不列颠博物馆苦读的场景有过生动的描绘："博物院中秘笈尽，顺东楼中饭锅空"，"玻璃房里飞蝴蝶，图书馆中坐蠹虫"。② 经过多人坚持不懈地艰辛考察和劳作，他们终于复制整理了大量珍稀的第一手资料，如向达辑录的《伦敦英国博物馆所藏鸦片战争史料选辑》、刘半农辑录的《太平天国有趣文件十六种》、王重民辑录的《敦煌古籍叙录》等资料，大大推动了国内对敦煌文献等文物的保护和研究。

国人在不列颠博物馆对敦煌和太平天国文献的执着，既是对西方列强盗取行径的回击，也是对自己国家未保护好古物的弥补和反思，因此这一时期的阅读活动破除了中国文化中心主义的盲目性和封闭性，将之上升到建立在对西方文化认同基础上的理性的爱国主义。

3. 阅读活动的影响

(1) 更新了知识内容，也更新了研究方法。

国人在不列颠博物馆阅读活动以开放、包容的姿态，主动地感知西方文明获得更多的收获，正如罗素曾经指出的那样："假如中国人对于西方文明能够自由地吸收其优点，而扬弃其缺点的话，他们一定能从他们自己的传统中获得一线生机的成长，一定能产生一种糅合中西文明之长的辉煌之业绩。"③通过这些阅读活动，他们不仅更新了知识内容，也更新了研究方法，如姜亮夫回忆说："我看了巴黎的四十多个美术博物馆，伦敦的大不列颠博物馆，加深了我如何用科学方法研究古籍的想法。"④很多人利用在不列颠博物馆查阅的材料进一步整理研究，成为所

---

① 修彩波：《近代学人与中西交通史研究》，光明日报出版社 2010 年版，第199 页。

② 夏鼐：《夏鼐日记》卷二 1936—1940，华东师范大学出版社 2011 年版，第215 页。

③ 金耀基：《中国文明的现代转型》，山东人民出版社 2016 年版，第 60 页。

④ 殷光熹：《殷光熹文集》第 3 卷，云南大学出版社 2015 年版，第 617 页。

在研究领域的学术权威，如萧一山欧游归国之后，便利用新获史料增订《清代通史》及其他学术旧稿，又先后出版《太平天国丛书》第一集、《太平天国诏谕》《太平天国书翰》《近代社会秘密档案》《关于中国的大英政府文书总目》等书，对国内清史学界，特别是有志研究太平天国史事的人，提供了新资料、指引了新方向，他本人也成为太平天国的研究权威。1926年，胡适在伦敦不列颠博物馆和巴黎法国国家图书馆发现禅宗大和尚神会的语录两万多字，而中国原有关于神会的材料不过600余字，回国后，经陆续整理，他于1930年出版《神会和尚遗集》，其中附了一篇2.6万多字的《神会传》，成为中国禅学的拓荒者与建设者。向达、王重民更是成为中国敦煌学的执牛耳者。通过阅读活动，近代国人接受了西方先进的自然和社会科学知识及研究方法，知识结构和内容不断更新，这不仅加速了他们自身转型为近代化的新型知识分子，也为国内发展带来了由传统社会向近代社会转型所需要的知识内容。

（2）切实感受了西方公共文化机构的优势。

不列颠博物馆代表的是英国先进的公共文化，通过利用不列颠博物馆这个公共阅读空间，国人愈来愈认识到该馆在文化传播方面的重要价值。国人对该机构辅助教育的功能，对其免费面向公众开放的特征，尤其对西方公共文化的优越性有了切实体会，如戈公振："室内为读者而特备者，有桌椅，有笔墨，有置书之架，有揭书之骨片，西人优遇学者，可谓无微不至"①，西方公共文化的优越性让其叹服。赞叹之余，国人热切希望国内早日建立这样的机构，让更多的人享受到阅读的乐趣，如邹韬奋离开伦敦时，仍然意犹未尽，称不列颠博物馆是其"最留恋不舍的一个地方，我还常想我们应该有一天，能大规模地设备这样的图书馆，公诸大众，使大众都能得到机会自由自在地研究自己所喜欢研

---

① 戈公振：《中国报学史》，生活·读书·新知三联书店2011年版，第339页。

究的学问"①。更有国人总结自己在不列颠博物馆的阅读经验，直接指导国内相应机构的发展，如刘半农专门写了《对改良北京大学图书馆的意见》，将不列颠博物馆组织藏书的办法及图书标签格式介绍给当时的北京大学图书馆馆长李大钊。②

（3）实现了由传统阅读向近代阅读的转型。

民国时期的学者带着"为爱国而读书"的抱负，以开放包容的姿态，在不列颠博物馆这个公共阅读空间里勤学苦读，他们不仅阅读中国传统经典，还有西方先进的自然和社会科学知识，不仅阅读图书还有文件、报纸等文本，阅读的方式不仅有精读、泛读、默读、抄写，还有拍照，这些都体现了鲜明的时代特征，可见国人借由不列颠博物馆的阅读活动已经由传统阅读转型到近代阅读了。

总之，从晚清到民国，随着时代的变迁，不列颠博物馆这个特有的阅读空间推动和见证了我国传统阅读向近代阅读的转型。晚清国人以外交官员为主体，以猎奇为目的的阅读完成了对不列颠博物馆的认知，为民国时期国人在此阅读奠定了基础。民国国人以学者为主体，以求知为主要目的的阅读，继承了传统阅读的勤学苦读精神，并疏离了权力，为爱国而读书的追求替代了学而优则仕的价值观，破除了中国文化中心主义的封闭性，将之上升到理性的爱国主义。

在阅读活动转型过程中可以发现，阅读空间的扩大是阅读活动转型的物质条件，求知的需要是推动阅读活动转型的动力，读者作为阅读的主体，他们自身的追求、知识水平和交往范围决定阅读活动的收获，愈开放包容的阅读愈是能获取更多知识，愈能推动社会的前进。当然也要看到由于时代的局限，从晚清到民国，在不列颠博物馆阅读主体的范围虽然有了很大的扩大，但还只是局限于出国的学者，阅读主体的大众

----

① 韬奋基金会、上海韬奋纪念馆编：《韬奋全集》增补本第6册，上海人民出版社2015年版，第536页。

② 秦川：《五四新文化运动先驱者·李大钊》，四川大学出版社2015年版，第109页。

化、普遍化必须是社会发展追求的目标。

二、夏鼐海外留学期间的博物馆实践(1935—1941)

夏鼐(1910—1985),浙江温州人。中国现代考古学家,中华人民共和国考古工作的主要指导者和组织者之一。1934 年毕业于清华大学文学科历史系。1935—1939 年在英国伦敦大学留学并获得考古学博士学位。其中 1940 年,在埃及开罗博物馆研究学习。1941 年回国后,先后在中央博物馆筹备处、中央研究院历史语言研究所、中国科学院考古所工作。1955 年被选为中国科学院哲学社会科学部学部委员。1979 年起,被选为中国考古学会理事长。1982 年后任中国社会科学院副院长兼考古研究所名誉所长。1985 年 6 月去世。

由于夏鼐在考古领域的伟大成就,学界多关注其在考古方面的学术研究,而相对忽略其在博物馆事业发展方面的贡献。华东师范大学出版社于 2011 年 8 月出版的十卷本《夏鼐日记》中,为探讨夏鼐在中国博物馆事业建设中的贡献提供了珍贵史料。目前只有徐玲发表在中国文物报的《从〈夏鼐日记〉看夏鼐与中国博物馆事业》[①]一文,利用《夏鼐日记》对夏鼐与中国博物馆事业的贡献分四个阶段进行了梳理,但该文重在宏观梳理夏鼐的中国博物馆实践,对其在海外的博物馆实践关注不足。1935—1940 年海外留学期间,夏鼐留下了丰富的博物馆实践,形成了他的博物馆思想,为他今后对中国博物馆事业发展所作的贡献奠定了基础。

(一)夏鼐的留学经历(1935—1941)

在清华大学读书期间,夏鼐从未想过要做一名考古学家,按他本人的意愿,最想学的是中国近代经济史。夏鼐的本科毕业论文是《太平天

---

① 徐玲:《从〈夏鼐日记〉看夏鼐与中国博物馆事业》,《中国文物报》,2015 年 6 月 9 日,第 7 版。

国前后之长江流域田赋情形》，指导老师蒋廷黻先生建议他毕业后先去研究院研究中国近代经济史，再去伦敦经济学院留学。不巧的是，夏鼐毕业那年，清华大学历史学的赴美留学名额仅有考古方向，而且仅有一个名额，为能出国深造，他只好考取了考古方向的留学生。无奈之下，他开始为出国留学作准备，1934年10月30日，夏鼐向时任中央研究院历史语言研究所所长的傅斯年请教，傅斯年告诉他国内的考古学研究计划主要有三个方面："一为史前时期发掘，一为历史时期发掘，一为博物馆。"①1935年4月2日，在安阳主持西北冈殷王陵发掘的梁思永告诉正在安阳进行考古实习的夏鼐："赴欧美留学之目的不外：（1）博物馆及田野工作之技术；（2）欧洲考古学方面之智识及人类学背景；（3）考察欧洲方面所保存的中国东西。"②两位师长都告诉了夏鼐，在未来留学期间考古学的学习中，博物馆是其中的重要内容之一，为他留学指明了学习方向。

1935年8月夏鼐来到英国师从考陶尔德研究所的叶兹（W. P. Yetts）教授学习考古学。1936年7月，他毅然离开叶兹教授，投师到伦敦大学学院的埃及考古系，师从格兰维尔（S. Glanville）教授，学习埃及考古学。7月21日，夏鼐被安排去伦敦市郊参加由惠勒博士（M. Wheeler）主持的梅登堡（Maiden Castle）城址的考古发掘。这以后，夏鼐正式转入埃及学研究领域。1937年12月8日，夏鼐随英国调查团赴埃及，在埃及曼特（Armant）参加调查发掘。随后去巴勒斯坦，参加了在杜维尔丘（Tell duweir）的发掘。工作结束后，1938年4月8日在埃及亚历山大港经意大利那不勒斯返回伦敦。5月1日开始将皮特里爵士收集的珠子进行编目、分类，1939年由伦敦大学毕业后在埃及开罗博物馆从事考古研究工作一年。1941年年初回国。1946年获伦敦大学埃及考古学博士

学位。

(二)夏鼐留学期间丰富的博物馆实践

1. 到过的博物馆数量多、类型多、分布范围大

在留学期间，夏鼐先后到过新加坡、英国、法国、意大利、埃及、巴勒斯坦、伊拉克、印度等国的博物馆 69 所，具体名称如下：

新加坡(1 所)：科伦坡博物馆。

英国(38 所)：伦敦博物馆、维多利亚与阿尔伯特博物馆、瓦伦斯艺术馆、不列颠博物馆、杜莎夫人蜡像馆、帝国战争博物馆、诺斯公园的第一博物院、科学博物馆、儿童美术馆、印度博物馆、威斯敏斯特教堂、汉普顿离宫、国家肖像美术馆、泰特美术馆、市政厅博物馆、市政厅美术馆、国家美术馆、中国大使馆孙中山被难纪念室、南肯新顿自然历史博物馆、济慈故居博物馆、希赖顿博物院、Devizes 博物馆、皮特—里弗斯博物馆、梅登堡博物院、布里斯托尔博物院、霍夫尼曼博物馆、伦敦大学皮特里博物馆、哈代故居、莎翁故居、维多利亚女王故居、狄更斯故居、地质博物馆、剑桥人类学与考古学博物馆、菲茨威廉博物院、伯明翰博物院、阿什莫兰博物馆、索恩博物馆、伯明翰画廊里弗斯。

法国(8 所)：巴黎圣母院、卢浮宫、国葬院、拿破仑墓及军事博物院、枫丹白露、赛努齐博物馆、克吕尼博物院、吉梅博物馆。

意大利(8 所)：都灵雷亚莱古物博物馆、庞培古城、希腊神庙、那不勒斯博物馆、罗马圆形大剧场、国立罗马博物院、万神庙、洛桑城堡博物馆。

埃及(10 所)：开罗博物院、伊德富神庙、阿斯旺博物院、塞提一世庙、托勒密小庙、阿拉伯博物馆、科普特博物馆、亚历山大希腊—罗马博物院、开罗地质博物馆、阿什莫利安博物馆。

巴勒斯坦(2 所)：耶路撒冷博物馆、圣墓大教堂。

伊拉克(1 所)：伊拉克博物馆。

印度(1所)：印度博物馆。

其中由于英国博物馆建设历史长、藏品丰富及管理服务理念先进，加上留学学校主要在伦敦，所学专业与博物馆关系密切，夏鼐海外留学期间在英国参观的博物馆数量多达38个，且参观了不同类型的博物馆。其中有综合性的不列颠博物馆，1935年9月12日，夏鼐在不列颠博物馆参观时，曾感慨道："此系世界闻名之宝藏。"有名人故居如莎翁故居、狄更斯故居、济慈故居等，1936年2月1日参观济慈故居及博物馆时，他看到该馆陈列济慈及其友好之书函等，颇为感慨"令人钦佩英人保存先人手泽之热心"①。有皮特—里弗斯博物馆等考古遗址博物馆，在参观该馆时，夏鼐描述详细，"乃氏当年搜集及发掘所得之物，虽规模不大而设计甚佳，尤以几个发掘墓地及遗址的模型，考古学一大贡献也，模型系木制，依等高线示其地形，发掘坑位及遗物原来位置，皆一一示明，设色以明之，遗骸更以石膏(或铅制)小型标示。流连其间，令人不忍舍去"②。还有许多艺术馆，如瓦伦斯艺术馆、杜莎夫人蜡像馆等，1935年9月21日，他首次到瓦伦斯艺术馆参观时，评价道："此为著名艺术馆之一。"③

夏鼐对有些博物馆利用频率非常高，第一位要属不列颠博物馆。不列颠博物馆不仅有丰富的藏品，还有图书馆，所以据夏鼐的日记记载统计，从1935年9月到1939年10月，4年时间里，他先后到达该馆100余次，有时要待一整天，在1939年10月21日，离开伦敦前一天，他才恋恋不舍地将"不列颠博物馆阅览券B.59885寄还给不列颠博物馆，

①　夏鼐：《夏鼐日记》卷二 1936—1941，华东师范大学出版社2011年版，第9页。

②　夏鼐：《夏鼐日记》卷二 1936—1941，华东师范大学出版社2011年版，第41页。

③　夏鼐：《夏鼐日记》卷一 1930—1935，华东师范大学出版社2011年版，第365页。

虽然用了 4 年，始终没有好好利用这大不列颠图书馆，颇为愧惭"①。对于不列颠博物馆中丰富的资源还意犹未尽。不列颠博物馆可谓是夏鼐的自习室。

第二位要属埃及开罗博物馆。夏鼐先后有两个时期与开罗博物馆有交集。一是 1937 年 12 月 28 日—1938 年 4 月 1 日，夏鼐在参加埃及曼特考古发掘期间多次到开罗博物馆，仔细观览馆中藏品。1937 年 12 月 28 日，第一次参观开罗博物院，"匆匆周览，美不胜收，将来当仔细欣赏"②。二是在确定了博士论文题目"古埃及串珠考"后，自 1939 年 10 月 31 日至 1940 年 12 月 5 日，他用了一年多的时间，多次到该馆，利用该馆收藏的串珠做系统研究，并多次与该馆的布伦顿（Brunton, Guy）、卢卡斯（Alfred Lucas）等人交流，其中卢卡斯是著名化学家，曾出版《古代埃及的材料与工业》，夏鼐多次就论文初稿征求他们的意见，得到他们极高的评价。在研究过程中，夏鼐还及时纠正开罗博物馆的陈列错误。如 1940 年 1 月 17 日发现其"院中陈列者，所定时代多不正确，指出数件，希伦顿先生亦同意"③。

第三位要属伦敦博物馆。自 1936 年 1 月 15 日起，他就在伦敦博物馆跟随惠勒博士及其夫人学习田野考古的目的与方法和博物馆考古学课程，在该馆先后学习了洗刷铜器之法、拼合及粘贴陶片、陶器修理、移送马克塞灶等由发掘地至博物院之法、修补陶器之法、陶器绘彩及铁器洗刷之法、考古学的目的及方法、野外考察、考古绘图等技能。伦敦博物馆可谓是夏鼐上课的教室。

此外，还有维多利亚与阿尔伯特博物馆、科学博物馆等，夏鼐都多

① 夏鼐：《夏鼐日记》卷二 1936—1941，华东师范大学出版社 2011 年版，第 264 页。

② 夏鼐：《夏鼐日记》卷二 1936—1941，华东师范大学出版社 2011 年版，第 141 页。

③ 夏鼐：《夏鼐日记》卷二 1936—1941，华东师范大学出版社 2011 年版，第 282 页。

次参观。

2. 参观展览会

在参观博物馆之外，夏鼐也非常关注各种有关考古和古物展示的展览会。

(1) 参观中国美术展览会。

1935年11月27日至1936年2月29日，由中英两国政府联合在伦敦皇家艺术学院举办伦敦中国艺术国际展览会。该展览展品分为三个部分，一部分由中国从南迁的文物中精选出一部分，再添以古物陈列所、河南博物院、北平图书馆、安徽图书馆、中央研究院及私人收藏；一部分由发起者从世界各地的博物院中借出；再一部分是出自世界各地的收藏家。该展览会引起较大社会反响，"到会参观者前后共达四十万二千人"①。

在展览会期间，夏鼐多次到会参观。开展第一天，夏鼐就到会参观，他在日记中记载："这是第一天，参观者颇为拥挤，自己先行周览一遍，然后细看。"②1935年12月11日，又到会参观，"遇及吴金鼎、曾昭燏二君"。12月13日，参观卢芹斋的古董展览，"此君偷盗古物出国不少，此次又乘中国美展的机会，运一批东西来弄钱"，在遇到卢芹斋本人时，"有点不高兴再与他谈话"③。12月17日，"遇及江、吴二君邀赴中国美展会，随便讲述些给他们听"④。1936年1月22日赴"中国美展会，听叶兹教授的讲演"⑤。1月29日、2月5日、2月10日等

---

① 《中华民国史事纪要 初稿》，中华民国二十五年(1936)一至三月，第503页。

② 夏鼐：《夏鼐日记》卷一1930—1935，华东师范大学出版社2011年版，第394页。

③ 夏鼐：《夏鼐日记》卷一1930—1935，华东师范大学出版社2011年版，第397页。

④ 夏鼐：《夏鼐日记》卷一1930—1935，华东师范大学出版社2011年版，第398页。

⑤ 夏鼐：《夏鼐日记》卷二1936—1941，华东师范大学出版社2011年版，第6页。

多次到展会现场听他的导师叶兹教授的讲演。

（2）参观考古成果展览。

1937 年 7 月 14 日，夏鼐参观埃及考察团展览会。① 7 月 21 日，参观莱基考察展览会。② 这两个展览会都是有关考古成果的展览会。

（3）参观巴黎万国博览会。

1937 年 9 月 3 日，夏鼐参观法国巴黎万国博览会。"仅匆匆周游一过，进德国馆一看"，4 日，上午又赴万国博览会，"参观其中近代科学上各种新发明的展览陈列"。③ 9 月 5 日晚间、9 月 8 日再赴博览会。

3. 有计划的参观博物馆

面对丰富的博物馆资源，夏鼐如入宝山，他采取的主要办法是先阅读博物馆的参观指南、展览说明等资料，然后再进入该馆参观。

在去英国之前，他就开始做参观不列颠博物馆的相关准备。在 1934 年 11 月 8 日，他阅读不列颠博物馆《石器时代古物参观指南》，11 月 19 日—22 日，先后阅读不列颠博物馆《青铜时代古物参观指南》《早期铁器时代古物参观指南》。④ 到英国后，每次参观博物馆之前，他都坚持先阅读指南再参观，1936 年 1 月 25 日，"阅不列颠博物馆《罗马和希腊古物参观指南》，预备费半天的功夫，仔细阅览"⑤。2 月 17 日，又至博物院，"依指南细览希腊雕刻及建筑"⑥。1939 年 5 月 29 日，连

---

① 夏鼐：《夏鼐日记》卷二 1936—1941，华东师范大学出版社 2011 年版，第 116 页。

② 夏鼐：《夏鼐日记》卷二 1936—1941，华东师范大学出版社 2011 年版，第 117 页。

③ 夏鼐：《夏鼐日记》卷二 1936—1941，华东师范大学出版社 2011 年版，第 122 页。

④ 夏鼐：《夏鼐日记》卷一 1930—1935，华东师范大学出版社 2011 年版，第 273 页。

⑤ 夏鼐：《夏鼐日记》卷二 1936—1941，华东师范大学出版社 2011 年版，第 7 页。

⑥ 夏鼐：《夏鼐日记》卷二 1936—1941，华东师范大学出版社 2011 年版，第 13 页。

续两天在不列颠博物馆，"将史前部"的铜器时代遗物，"依着导览（PP. 1-184），细看一遍"①。连导览的页码都记录在日记中，可见其是逐页对照着实物仔细欣赏的。用这种办法，夏鼐把不列颠博物馆的展览，按类由瓷器、陶器、铁器、希腊雕刻及建筑、旧石器时代遗物、民族学标本、新石器时代遗物、埃及雕刻、珠宝首饰部等逐个进行了参观。在1935年9月19日，他参观不列颠博物馆中国瓷器时，还发现"排列与导览所述者不同，新增物品颇多"②，可见其认真程度。1936年6月14日，他参观维多利亚与阿尔伯特博物馆的猷莫福洛斯藏品展览时，"展览指南Chinese Art，虽仅十余页，而能撮举要点"③。

有时，在阅读参观指南之外，他还阅读展品的有关研究书籍，进一步为观看实物展览作好准备。如1935年9月21日，"上午读《不列颠博物馆说明》关于宋代瓷器一部分"④。9月24日"因为想进城去看博物院中的中国瓷器，今天将说明中关于中国的一部分看完。又将《饮流斋说瓷》中有关的各点，摘出记在《说明》旁边"⑤。

在参观时他还注意利用展品的说明牌，加深对展品的认识，1935年10月14日先生参观南肯辛顿自然历史博物馆后总结说："这博物馆的优点，除了搜集完备之外，尚有说明卡片之富于通俗教育性质一点。"⑥

---

① 夏鼐：《夏鼐日记》卷二 1936—1941，华东师范大学出版社 2011 年版，第248 页。

② 夏鼐：《夏鼐日记》卷一 1930—1935，华东师范大学出版社 2011 年版，第364 页。

③ 夏鼐：《夏鼐日记》卷二 1936—1941，华东师范大学出版社 2011 年版，第48 页。

④ 夏鼐：《夏鼐日记》卷一 1930—1935，华东师范大学出版社 2011 年版，第365 页。

⑤ 夏鼐：《夏鼐日记》卷一 1930—1935，华东师范大学出版社 2011 年版，第366 页。

⑥ 夏鼐：《夏鼐日记》卷一 1930—1935，华东师范大学出版社 2011 年版，第377 页。

　　这种有计划的参观方式，由于对展品有充分的了解，对照实物参观时，给夏鼐带来了很大的快乐。如 1936 年 2 月 21 日，他"依着指南观罗马时代的石刻、希腊罗马的陶俑、金银珠宝，看得很有劲儿"①。3 月 1 日，"开始阅不列颠博物馆《人类学馆藏指南》，有暇拟往按件细观"②。1935 年 10 月 14 日，夏鼐参观自然历史博物馆，为着认识一点矿石，"捧着一个指南，立在柜旁，一面读一面对照标本"③。1936 年 3 月 20 日，上午至不列颠博物馆，看民族学标本部亚洲、澳洲部分，"依着一本参观指南，逐一细看，颇觉有味"④。3 月 25 日，依着参观指南细观民族学标本的大洋洲一部分，"颇觉趣味"。⑤

　　4. 全方位充分利用博物馆资源

　　除了观看各种实物展览外，夏鼐对博物馆资源可谓是做到了全方位的充分利用。为了利用博物馆资源方便，在 1935 年 9 月 30 日，他到中国大使馆请求介绍办理不列颠博物馆图书馆的阅览券。10 月 5 日，领到长期阅览券，有了阅览券，进出博物馆更加方便。他经常到不列颠博物馆阅读考古研究简报、期刊、理论著作等，学习考古的相关理论，了解考古界的动态。如 1936 年 4 月 20 日，他在不列颠博物馆图书馆，"阅皇家学会哲学会刊 1934 年中关于北京猿人的两篇论文（步达生、史密斯）"⑥。1936 年 1 月 6 日，他听法国汉学家伯希和关于安阳殷墟的

---

　　①　夏鼐：《夏鼐日记》卷二 1936—1941，华东师范大学出版社 2011 年版，第 14 页。

　　②　夏鼐：《夏鼐日记》卷二 1936—1941，华东师范大学出版社 2011 年版，第 16 页。

　　③　夏鼐：《夏鼐日记》卷一 1930—1935，华东师范大学出版社 2011 年版，第 377 页。

　　④　夏鼐：《夏鼐日记》卷二 1936—1941，华东师范大学出版社 2011 年版，第 21 页。

　　⑤　夏鼐：《夏鼐日记》卷二 1936—1941，华东师范大学出版社 2011 年版，第 23 页。

　　⑥　夏鼐：《夏鼐日记》卷二 1936—1941，华东师范大学出版社 2011 年版，第 35 页。

演讲，第二天就到不列颠博物馆图书馆阅读《皇家亚洲学会杂志》中的《安阳发掘记略》及伯希和的《六朝唐代画家考》等文章。

夏鼐善于将书中看到的相关内容对照博物馆实物进一步深化理解。1936年1月9日，他阅读英国著名诗人、艺术评论家劳伦斯·宾扬的《远东画史》，后参观不列颠博物院书画室中陈列的中国画。1936年3月6日，他依着英国考古学家和人类学家路易斯·利基的《亚当的祖先》，"详观旧石器时代遗物"①。1936年5月5日，他阅读英国考古学家柴尔德的《远古东方新探》，5月6日就去不列颠博物馆参观"各处近年来发掘所得之古物，以柴尔德之书相对照"②。在1936年3月27日，他在不列颠博物馆细观民族学标本部非洲部分之标本，"最使我注意者为贝饰、陶器之作法、铸铜失蜡法"③。3月31日，他就去查阅书中"关于非洲土人贝宁人及阿斯蒂人的铸铜术失蜡法记载"④。

他充分利用博物馆的资源，深化课堂所学内容，进行论文写作。如1935年11月15日，在不列颠博物馆阅书，"因为要交中国青铜器的短篇论文，不免又要翻阅几部中国书"⑤。

他的博士毕业论文题目是"古埃及串珠考"，为进行研究，他先后利用了多个博物馆的串珠资源，如1937年6月26日，在不列颠博物馆阅读埃及碑文 No.64 及借陈的格雷戈尔藏品，阅《埃及考古杂志》⑥，

---

①　夏鼐：《夏鼐日记》卷二 1936—1941，华东师范大学出版社 2011 年版，第18页。

②　夏鼐：《夏鼐日记》卷二 1936—1941，华东师范大学出版社 2011 年版，第38页。

③　夏鼐：《夏鼐日记》卷二 1936—1941，华东师范大学出版社 2011 年版，第23页。

④　夏鼐：《夏鼐日记》卷二 1936—1941，华东师范大学出版社 2011 年版，第24页。

⑤　夏鼐：《夏鼐日记》卷一 1930—1935，华东师范大学出版社 2011 年版，第390页。

⑥　夏鼐：《夏鼐日记》卷二 1936—1941，华东师范大学出版社 2011 年版，第114页。

1939 年 4 月 10—13 日，在阿什莫兰博物馆，"将所陈列之串珠，摘记大概"①。更是用了一年多的时间集中利用埃及开罗博物院收藏的串珠，如 1940 年 12 月 1 日，"上午赴博物院，摘录皮特里所著报告中关于串珠之记载"②。

夏鼐还利用博物馆资源为国内朋友查阅资料。1936 年 3 月 7 日，在不列颠博物馆"阅国王图书馆中陈列着的敦煌写本，拟抄一目录寄给吴晗君"③。3 月 8 日，将不列颠博物馆陈列的"敦煌写本抄一目录，加以序言，寄给吴晗君"④。先后两次查阅不列颠博物馆馆藏敦煌文献，并抄写目录加上序言寄给同学吴晗。

5. 对各博物馆收藏的中国藏品尤为关注

作为一个中国人，夏鼐"远居异国，一天天焦急地等候故国的消息"⑤，"自恨置身于海外，不能有所尽职于祖国，自惭自恨"⑥。由于心系国家安危，因此夏鼐在参观博物馆时，对于各博物馆馆藏中国藏品尤为关注。

（1）文物方面。

1935 年 9 月 7 日，初到伦敦，夏鼐参观的第一个博物馆是维利亚与阿尔伯特博物馆，在里面他看到"中国瓷器，颇多佳品，仰韶彩陶之实物，亦为第一次接目，惟无黑陶及柴窑，汉唐陶俑亦嫌不具"。赞叹

---

① 夏鼐：《夏鼐日记》卷二 1936—1941，华东师范大学出版社 2011 年版，第 244 页。

② 夏鼐：《夏鼐日记》卷二 1936—1941，华东师范大学出版社 2011 年版，第 274 页。

③ 夏鼐：《夏鼐日记》卷二 1936—1941，华东师范大学出版社 2011 年版，第 18 页。

④ 夏鼐：《夏鼐日记》卷二 1936—1941，华东师范大学出版社 2011 年版，第 19 页。

⑤ 夏鼐：《夏鼐日记》卷二 1936—1941，华东师范大学出版社 2011 年版，第 116 页。

⑥ 夏鼐：《夏鼐日记》卷二 1936—1941，华东师范大学出版社 2011 年版，第 130 页。

其收藏多珍品之余认为其收藏不系统，还发现了该馆中国展品断代的错误，如"下楼匆匆参观铜器部之被归入汉代去，如果殷墟材料已发表，可以矫正他们错处不少，许多死东西都可以因此变活"①。指出中国考古研究成果发表后，将会纠正他们的错误，对中国考古事业的发展信心满满。

1935 年 9 月 18 日，夏鼐第二次参观不列颠博物馆，"其中与中国有关者，如图画室中之顾恺之《女史箴图》等，瓷器部，皇家图书馆之中国旧版书及李秀成手迹等，有暇当再往一观"②。期待早日看到该馆的中国藏品。1938 年 11 月 6 日，到不列颠博物馆发现："中国古物部已于前星期起开放，将以前之佛教室改为远东室，东西不多，无特出之品，反不若亚洲室之斯坦因所得者之出色。"③对于博物馆中国古物的布展变化极为关心。1935 年 9 月 23 日，他参观杜莎夫人蜡像馆，在其恐怖室中发现了"中国鸦片馆与几幅中国杀头刑场摄影，这是该蜡像馆中关于中国的唯一的陈设，可怜我们贵国的人，只能在恐怖室中占一位置"④。9 月 25 日至诺斯公园的第一博物院参观，他发现中国方面之物有"一鸦片榻室之模型及烟斗烟枪等，在他们眼中，中国大概是与鸦片结不解之缘了"⑤。对于国人在英国的形象深为不满。9 月 26 日，他至不列颠博物馆陶器部，发现"有一黑陶双耳瓶，出于四川，颇厚，不似黑陶之薄，显然受希腊影响，恐系汉代以后之物。宋瓷颇不少，但罕精品，仅定窑、龙泉窑之有花纹者，颇可一观"。"康、雍、乾三朝之物

---

① 夏鼐：《夏鼐日记》卷一 1930—1935，华东师范大学出版社 2011 年版，第358 页。

② 夏鼐：《夏鼐日记》卷一 1930—1935，华东师范大学出版社 2011 年版，第364 页。

③ 夏鼐：《夏鼐日记》卷二 1936—1941，华东师范大学出版社 2011 年版，第231 页。

④ 夏鼐：《夏鼐日记》卷一 1930—1935，华东师范大学出版社 2011 年版，第367 页。

⑤ 夏鼐：《夏鼐日记》卷二 1936—1941，华东师范大学出版社 2011 年版，第368 页。

颇多佳品，惜以时晚匆匆看过，未能仔细，有暇当再往一观。不列颠博物馆以外，尚有维多利亚与阿尔伯特博物馆中之瓷器，亦属不错，前次匆匆一观，未餍所望，以后当再往观。"①对于两馆收藏的中国瓷器进行比较，认为收藏多精品，但都存在一些断代错误的问题。

　　1937 年 9 月 8 日，夏鼐参观拿破仑墓及军事博物院时，发现"有英法联军之役由大沽炮台掳劫来的'神武大将军'铜炮"②。9 月 12 日，他参观吉梅博物馆，看到该馆"陈列远东古物，伯希和在吾国西北所得之佛教遗物亦陈列其间"③。1938 年 2 月 28 日，发现埃及阿拉伯博物馆有"宋瓷碎片"④。但凡见到中国藏品，他都感慨万千，详细记录在日记中。

　　(2) 文献方面。

　　夏鼐尤为关注不列颠博物馆图书馆馆藏的中国近代文献，特别是在他心情烦闷及学业重大抉择时期。初到英国，他纠结于是去考陶尔德研究所还是伦敦大学学院，1935 年 10 月 4 日，他在不列颠博物馆的东方研究者室翻阅稿本，"得《广东报》，拟作一札记，寄给国内"⑤。在英国入学不久，他就对当时的导师叶兹教授不满，心生改系想法，11 月 27 日的日记记载"自己为此事的矛盾，心理上颇为痛苦"⑥，在当日他就在不列颠博物馆东方大学生室阅读发现"其中颇多近代史之材料，萧

---

　　①　夏鼐：《夏鼐日记》卷一 1930—1935，华东师范大学出版社 2011 年版，第 368 页。

　　②　夏鼐：《夏鼐日记》卷二 1936—1941，华东师范大学出版社 2011 年版，第 123 页。

　　③　夏鼐：《夏鼐日记》卷二 1936—1941，华东师范大学出版社 2011 年版，第 124 页。

　　④　夏鼐：《夏鼐日记》卷二 1936—1941，华东师范大学出版社 2011 年版，第 179 页。

　　⑤　夏鼐：《夏鼐日记》卷一 1930—1935，华东师范大学出版社 2011 年版，第 372 页。

　　⑥　夏鼐：《夏鼐日记》卷一 1930—1935，华东师范大学出版社 2011 年版，第 394 页。

一山前次在此抄去不少，加之自己现在已改行，不值得去抄，但仍恋恋不忍舍，只好说是旧情未断了"①。12 月 16 日，去不列颠博物馆图书馆，"抄录《新遗诏圣书》，又翻阅赖德烈之《中国传教史》，及莫尔斯之《国际交涉史》中关于太平天国一段的史实"②。12 月 10 日至"不列颠博物馆图书馆阅所藏太平天国文件《旧遗诏圣书》，作札记"③。12 月 12 日，继续到不列颠博物馆"抄阅《新遗诏圣书》，未完。下星期当再去，拟作一文记之"④。直至 1 月 24 日，当曾昭燏问他是否满意此间学校时，他"大发牢骚，表示要离开此间"⑤。1936 年 1 月 30 日，夏鼐在不列颠博物院图书馆翻阅"鸦片战争时英人由中国携去之沿海地图，乃当时地方官陈报上司之地图，常有红签标注各地相距里数，驻防兵数"⑥，到 1936 年 7 月 8 日，"赴大学学院，办转学手续。此事告一段落，虽知前途困难，也顾不了许多"⑦。转学的事终于确定，但内心仍忐忑不安，在 1936 年 7 月 17 日，又到不列颠博物馆图书馆"观戈登文件，抄录大纲"；7 月 20 日，"翻阅戈登文件"⑧；7 月 21 日，"翻阅英文稿本部之

---

① 夏鼐：《夏鼐日记》卷一 1930—1935，华东师范大学出版社 2011 年版，第 394 页。

② 夏鼐：《夏鼐日记》卷一 1930—1935，华东师范大学出版社 2011 年版，第 398 页。

③ 夏鼐：《夏鼐日记》卷一 1930—1935，华东师范大学出版社 2011 年版，第 397 页。

④ 夏鼐：《夏鼐日记》卷一 1930—1935，华东师范大学出版社 2011 年版，第 397 页。

⑤ 夏鼐：《夏鼐日记》卷二 1936—1941，华东师范大学出版社 2011 年版，第 6 页。

⑥ 夏鼐：《夏鼐日记》卷二 1936—1941，华东师范大学出版社 2011 年版，第 8 页。

⑦ 夏鼐：《夏鼐日记》卷二 1936—1941，华东师范大学出版社 2011 年版，第 53 页。

⑧ 夏鼐：《夏鼐日记》卷二 1936—1941，华东师范大学出版社 2011 年版，第 55 页。

戈登文件及 1864 年之《泰晤士报》”；7 月 24 日，“再翻阅戈登文件”①。可见，中国近代史仍让夏鼐难以忘怀，恋恋不舍。

6. 博物馆为友朋交往之地

夏鼐不仅自己经常到各博物馆去，还将博物馆视为友朋交往之地。

他经常和朋友一起去参观博物馆。1935 年 10 月 16 日，他与吴金鼎一同赴不列颠博物馆，“在门口长廊上坐着讨论中国历史考古学”②。1936 年 2 月 6 日，与吴金鼎“同赴不列颠博物馆，又同至北京楼午餐，随便谈论中国考古的情形”③。他与陈凤书一起去参观博物馆最多。陈凤书是吉林长春人，燕京大学经济系毕业后，当时在伦敦大学政治经济学院研究院攻读硕士，在英国留学期间与夏鼐同为室友，两人朝夕相处，经常同去参观博物馆。如 1936 年 4 月 13 日，与陈凤书同赴不列颠博物馆，“在图书馆翻阅旧杂志，到博物馆楼上看标本”④。此前二人还同去参观市政厅博物馆、科学博物馆等。6 月 20 日，同赴自然历史博物馆和维多利亚与阿尔伯特博物馆进行参观。其次是朱庆永，朱庆永于 1936 年清华大学毕业后考取中英庚款留学生，回国后成为著名史学家。1938 年 7 月 15 日，朱庆永离开伦敦，夏鼐倍感孤独，“自陈凤书君离英后，朱君为相从最密之友人，一旦又离我他适，此后更为冷落孤寂矣”。下午至不列颠博物馆，作诗：“偶过此间必逢君，勤殷过于缀网珠，座位犹是 A 字 2，不见夫子庆永来”⑤。看着朱庆永常坐的座位，

---

① 夏鼐：《夏鼐日记》卷二 1936—1941，华东师范大学出版社 2011 年版，第 56 页。

② 夏鼐：《夏鼐日记》卷一 1930—1935，华东师范大学出版社 2011 年版，第 378 页。

③ 夏鼐：《夏鼐日记》卷二 1936—1941，华东师范大学出版社 2011 年版，第 10 页。

④ 夏鼐：《夏鼐日记》卷二 1936—1941，华东师范大学出版社 2011 年版，第 34 页。

⑤ 夏鼐：《夏鼐日记》卷二 1936—1941，华东师范大学出版社 2011 年版，第 251 页。

又思念起老朋友。

　　他还经常与国内友人利用在博物馆偶遇的机会交流信息。如 1935 年 10 月 5 日，在不列颠博物馆遇及钟道铭，"谈及入学事"①。1936 年 10 月 26 日，在不列颠博物馆参观陈列品时，遇吴禹铭，据云"李济之先生将于年底来英讲学"②。1937 年 7 月 28 日，"与汤象龙同赴不列颠博物馆找向觉明君，赴顺东楼替汤君践行"③。1937 年 10 月 23 日，他"在不列颠博物馆遇及向觉明君及王重民夫妇"④。1935 年 9 月 20 日，他在不列颠博物馆"与杨曾威君相遇，又遇及柯召及钟道铭君"⑤。

　　7. 关注国内博物馆建设

　　夏鼐在利用国外博物馆的过程中，对于国内没有的博物馆类型，尤为关注。如 1935 年 10 月 2 日，他在参观帝国战争博物馆后写道："看过后，觉得我们中国也应该有这样的一座博物馆，陈列国耻的纪念品，只'一·二八'战役已可陈列好几间房子了，但不知道中国的画家也有淞沪战役的作品否？"⑥认为我国也应该注意积累国耻纪念品，建设这样的博物馆收藏。

　　夏鼐还非常关注国内博物馆藏品建设工作。1939 年 10 月 20 日离开英国前，他向导师格兰维尔教授提出捐赠古物给中国博物馆的要求："罗伯特·蒙德爵士收藏品之埃及古物一部分，能否赠予吾国中央博物

---

①　夏鼐：《夏鼐日记》卷一 1930—1935，华东师范大学出版社 2011 年版，第 372 页。
②　夏鼐：《夏鼐日记》卷二 1936—1941，华东师范大学出版社 2011 年版，第 77 页。
③　夏鼐：《夏鼐日记》卷二 1936—1941，华东师范大学出版社 2011 年版，第 118 页。
④　夏鼐：《夏鼐日记》卷二 1936—1941，华东师范大学出版社 2011 年版，第 130 页。
⑤　夏鼐：《夏鼐日记》卷一 1930—1935，华东师范大学出版社 2011 年版，第 364 页。
⑥　夏鼐：《夏鼐日记》卷一 1930—1935，华东师范大学出版社 2011 年版，第 371 页。

院，据云已分配完尽。但允许将大学学院之复出品，让赠一部分，亦待
将来再谈。"①后来又再次不无遗憾写道："最可惜者 Sir Robert Sidney
Smith(罗伯特·蒙德爵士收藏品)及格兰维尔教授为遗嘱此部分执行人。
惜知之过晚，我向之提及时，据云已分配完了。"②1939 年 5 月 24 日，
夏鼐受王重民委托向布朗里格夫人接洽购买《永乐大典》残本，此册未
曾收入袁同礼《永乐大典现存卷目表》，颇希望能归回国人手中，惟索
价 100 镑，未免过昂，商榷结果，减为 50 镑，函告王君，令其自行决
定。③ 1940 年 1 月 31 日，他在日记中记述与开罗博物院的布伦顿先生
见面时，谈及中国中央博物院，他趁机请求："能否将此间重复之古物
赠送或交换。据云此事甚难办到，惟开罗博物院时常将重复品出售，任
何人皆可购买，惟价格颇昂。又谈及氏从前在卡乌、巴达里、穆斯塔吉
达所得之古物，一部分仍在其手中，未曾分配。据云几全部为小物件，
如串珠、圣甲虫形宝石之类，将来亦拟出卖，但希望卖与公共机关，不
卖与私人，此事俟将来再谈。"④结果没有达到目的，他对不能为中国博
物馆搜集到相关古物藏品而深表遗憾。

　　正是因为在各大博物馆里看到丰富的中国藏品，让夏鼐对于倒卖中
国文物的行为尤为痛恨，如 1935 年 12 月 13 日，他参观古玩商人卢芹
斋的古董展览，卢芹斋是当时欧美许多博物馆和收藏家的中国文物供货
商。夏鼐在日记中写道："此君偷盗古物出国不少，此次又乘中国美展
的机会，运一批东西来弄钱。"在遇到卢芹斋本人时，"有点不高兴再与
他谈话"，对卢芹斋深表厌恶。1937 年 9 月 11 日，他在法国巴黎游览，

<hr />

　　① 夏鼐：《夏鼐日记》卷二 1936—1941，华东师范大学出版社 2011 年版，第
263 页。

　　② 夏鼐：《夏鼐日记》卷二 1936—1941，华东师范大学出版社 2011 年版，第
288 页。

　　③ 夏鼐：《夏鼐日记》卷二 1936—1941，华东师范大学出版社 2011 年版，第
247 页。

　　④ 夏鼐：《夏鼐日记》卷二 1936—1941，华东师范大学出版社 2011 年版，第
288 页。

看到卢芹斋的卢吴古玩公司，"建筑半带中国式，为状及丑恶，此辈以倒卖古物为业者，本难望其有美术眼光"①，讽刺其公司建筑审美水平差，对其可谓是深恶之极。

8. 对国外博物馆由羡慕到理性思考

夏鼐早年在国内求学时期，已开始关注并接触博物馆、图书馆等新型公共文化机构的建设。1931 年 1 月 3 日，"上午曾至图书馆。今年图书馆又将书库闭起来了。我本来是喜欢在书库中乱翻的，现在这样一来，很不方便。我以为图书馆为增高书籍流通的效率起见，为阅读者方便起见，应该将书库开放。纵使有不肖之徒，私窃书籍出外，也是不能免的牺牲，只好忍痛耐受，否则将使图书馆成为藏书楼。书籍固然可以不失落，奈减少流通的效率何！从前在光华也遇到同样的事，将书库制改为闭库制，都很使我不快"②。主张图书馆书库应该开放才能满足读者需求。1931 年 8 月 8 日，他周末去参观故宫博物院遇阻，记述此事说："已闭馆，颇觉得失望"③。夏鼐公开反对旧制的藏书楼私有模式，对博物馆、图书馆等公共性、开放性及服务的便利性等已经有了一定的认知。1934 年 4 月 9 日夏鼐参观山西太原民众教育馆后，在日记中表达建博物馆服务于故乡的设想："余忽生一念，以为将来在故乡不妨也设立这样一个小规模的古物陈列所。"④1934 年 10 月 20 日夏鼐参观北平古物陈列所后，在日记中谈到了古物陈列所古物南迁、展览情形及高昂收费等问题，"文华殿已不开放；武英殿正殿仍陈列瓷器，多为明清制品，若柴窑、龙泉窑等皆不可复见；西配殿为文华殿移来之书画，但顾

---

① 夏鼐：《夏鼐日记》卷一 1930—1935，华东师范大学出版社 2011 年版，第 397 页。

② 夏鼐：《夏鼐日记》卷一 1930—1935，华东师范大学出版社 2011 年版，第 20 页。

③ 夏鼐：《夏鼐日记》卷一 1930—1935，华东师范大学出版社 2011 年版，第 65 页。

④ 夏鼐：《夏鼐日记》卷一 1930—1935，华东师范大学出版社 2011 年版，第 231 页。

鲁公之真迹及郎世宁百骏图之类，皆已不可见矣！三殿之古物亦减少。盖古物南运之后，精品皆已南运。旋至雍和宫，东配殿之欢喜佛五座，颈以下即为布幔所遮，其外有玻璃窗以遮之，窗之开阖处有十八年封条，据云为南京佛教徒维持会所封，欢喜佛成为秘密佛矣！后殿之佛三尊，更无精彩。4角一人之门票，诚过昂矣"①。面对博物馆展览缺乏精品，门票昂贵非常遗憾。可见，夏鼐出国之前对国内的公共文化机构现状非常不满。

初到英国，见到如此丰富的博物馆资源，夏鼐不无羡慕，对留学初期参观的科伦坡博物馆、维多利亚与阿尔伯特博物馆、不列颠博物馆的馆藏都用了很多笔墨详细描绘。如1935年9月13日首次参观伦敦博物馆就用了527字按照参观路线详细描绘了该馆陈列的史前时代遗物、中世纪遗物、罗马时代遗物、金雀花朝至斯图亚特各朝遗物、御物室、戏剧室、儿童室等，且多感叹："各首相之笔迹颇富历史价值。绕至右端有儿童室，则多系儿童玩具，种类甚多，殊觉外国儿童之幸福远胜中国。"②1935年9月18日夏鼐先生第二次游不列颠博物馆后就由衷表达了羡慕之情："我觉得伦敦人真是好福气，有这样一座大博物院，仔细观览非花一个多月不可。"③1935年10月2日，参观科学博物馆，"最有趣的是儿童美术馆，用模型图画来表示交通、路灯、室内灯火之进化，又有许多仪器，可以用手转钮使它活动。旁边又有一电影室，每日放映三次关于科学的影片，教小孩子知道科学"④。1935年10月14日，参观自然历史博物馆，用了558字进行记载。"脊椎动物的齿骨比较标

---

①　夏鼐：《夏鼐日记》卷一 1930—1935，华东师范大学出版社 2011 年版，第269 页。

②　夏鼐：《夏鼐日记》卷一 1930—1935，华东师范大学出版社 2011 年版，第361 页。

③　夏鼐：《夏鼐日记》卷一 1930—1935，华东师范大学出版社 2011 年版，第363 页。

④　夏鼐：《夏鼐日记》卷一 1930—1935，华东师范大学出版社 2011 年版，第371 页。

本，也颇可注意，以对自己将来或许有用也。"①1936 年 5 月 30 日，夏鼐在某花园照相时，看见一个 9 岁的孩子，带着一本摘记簿，在花圃旁对着植物学名卡片抄录，以认识标本与记忆学名。夏鼐主动上前与之谈话，感叹说："我以为我国人的智质，并不劣于外人，惟求学之机会则远不及耳"②，他认为博物馆是辅助儿童学习的最佳机构。

1935 年 9 月 25 日，夏鼐在了解到房东没去过知名博物馆时，感叹："我知道我游览那几处时所发感想，羡慕他们小孩子的福气，适用于有钱的阶级，中下阶级的人整日忙碌哪里有这样的空暇来游。"③说明他对于国外博物馆建设开始趋于理性。对于博物馆的评价，1936 年 12 月 20 日夏鼐参观霍尼曼博物馆总结道："关于初民之工具，陈列品极佳，似胜于不列颠博物馆，陈列得法，说明书亦极佳"④。1939 年 11 月 29 日，夏鼐赴埃及实践，参观开罗博物院后记道："陈列之串珠，不注明时代，仅书杂类者几占一半，书名年代者亦多由出土地而定，不可靠者甚多"⑤，对陈列品质量提出不满。1939 年 12 月 5 日，夏鼐说："以博物院 4 时即关门，殊嫌过早。皇家图书馆每日 9 时至 1 时、4 时至 7 时开馆，但借书手续过于迟缓，时常要等候半小时以上，且书籍不多，故遂罕去"⑥，对博物馆、图书馆的管理服务制度，提出批评。

---

① 夏鼐：《夏鼐日记》卷一 1930—1935，华东师范大学出版社 2011 年版，第 377 页。
② 夏鼐：《夏鼐日记》卷二 1936—1941，华东师范大学出版社 2011 年版，第 44 页。
③ 夏鼐：《夏鼐日记》卷一 1930—1935，华东师范大学出版社 2011 年版，第 370 页。
④ 夏鼐：《夏鼐日记》卷二 1936—1941，华东师范大学出版社 2011 年版，第 83 页。
⑤ 夏鼐：《夏鼐日记》卷二 1936—1941，华东师范大学出版社 2011 年版，第 274 页。
⑥ 夏鼐：《夏鼐日记》卷二 1936—1941，华东师范大学出版社 2011 年版，第 275 页。

(三)夏鼐国外留学期间博物馆实践对其回国后的影响

夏鼐的博物馆实践为他写出高质量的博士学位论文奠定了基础，也奠定了他在考古界的学术地位。夏鼐以阿什莫兰、不列颠博物馆、埃及开罗博物馆的串珠资源写出的博士学位论文，得到英国学界的肯定。1946 年，伦敦大学同意已经回国的夏鼐免于答辩，缺席授予其博士学位，据当时的英国权威考古学家认为，夏鼐的学位论文"至少有 60 年的命运，为研究此道者必须参考之书"①。2014 年，伦敦大学学院埃及学讲座教授斯蒂芬·夸克(Stephen Quirke)给予高度评价："在伦敦或许夏鼐出色的博士论文竟使任何人都不敢尝试这种对于他们来说可能会耗尽一生时间的工作，(由于)没有人继续(这方面)研究，在非洲东北地区考古理论与实践的核心领域留下了一个巨大的空白，它直接影响到西亚和东南欧范围内与之密切相关地区的研究。"②考虑到夏鼐《古埃及串珠》的学术价值，在中英两国学者多方努力和中国社会科学院考古研究所、伦敦大学亚非学院的支持下，《古埃及串珠》由中国社会科学文献出版社和国际著名的斯普林格(Springer)出版社于 2013 年共同出版。一部考古学著作能在时隔 70 年以后得以公开出版，这在学术界是极为罕见的，可见其学术价值之高。

在海外留学期间，夏鼐对于博物馆的地位、对于博物馆提升国民素质所发挥的作用有深切的亲身体会，对他回国之后的事业发展产生了重要影响。

首先对他选择国内就业岗位起到了决定影响，1940 年 1 月 29 日，他接到李济先生的来信，准备到中央博物院任职，并将自己的思考写进日记："傍晚纳子嘉君来，交来昆明李济之先生来信，允许在中央博物院中安插一位置，月薪 180 元，虽较浙江大学之 280 元，相差 100 元，

①　王世民：《夏鼐传稿》，社会科学文献出版社 2020 年版，第 74 页。
②　[英]斯蒂芬·夸克：《夏鼐先生与古埃及串珠研究》，《考古》2014 年第 6 期。

但以对自己前途计，宁愿就任此月薪较少之位置。"①表示希望能够到中央博物院从事自己喜爱的工作。

其次对他回国后的博物馆实践也深有影响。1941年，夏鼐先生回国接受中央博物院的任职邀请开始到此处工作，更加关注博物馆事业的发展，希望社会能够关注新文化建设，改变崇拜金钱高官的风气。他在1943年4月18日讲演里说："无好学校、无好图书馆、无研究学问之空气。最后以为吾人应转移风气，以崇拜金钱高官之心理，改为崇拜坚苦从事文化工作之文人。"②1943年夏鼐先生在短期归乡期间还不忘为博物馆搜集藏品，1943年3月16日，他在日记中写道："赴陈叔平先生处执绋，晤及从前十中教师陈铎民先生及省立图书馆馆长孙孟晋先生，余即以中博院名义，接洽温州古甓及仲容先生遗墨问题。据云现下均尚保存，将来可以赠送或售卖与公共机关，此事待战事平静后再谈。"③1943年3月18日，他与孙孟晋再次谈及："温州古甓，谓将来可以移赠中央博物院。"④在中央博物院工作后夏鼐先生发现专业人才缺乏、藏品单一成为限制博物馆发展的要素。6月10日在日记提道："曾昭燏君将中博院所收藏之长沙出土漆器，逐件取出给我看，讨论有否保守之方法。"⑤次日夏鼐即写信给埃及开罗博物馆和不列颠博物院友人，询问关于保存漆器之方法。藏品搜集方面，1944年5月19日，夏鼐与人谈及敦煌千佛洞的事务，对管理者拟以古物盈利行为明确表示反对：

---

①　夏鼐：《夏鼐日记》卷二 1936—1941，华东师范大学出版社2011年版，第287页。

②　夏鼐：《夏鼐日记》卷三 1942—1945，华东师范大学出版社2011年版，第98页。

③　夏鼐：《夏鼐日记》卷三 1942—1945，华东师范大学出版社2011年版，第92页。

④　夏鼐：《夏鼐日记》卷三 1942—1945，华东师范大学出版社2011年版，第92页。

⑤　夏鼐：《夏鼐日记》卷三 1942—1945，华东师范大学出版社2011年版，第114页。

"现下拟对于所外人士参观及研究，皆欲收费，照相加倍，并拟于今年四月初八庙会前实行入洞购门票之制，幸教育部未加批准，前时下山购买大批川贡纸，拟拓本卖钱云。"①1945 年 1 月 21 日他在日记记述："晚间将汉简订于薄木片，以便将来有人欲参观时取阅较为方便，且不易损伤"②，对古物藏品的爱护之情溢于言表。1948 年 11 月，国民党当局决定将故宫博物院文物押运赴台，当傅斯年询问夏鼐能否担当此任务时，他断然拒绝，这一决定与他多次在国外博物馆中看到流失在外的中国文物有极大关系，那种切肤之痛让他记忆尤深。

1949 年后，夏鼐先生重新投入新中国的文博事业工作中，尤其是负责国家考古所工作后对博物馆事业发展思考较多。他多次参与国家博物馆性质、方针、政策的讨论，及各种博物馆事件的应对工作，如1956 年 4 月，故宫博物院保管部开始修复五省出土的铜器，请夏鼐与陈梦家、唐兰一起组成审查小组，提出修复指导意见。③ 1958 年有人提出要把故宫作为园林来管理；1966 年有人提出要把故宫博物院建成"故宫人民公社"，甚至主张拆城墙、建宾馆等，夏鼐先生明确反对这些主张，维护了故宫博物院这一以明清两代皇宫及其藏品为特色的综合性博物馆的性质与地位。1965 年 9 月，夏鼐陪同时任北京市副市长的吴晗到元大都后英房发掘工地参观，夏鼐提出这是一座保存比较良好的元代民房遗址，建议加以保存，"可以作为一个现场博物馆"④，可惜后来由于吴晗遭到批判，此构想在二人生前未能实现。1971 年 6 月，周恩来总理鉴于"文化大革命"期间，驰名世界的故宫博物院长期未能开放，对国内外影响甚大，因此希望故宫早日开放。但是，闭馆多年的故宫如

① 夏鼐：《夏鼐日记》卷三 1942—1945，华东师范大学出版社 2011 年版，第191 页。
② 夏鼐：《夏鼐日记》卷三 1942—1945，华东师范大学出版社 2011 年版，第282 页。
③ 孙进已、苏天钧、孙海主编：《中国考古集成·华北卷》，哈尔滨出版社1994 年版，第 305 页。
④ 北京市历史学会编：《吴晗纪念文集》，北京出版社 1984 年版，第 58 页。

何开放，遇到了许多问题，最难的一件事，是如何向观众介绍故宫，如何编写故宫的说明文字材料，夏鼐与白寿彝、刘大年、林甘泉、许大龄等13名专家逐字逐句斟酌，在尊重历史事实，又不美化封建帝王的基础上修订了故宫简介，促成了故宫博物院的尽早开放。1972年我国筹备《中华人民共和国出国文物展》，夏鼐负责审定展览图册的中文稿及英、法文译稿，包括将近500件展品的说明，在1972年10月至1973年2月的日记中，他详细记载了这一反复审改、讨论译稿，直到定稿的过程。

总之，纵观《夏鼐日记》，夏鼐的博物馆实践在我国近代公共文化秩序建构中极具代表性。出国前在国内的博物馆实践，使他了解了国内公共文化建设现状及存在的问题，明确了努力的方向，因而他倍加珍惜在国外学习的机会，有计划地、最大限度地全方位利用国外博物馆资源，进行了丰富的博物馆实践。海外博物馆成为他的教室、自习室、研究室、友朋交往之所，同时，他又时刻心系国内的博物馆建设，心系国人在国外博物馆中形象，从而坚定了他为报效祖国而学习的决心。海外博物馆实践使夏鼐提升了学术水平的同时，也为他回国后指导博物馆建设提供了宝贵的经验。

第二章　国人公共文化建设思想

第一节　梁启超纪念图书馆思想

　　作为中国近代图书馆的倡导者、组织者、实践者，梁启超对图书馆学的贡献不仅涉及目录学、文献学等领域，他还赋予图书馆多元的功能，提出了"纪念图书馆"思想，并创建了以著名将领蔡锷的表字命名的"松坡图书馆"，这是我国近代第一家纪念图书馆，起到了开风气之先的作用。他认为纪念图书馆是纪念馆和通俗图书馆的结合，既可以培养国民公德又可以开启民智。目前学界对梁启超创建松坡图书馆的研究颇多，如陈长河①，胡明想、周春晖②，麦群忠③，刘燕④，郭英⑤，李效筠⑥等人多侧重于研究梁启超创办松坡图书馆的过程及历史意义，对其纪念图书馆思想的提出及其现实意义梳理不足，相关研究有待走向深入。

---

① 陈长河：《梁启超与北京松坡图书馆》，《民国春秋》1994 年第 2 期。
② 胡明想、周春晖：《梁启超与松坡图书馆》，《图书馆理论与实践》1997 年第 4 期。
③ 麦群忠：《梁启超和松坡图书馆》，《图书馆论坛》2001 年第 1 期。
④ 刘燕：《梁启超与松坡图书馆》，《北京档案》2003 年第 11 期。
⑤ 郭英：《梁启超与松坡图书馆》，《河南图书馆学刊》2006 年第 2 期。
⑥ 李效筠：《梁启超与北京松坡图书馆的创建》，《兰台世界》2014 年第 4 期。

一、梁启超纪念图书馆思想形成过程

19 世纪末 20 世纪初，随着民族危机和社会危机的加深，从挽救民族危亡出发，感于"民智"的低下，对民众素质的强调在当时形成了一股有代表性的社会思潮，梁启超是这一思潮的领军人物，他大声疾呼"新民为今日中国第一急务"①，把如何启蒙、教育民众作为急迫的思考课题和行动目标。在接触西方文化的过程中，梁启超开始了对图书馆、博物馆功能的思考和探索。

创办万木草堂书藏是他涉足近代公共文化事业的第一次重要尝试。在《万木草堂书藏征捐图书启》中，梁启超介绍了西方图书馆在培养人才方面所发挥的作用："彼西国之为学也，自男女及岁，即入学校，其教科必读之书，校中固已咸备矣。其淹雅繁博孤值之书，学人不能家庋一编者，则为藏书楼以庋之，而姿国人之借览之。伦敦大书楼藏书至五千余万卷，入楼借阅之人，岁以亿万计，其各地城邑都会莫不有藏书楼，其藏书至数十万卷者，所在皆是。举国书楼以千数百计，凡有井水饮处，靡不有学人，有学人处，靡不有藏书，此所以举国皆学，而富强甲于天下也。"因此，他与二三同志，各出其所有之书，聚书而成万木草堂书藏，"以饷戚好中之贫而好学者"，希望能有利于养成其才，"以备国家缓急"。② 1895 年 7 月，梁启超在北京主持维新运动总机关——强学会时，设立了强学书藏，"备置图书仪器，邀人来观，冀输入世界之知识于我国民"③。

在对近代图书馆进行的探索性实践活动中，梁启超也在不断地总结其图书馆理念。1896 年，梁启超在他主编的《时务报》创刊号上，称"泰西教育人才之道，计有三事，曰学校，曰新闻馆，曰书籍馆"④。所谓

---

① 梁启超：《新民说》，中州古籍出版社 1998 年版，第 48 页。
② 吴晞：《从藏书楼到图书馆》，书目文献出版社 1996 年版，第 115 页。
③ 梁启超：《饮冰室合集·文集之 29》，中华书局 1989 年版，第 38 页。
④ 任继愈：《中国藏书楼》，辽宁人民出版社 2000 年版，第 1555 页。

书籍馆即图书馆，在梁启超眼中，作为强国智民的重要机构，图书馆的地位与学校和报纸同样重要。1899 年 6 月，梁启超在其主办的《清议报》上译载了一篇《论图书馆为开进文化一大机关》一文，该文罗列了图书馆的八大利益，认为图书馆不但能"使现在学校教育之青年学子得辅助其知识之利"，也能"使凡青年志士有不受学校教育者得知识之利"，还能"使阅览图书者得加速知地球各国近况之利"，"不知不觉使养成人才之利"。① 这表明梁启超已深刻意识到了近代图书馆是具备普及知识，传授技能等开启民智功能的社会教育机构。

这一阶段的实践，使梁启超对图书馆的认识有了很大的提高，但这种认识主要来自相关文献的介绍。1903 年 2 月至 10 月（清光绪二十九年），梁启超到美洲访问，回来后满怀激情地撰写了访问的见闻与感受——《新大陆游记》，全书篇幅不长，却四次记载了美国近代图书馆的现状，涉及办馆模式、建馆规模、经费来源、管理方法、服务手段和社会赞助等多方面内容，这是他第一次亲眼见到美国近代图书馆的面貌，使他对近代图书馆的了解由抽象到具体。其中尤其详细记载了钢铁大王卡内基多年来捐助图书馆的事情，如"卡氏出身寒微，自其幼时，未尝得受相当之教育，惟自在公立图书馆中得种种之智识，故卡氏以图书馆为慈善事业之第一，倾全力以助之。余所至各市，无不见有卡氏所立图书馆者"②。卡内基这种私人捐助建馆，用个人名字命名图书馆以纪念其善行的方式给了梁启超很大的启发，使他认识到图书馆除了开启民智外，还可以有纪念功能。

民国肇造，教育部设立社会教育司，掌管图书馆、通俗图书馆及巡回文库等事项，并颁布一系列图书馆法规，要求"各省、各特别区域应

① 蒋永福编：《图书馆学基础简明教程》，知识产权出版社 2012 年版，第 20 页。

② 梁启超：《新大陆游记》，社会科学文献出版社 2007 年版，第 100 页。

设图书馆，储集各种图书，供公众之阅览"①，标志着以"开民智"为主要内容的图书馆理念在制度上得到保证，也为梁启超提出为爱国英雄和著名学者建立纪念图书馆的思想创造了有利条件。

　　1916年11月8日，蔡锷病逝于日本福冈医院，梁启超极度悲伤，哀呼"非夫人之恸而谁为"②。蔡锷原名艮寅，字松坡，后改名"锷"。1882年出生于湖南邵阳一个贫寒的农民家庭，与梁启超有深厚的师生情谊。1897年梁启超任湖南时务学堂中文总教习时，蔡锷是向梁启超执弟子礼的学生。1899年他与时务学堂的一些同学东渡日本留学，住在梁启超家一年多继续向梁学习。1901年12月经梁启超等人多方设法，蔡锷获得湖广总督张之洞资助，作为自费生进入日本成城学校学军；1903年又获得湖南抚院奖励，转为江南官费生，升入日本陆军士官学校第三期骑兵科深造；1904年10月他以优异成绩毕业。回国后先后在江西、湖南、广西、云南建立新军，开办陆军学堂。1915年年初，袁世凯之子袁克定宴请梁启超，意图寻求梁启超的赞同变更国体、复辟帝制，席间交谈格格不入，梁启超深感祸之将至，遂搬家到天津意租界。同年8月14日，旨在恢复帝制的筹安会成立。次日蔡锷来天津，与梁启超商议一夜，决心共同讨袁，梁启超即草拟《异哉所谓国体问题者》一文。袁世凯得知后托人以二十万元贿赂梁启超请勿发表，遭婉拒后，袁世凯派人来威胁："君亡命已十余年，此中况味亦既饱尝，何必自苦。"③梁启超丝毫不惧，回击道："余诚老于亡命之经验家也，余宁乐此，不愿苟活于此浊恶空气中也。"④面对威胁梁启超毅然将洋洋万言的文章发表，一时间京津各大报纸转载，引起了各阶层的热烈反响。蔡锷回京后，伪装拥护帝制，逢人说起梁启超的文章便表示，老师不识时

---

　　① 李桂林、戚名琇、钱曼倩编：《中国近代教育史资料汇编——普通教育》，上海教育出版社1995年版，第956页。

　　② 周洋：《梁启超传》，北京时代华文书局2016年版，第116页。

　　③ 高占祥主编，周婷著：《蔡锷传》，北京时代华文书局2016年版，第92页。

　　④ 高占祥主编，周婷著：《蔡锷传》，北京时代华文书局2016年版，第93页。

务，一副跟梁启超唱反调的样子，实际上是为了麻痹袁氏党人，为出京做足准备。但同时他给云贵旧部发了数十封密电为起义做准备。这些电报引起了袁世凯的警觉。10月14日袁世凯派人搜查蔡府，希望找到电报密码，而此时密码已存放在天津梁启超的卧室中。蔡锷则躲在名妓小凤仙家里，以品茶奏曲为乐，借以迷惑袁世凯。此后又以患喉疾为由，多次请假赴津医治，并于12月2日离津赴日本转道越南回到昆明。

在领导新军起义，宣布云南独立后，蔡锷以一省之力搏一国之力，战斗异常艰苦。而除贵州于1916年1月27日宣布独立外，其他西南各省暂持观望态度。蔡锷处境危急，曾数度急电向老师梁启超求援。为了联络东南各省和争取国际支援，梁启超在蔡锷离津14天后（1915年12月16日）赴上海。1916年3月4日，梁启超在日本友人帮助下，乘横滨丸号船到香港，没有上岸，又从海上坐运煤船到越南海防。4月4日终到南宁。而陆荣廷已于3月15日宣布广西独立。此前梁派人给陆送去他写的《广西致北京最后通牒电》和《广西致各省通电》促其独立。4月6日广东龙济光宣布独立，梁启超与陆荣廷赴粤。途中得知4月12日发生"海珠惨案"，与梁启超情同骨肉的挚友汤觉顿等三人先遣队被枪杀，梁启超不为所惧，发表了激昂慷慨的演说，终于说服广东各派，稳定了局势。之后，4月至5月，浙江、陕西、四川、湖南相继独立。6月6日袁世凯病故。6月29日黎元洪继任大总统，宣布恢复《中华民国临时约法》和国会，护国战争取得胜利。

残酷的战争摧毁了蔡锷的健康，他患了喉结核病，日益严重，最后已无法说话。1916年9月初赴日本治病，11月8日病逝，年仅34岁。噩耗传来，梁启超万分悲恸。

在蔡锷追悼会上，他讲道："蔡公之美德虽系上天所赋，然国人使人人学习，将来如蔡公之美德精神均可发扬，而中国亦可渐臻富强，则今日大会为不虚矣"①，为此，他积极寻求一永久事业，既可以纪念蔡

---

① 曾业英：《蔡锷集》第2册，湖南人民出版社2008年版，第1513页。

锷将军，又可以使其爱国主义和民族主义精神在青年中广泛传播。同年12月，他通电全国，称："蔡公松坡，功在社稷，民不能忘，沪上同仁，议设一纪念图书馆"①，首次明确提出建立纪念图书馆的理念。

1924年，在纪念清代著名语言文字学家、自然科学家、哲学家、思想家戴震200周年诞辰之际，戴震后裔筹建"隆阜东原私立图书馆"，梁启超作《戴东原图书馆缘起》，指出"邦人士正谋所以讲明先生之学而衍其绪者，而东原图书馆亦于是经始焉"②，大力倡导为著名学者建纪念图书馆。

梁启超被公推为松坡图书馆的筹办主任，在馆址选择、馆舍筹建、经费筹集和藏书建设等方面事无巨细，都由他亲自筹划，身体力行。经过历时七年的竭力准备，1923年11月4日，松坡图书馆在北京北海正式成立，以石虎胡同7号为第一馆，专藏外文图书，快雪堂为第二馆，专藏本国图书，快雪堂前二进作为书库和阅览室，后一进为蔡公祠。

梁启超出任第一任馆长直至1929年病逝。梁启超每周都要来第一馆住三天从事写作。他生前一直为该馆募捐基金，多次卖掉自己的书法作品，以补该馆经费的不足。清华大学国学研究院助教蒋善国记载："梁在研究室起草《中国文化史讲义》，每日三千言，并指导研究生一切功课。此外每日为松坡图书馆鬻书捐助基金，挥毫不辍，其病纯由于劳累过度所致。当时名医肖龙友为之诊治，曾谓余曰：'梁先生不能静养，执笔不辍，如能百日不看书，余定保其痊愈也。'"③梁启超为松坡图书馆所做的一切表达了他与蔡锷的生死情谊。民国十七年（1928）梁启超去世后，馆长一职不再设立，而由干事中公推7名常务干事，从中再推一名主任，共同负责馆内事务。民国十八年（1929）经呈报政府将

---

① 中国第二历史档案馆、云南省档案馆编：《护国运动》，江苏古籍出版社1986年版，第847页。

② 梁启超：《梁启超全集》，北京出版社1999年版，第4058页。

③ 夏晓虹编：《追忆梁启超》增订本，生活·读书·新知三联书店2009年版，第293页。

西单石虎胡同第一馆馆址卖给蒙藏学校。以所得房价作为基金和购书费，两馆并为快雪堂一处，自此松坡图书馆只有北海一处。至民国二十八年(1939)已有藏书38099册。1949年5月松坡图书馆与北平图书馆合并，为表彰"松坡图书馆"工作人员的卓越贡献，1949年9月15日，华北人民政府主席董必武，副主席薄一波、蓝公武、杨秀峰等向松坡图书馆干事会及同仁颁发奖状，以示嘉奖，获得了此时图书馆界的最高荣誉。松坡图书馆并入北平图书馆后，快雪堂曾作为书库和家属院，1987年交还给北海公园，馆内所藏蔡锷等人有关文物由中国革命博物馆即后来的国家博物馆接收。

　　在松坡图书馆的创设过程中，梁启超的纪念图书馆思想渐趋成熟。松坡图书馆"崇奉松坡先生，栗主遗像，并广储中西图籍，任人观览，于以仰企先哲，嘉惠后来，藉崇拜之心，寓鼓励人才之意"①，是纪念馆和通俗图书馆的结合，可见，梁启超的纪念图书馆思想最大的特征是赋予了图书馆"培养公德"和"开启民智"的社会教育功能，与当时大多数人秉承的以"开启民智"为主要内容的图书馆观念相比，具有开创意义。

二、梁启超纪念图书馆思想主要内容

(一)纪念图书馆是命名对象的纪念馆

1. 收藏命名对象的有关资料

梁启超主张纪念图书馆首先是纪念馆，他亲自撰写了《松坡图书馆劝捐启》，指出：

　　　　当袁世凯之僭帝号也，蔡松坡将军锷为人格而战，不得已而有

---

　　①　中国第二历史档案馆编：《中华民国史档案资料汇编》第3辑，江苏古籍出版社1991年版，第146页。

护国之役，将军将起义，微服由京入滇，濒行与启超以二语相约曰：成功不争地位，失败不逃外国。盖将以激励一世之廉耻，为军人示范，以挽国之浩劫，不仅为一时计也。袁氏既亡，国命复续，将军践其言，解兵柄以退。政府任以兼圻，敦劝至百十次，皆以病辞，坚不肯就。然将军起义之初，本实扶病而往，其在军中积数月不得睡，病日益深，及功成身退后仅数月，遂弃民国而长逝矣。七八年来，南北军阀，争权夺利，日相搏噬，小民颠连，无所告诉，咸谓蔡将军若在，不至有今日。此虽无聊慰藉之言，然将军德业之深入人心，抑可见矣。将军既没，国人思所以永其念者，于是有松坡图书馆之设，而委启超主其事，黾勉缔造，仅而获成。今在京师设立两馆，藏书及管理法，规模粗具，阅览者亦日起有功，惟是才力绵薄，所集基金，不足以资维持扩充之用，深惧基础不牢，有负委托，用敢将现在办理情形及将来计划，撮举涯略，敬告邦人诸友，庶仗群力，共襄厥成。于戏，蔡将军为再造民国之伟大人物，而其唯之留贻纪念，实在本馆。本馆永存，则蔡将军之精神随而永存，本馆光大，则将军之志事，随而光大。凡登斯堂者，高山仰止，景行行止。爱国之心，油然生焉。然则所关系者，又岂徒在以典籍嘉惠士林而已，海外内同志，其或亦有乐于是欤。

"本馆永存，则蔡将军之精神随而永存，本馆光大，则将军之志事，随而光大"①，所以该馆应着力收藏命名对象的有关资料，包括实物和书报，在《松坡图书馆筹办及劝捐简章》中明确规定松坡图书馆"除藏书外，凡蔡公遗著、遗墨、遗物，别设一室实藏之"②。

---

① 梁启超：《饮冰室合集·文集之40》，中华书局1989年版，第29页。
② 李希泌、张椒华编：《中国古代藏书与近代图书馆史料（春秋至五四前后）》，中华书局1982年版，第379～380页。

据有关学者①描述，松坡图书馆的墙壁上挂着一身戎装的松坡将军遗像以及梁启超、徐志摩与林徽因笔写的《松坡传略》《祭松坡文》和《松坡图书馆记》，还有几幅松坡将军的遗墨，都是用很大的玻璃镜框装裱。中间浴兰轩为藏书室，快雪堂正殿辟为蔡公祠，并悬梁启超所题"蔡公祠"匾。祠正中供奉蔡公锷神位，右供吴传声、张承礼、熊其勋、汤睿之神位，左供戴戡、谭学夔、王广龄。堂中置木龛二，护以玻璃，中置蔡锷生前手札、勋章及日常所用手泽，以垂纪念。殿中的玻璃木盒内陈设着蔡锷生前用品、文献、手迹、照片和在护国运动中用过的指挥刀等。因此，松坡图书馆某种意义上也是纪念辛亥革命及护国战争英灵的纪念馆。每年蔡将军的忌日和 12 月 25 日云南起义纪念日，梁启超都要在松坡图书馆举行隆重的祭奠活动。

2. 整理研究、利用相关资料

梁启超主张整理研究蔡锷的相关资料，在经费问题严重困扰图书馆发展的情况下，仍拨款出版了《曾胡治兵语录》和《松坡军中遗墨》两部书籍。其中《曾胡治兵语录》是蔡锷生前所辑清代曾国藩、胡林翼关于统兵要领的言论，梁启超为该书写的序文说："惟此耿耿精神，当留存于国民隐微之间，可以使曾胡复生，使松坡不死。"②点明出书的宗旨就是传播先进精神，给后人留下永久的纪念。

他还经常带学生到松坡图书馆举办讲座，用松坡等人的先进事迹，激励青年，力求达到"登斯堂者，'高山仰止，景行行止'爱国之心油然而生焉"③之目的。在清华大学任教期间，据他的弟子周传儒、吴其昌回忆："先生每于暑期将近时，约同学诸君作北海之游，俯仰咏啸于快

①　熊月英：《中国南北两"松坡图书馆"史实钩沉》，《图书馆》1995 年第 3 期；黄菊屏：《松坡图书馆演变的历史及其启示》，《图书馆理论与实践》2000 年第 5 期；郭英：《梁启超与松坡图书馆》，《河南图书馆学刊》2006 年第 4 期等。
②　曾国藩、胡林翼：《曾胡治兵录》，中共中央党校出版社 2008 年版，第 2 页。
③　梁启超：《饮冰室合集·文集之 40》，中华书局 1989 年版，第 29 页；丁文江、赵丰田：《梁启超年谱长编》，上海人民出版社 1983 年版，第 1140 页。

雪浴兰之堂，亦往往邀名师讲学其间。"①

(二)纪念图书馆是开启民智，培养新民的重要机构

梁启超认为纪念图书馆应广收西学和新学书籍，面向读者公开阅览，在开启民智，培养新民方面要发挥重要作用。他在《松坡图书馆筹办及劝捐简章》中声明："本馆藏书分本国书、外国书两大部。本国书凡四库所有者，务设法以次搜罗完备。除购置外，有以家藏善本惠赠者，最所欢迎。外国书，英、法、德、俄、日文分橱庋藏。各种科学、文学之名著，广为采置。其新出版者，随时购取。"②在他的领导下，松坡图书馆馆内藏书近十万卷，分为中、西文两大部分，其中中文以《四库全书》复本及杨守敬的二万四千多册古籍为主，西方包括英、法、德、俄、日等国的名著，其中还有专门为留学生预备留学的读物。

第一馆于 1924 年 6 月 1 日开馆，第一个月即接待读者 456 人。第二馆于 1925 年 10 月开馆。由于设在公园内，进门须购门票，所以读者不多，但也因此吸引了一些喜好幽静的学者，来此从事研究和写作。民国十二年(1923)11 月 4 日，在澄观堂举行松坡图书馆成立大会，当时许多著名人士曾来此活动，其中有孙中山、黄兴、梁启超、徐世昌、曹锟、胡适、熊希龄和印度诗人泰戈尔等。文人学者们常来阅览，如鲁迅、周作人、郁达夫、徐铸成等。郁达夫《志摩在回忆里》说："民国十三四年之交，我忽而在石虎胡同的松坡图书馆里遇见了志摩。"③老报人徐铸成在《北图忆旧》中说："我在师大半工半读时，经常跑市内的图书馆，最常去的是梁任公先生主持、设在西单附近的松坡图书馆。"④

---

① 丁文江、赵丰田：《梁启超年谱长编》，上海人民出版社 1983 年版，第 1140 页。

② 李希泌、张椒华编：《中国古代藏书与近代图书馆史料(春秋至五四前后)》，中华书局 1982 年版，第 379~380 页。

③ 郁达夫：《故都的秋：郁达夫散文经典》，吉林出版集团股份有限公司 2018 年版，第 324 页。

④ 徐铸成：《锦绣河山》，湖南人民出版社 1986 年版，第 281 页。

为实现图书文化服务于社会、服务于民众，在梁启超亲自拟定的《松坡图书馆简章》中明确规定："备置中外图书，公开阅览"①，所有藏书面向读者公开阅览。为了方便读者阅览，他决定定期出一种读书杂志的单张周刊，介绍藏书情况和阅读方法，并且把各种期刊也进行分类编目，以给读者提供最好的服务。还决定把每周的阅览成绩做成表格，定期送到《晨报》登出，并一度在北海松坡图书馆内设立"松坡平民读书处"②以吸引更多的读者前来阅读。为方便读者，松坡图书馆还有一个代办伙食的办法。③ 清晨开馆时，去看书的只要先在门房里登记，付两毛钱，中午就可以去食堂吃饭。这样，读者可以整天安心读书，埋头钻研。

(三)纪念图书馆的发展要依靠社会各界支持

梁启超认为纪念图书馆是公益事业，它的发展应该"庶仗群力，共襄阙成"。在松坡图书馆的筹办及运行过程中，梁启超非常注重利用其个人和蔡锷将军的"名人效应"，积极呼吁，寻求社会各界援助办馆所需经费、馆舍、藏书和参与管理。

1. 积极争取社会捐赠

蔡锷病逝不久，1916 年 12 月 3 日，梁启超向浙江、江西、湖北、四川、陕西、河南、云南、贵州、广东、广西、湖南、江苏等 17 位督军和省长致电，发起在上海创办松坡图书馆寻求帮助和支持，以纪念蔡锷，获各省响应，并公推他为筹办主任。后梁启超又在《申报》发表《创设松坡图书馆公启》，号召民众"共怀思蔡公而热心公益者，共策群力，以观阙成，所捐不拘多寡，务求普及，使人人得遂其纪念先烈之诚"④，

---

① 中国第二历史档案馆：《中华民国史档案资料汇编》第 3 辑，江苏古籍出版社 1979 年版，第 148~149 页。

② 陶行知：《行知书信集》，安徽人民出版社 1981 年版，第 32 页。

③ 徐铸成：《旧闻杂忆》，四川人民出版社 1981 年版，第 53 页。

④ 周秋光：《熊希龄集》中，湖南人民出版社 2008 年版，第 1028 页。

得到各方积极响应，陆续收到募捐款数万元，收集图书数万册。1918年，梁启超在上海购得安徽商人1909年所建、地处徐家汇姚主教路转角处的"余村园"，易名为"松社"。但因"时事多艰，集资不易，久而未成"。1920年春，梁启超赴欧洲游历返国，松社同仁认为图书馆应予筹办，并认为此图书馆以设于首善之区北京为宜。民国十一年(1922)9月8日，梁启超上书总统黎元洪，在信中写道："陆军上将蔡锷于帝制一役，躬冒万难，首义滇中率以兵谏积劳故，大局粗安，而长城据殒，启超等追念前勋曾于民国六年提议建立图书馆，以资纪念。濒年以来虽以大局之变故纷乘而陆续所募之捐款已得数万金，所集图书以及数万册，欲就此基础形成，先行草创然后徐图扩充。大总统复位之始，即有开放北海作为公园之令，查公园为公共娱乐之地方，图书馆为群众教育之基础，而纪念前勋尤足以资，国民之观感公益事业虽多性质之相宜莫逾，为此合词，拟请于北海内指定地点官房拨充图书馆之用，以资提倡。"[1]大总统(黎元洪)于十月六日准："拨北海官房作为图书馆之用，以资提倡。"[2]获准将北海公园快雪堂及石虎胡同7号官房为馆址，解决了馆舍问题。

梁启超自提出创办松坡图书馆起，便将从欧洲考察带回的1万册图书和上海"松社"的图书搬运到京。后来，北洋政府又调拨所购杨守敬的2.4万册藏书充实馆藏，捐赠的图书已有29212册，这些图书便构成了松坡图书馆的基本馆藏。在筹备松坡图书馆过程中，馆内部分家具、陈设等物均由私人捐赠。

梁启超还把视线投向了国外，积极寻求华侨和留学生支持。1920年3月，梁启超以"北京旅美同学会"的名义组织了"图书俱乐部"，将该部搜集到的6000多册外文图书连同"尚志学会""亚洲学会"搜集的2000多册日文图书全部捐赠给松坡图书馆。梁启超还写信给其在缅甸

---

①　王会娟：《梁启超筹办"松坡图书馆"——未见著录的一封信》，郭长久：《梁启超与饮冰室》，天津古籍出版社2002年版，第70~73页。

②　郭一梅：《松坡图书馆》，《北京档案史料》1994年第3期。

任外交官的女婿周国贤，提出："南洋商界思仰松公功德者，想复不少，请弟力为募集"①，请他在南洋华侨中为松坡图书馆募捐。

为表示对捐赠者的感谢和尊重，鼓励社会各界捐赠的积极性，他坚持公开透明的原则，在《松坡图书馆筹办及劝捐简章》中对捐赠的办法和奖励规则作了详细规定，如对于捐赠者"芳名和所捐数目登报表彰"②，并将捐赠开支登报公开，详细内容刊印后反馈给各位捐赠者。

2. 吸纳社会贤达和知识精英参与管理

梁启超意识到人的素质是办好图书馆的重要条件，主张吸纳关注松坡图书馆的社会贤达和知识精英参与管理。在他亲自拟定的《松坡图书馆简章》中第二条规定："本馆设干事三十二人，除以创办人充任外，嗣后如有续加干事，应由干事会多数公推。"第四条规定："凡捐助该馆资财、图书及对该馆特别尽力者，由干事会推举为维持员"③，遇有大事商议时，邀请维持员参加共议。这些干事和维持员来自社会各界，多为资深绩广、在民众中有相当影响的人，如教育总长任可澄、国立北平政治大学校长江庸、北平民国大学代理校长徐佛苏等都做过该馆的干事，留学欧美归国的大诗人徐志摩、留学日本归国曾任中国银行总经理的张嘉傲、留美归国任北平图书馆的副馆长袁同礼、北京大学哲学系毕业的蒋复璁以及孙伏圆等人都做过该馆的维持员。这些干事和维持员都是"名誉职，不支薪津"，他们以公益为怀，以其见识和学识凝成一股合力，为图书馆的发展做了大量工作。

其中著名"新月派"诗人徐志摩是梁启超的学生。徐志摩（1896—1931），浙江海宁人，现代诗人，新月派的代表。早年留学美、英，回

① 郭双林：《跋梁启超一封未刊书信》，《光明日报》，2010 年 10 月 12 日，第 2 版。

② 李希泌、张椒华编：《中国古代藏书与近代图书馆史料（春秋至五四前后）》，中华书局 1982 年版，第 379~380 页。

③ 中国第二历史档案馆：《中华民国史档案资料汇编》第 3 辑，江苏古籍出版社 1979 年版，第 148~149 页。

国后在北京、上海、南京等地大学任教。1922年12月起在松坡图书馆二馆任干事，处理该馆英文信件，同时开始为《晨报》撰稿。台湾传记文学出版社出版的蒋复璁、梁实秋主编的《徐志摩全集》中，有蒋复璁写的《徐志摩小传》，记述了徐志摩的这段生活："民国十二年，余因先叔之命，服务于北平松坡图书馆。志摩亦往同寓，日夕相处，达3年之久。"①该书中《徐志摩年谱》也说："是年（1923年——引者注）春，蒋复璁北上，仍肄业于北京大学哲学系。因学分基本上已经修完，故在西单牌楼石虎胡同七号松坡图书馆服务。此馆为梁启超所创办，自任馆长，蒋方震掌编辑部，蹇季常掌总务部，蒋复璁任编辑。徐志摩任干事，协助英文函件，与张君劢及蒋复璁皆住该馆。他的《石虎胡同七号》一诗，就是住在这里时即景写的。"又说："（1925年）七月……陆小曼病，先生兼程返国，与蒋复璁同寓清裘文达赐第之好春轩。"②陈从周编的《徐志摩年谱》也记载："1924年（民国十三年）甲子，29岁。与陆小曼相识于北京，志摩居松坡图书馆，这时他正任北大教授（校长蔡元培），同里蒋慰堂（复璁）方服务于该馆中。……冬居石虎胡同七号，有《石虎胡同七号》诗。""新月社者，当时北平文人之俱乐部也。时余亦厕其列，偶为志摩助理杂务，盖此非其所长，亦非其所乐为也。"③

徐志摩在《石虎胡同七号》中把这个宅院描写得可爱迷人。他以拟人法，描写了藤娘（藤萝）、柿掌、槐翁、棠姑（西府海棠），还有小狗、小雀、小蛙、蚯蚓、蝙蝠、蜻蜓等。诗中充满了对这个庭院的陶醉，反映了在这个院子里的快乐生活。诗中写道："大量的蹇翁，巨樽在手，蹇足直指天空，一斤，两斤，杯底喝尽，满怀酒欢，满脸酒红，连珠的

---

① 蒋复璁、梁实秋主编：《徐志摩全集》第1辑，台湾传记文学出版社1980年版，第31页。

② 蒋复璁、梁实秋主编：《徐志摩全集》第1辑，台湾传记文学出版社1980年版，第602页。

③ 蒋复璁、梁实秋主编：《徐志摩全集》第1辑，台湾传记文学出版社1980年版，第32页。

笑响中，浮沉着神仙似的酒翁——"①这里的"蹇翁"就是蹇季常，也指和他开怀畅饮的同事。蹇季常是梁启超的智囊，一生好酒，所以诗中这样描写。1931年徐志摩因飞机失事遇难，其父徐申如把他在北京的藏书全部捐献给了松坡图书馆。

还有外国友人常来此馆。如德国著名汉学家卫礼贤曾多次到松坡图书馆，他在日记中零星的记载着，1924年3月16日"徐志摩来"，3月17日"12点在石虎胡同和徐志摩吃饭"。1925年4月，印度著名诗人泰戈尔来北京，参观了松坡图书馆并在此留影。

梁启超先生创办松坡图书馆时，其中有五千册德文书籍未寻到合适的人书写德文卡片，蒋百里推荐正在北大哲学系读书的蒋复璁帮助书写德文卡片，协助德文图书的编目工作。蒋复璁虚心好学，刻意钻研，他曾回忆道："我于努力看图书馆书及向人请教，全部图书我一手编好，我是自修而成的图书馆员加入北京图书馆协会。还有松坡图书馆馆长梁启超先生在北京清华学校讲《中国要籍解题及其读法》及《国学用书目录》，清华将梁启超所讲各书开课讲授，命学生细读。"②

梁启超去世以后，科学派代表人物是丁文江(1887—1936)，早年留学英国，1916年创办中国地质研究所，是我国地质界开山学者之一。丁文江曾负责处理馆务，他继承了梁启超的纪念图书馆思想，在经费紧张的情况下，他不得不把第一馆出售给蒙藏学校，把房价拿来做增加的基金和购书费，而保留了第二馆。他的理由是"这个图书馆的性质是纪念的，藏书不多很难与国立北平图书馆之类争胜，倒不如完全设在一个名胜地方去供大众的瞻仰，一方面借此还可以补充一些图书"③。

①　朱自清、徐志摩：《中国现代文学名家经典合集·志摩的诗》，四川人民出版社2018年版，第43页。

②　陈燮君、盛巽昌主编：《二十世纪图书馆与文化名人》，上海社会科学院出版社2004年版，第220页。

③　姜德明编：《梦回北京：现代作家笔下的北京：1919—1949》，生活·读书·新知三联书店2009年版，第276页。

三、梁启超纪念图书馆思想与当代图书馆事业

梁启超的纪念图书馆思想是特定历史条件下的产物，有一定的历史局限性，但在新时期，分析、研究梁启超的纪念图书馆思想，其在馆藏建设、经费来源和管理模式方面的经验对于今天名人图书馆建设仍具有重要的现实意义。

(一)设置纪念图书馆是解决当今中国缺乏有效名人资源保存机制问题的良策

目前，我国问世于清末民初的一代大家、一些创建新中国的老革命家等著名人物先后相继谢世，他们的离去，带走了诸多领域中先知者的光芒，却留下了记录他们人生轨迹的珍贵史料，其涉猎之丰、内容之珍、孤本之贵，叹为观止。由于缺乏有效的名人资源保护机制，名人资源又多具有私人性质，很多珍贵的材料都保存在名人家人或其亲友手中，处于自然分散状态，大多缺乏良好的保管条件，有些即使采用捐赠方式，也往往是部分捐赠，或分散捐赠到不同机构，这种现状已经造成了一些珍贵档案资料的损毁、散失，继续下去将会造成更为严重的损失。

为纪念著名人物创建以其名字命名的纪念图书馆，注重对命名对象相关资源的系统收藏，不仅能收集到珍贵的历史文化遗产，更重要的是可以安全有效地保存和利用这些宝贵的历史财富，利用这些资源最大限度地弘扬命名对象热爱祖国、艰苦创业、敬业乐群、无私奉献的精神风范，传播他们的科技、文化成果。目前我国仅有少量的纪念图书馆，社会各界对兴建纪念图书馆的迫切性和重要性还没引起足够的重视。国家应采取相关措施，鼓励和指导建立纪念图书馆。

(二)纪念图书馆既可以培养功德又可以开启民智，为进一步提升图书馆的社会教育功能提供了思路

由于学术大师和革命家等著名人物在人们心目中的知名度、美誉

度、信任度而使与其相关的东西都笼罩了一层光环，从而使纪念图书馆更容易获取人们的认可和青睐。相对于其他图书馆，纪念图书馆易于吸引更多普通读者到图书馆来，尤其是青少年。当代青少年偶像崇拜混乱，令人担忧。社会发展心理学家认为就青少年时期的心理变化而言，偶像崇拜可以是青少年自我确认的重要手段。青少年从自我迷茫和自我确认的拖延状态中走出来，时常需要经历一些冒险，也不接受任何说教和过早的自我确认，对一些著名人物的认同则可促进年轻人的自我思考和励志。①

纪念图书馆通过图片展览、实物展示、声像资料播放等形式，使读者潜移默化，更容易接受命名对象在学习、为人处世等方面的良好习惯、科学方法和崇高品德，将命名对象作为榜样。名人纪念图书馆在收藏命名对象资料的同时又收藏满足读者基本文化需要的资料，使读者陶冶情操同时又获取科学文化知识，进一步提升了图书馆的社会教育职能。

（三）纪念图书馆是公益事业，利用名人效应，积极寻求社会捐赠，为构建公有制为主体，多体制图书馆共同发展的体系提供了有益参考

长期以来，我国图书馆事业的发展主要依靠政府的财政投入，由于多种因素的影响，图书馆经费的划拨缺乏规范化和稳定性，在很大程度上制约着图书馆的生存与发展。中共中央曾在十七届六中全会上提出"要构建现代文化产业体系，形成公有制为主体、多种所有制共同发展的文化产业格局"的要求，强调包括图书馆在内的文化事业要重视市场因素的作用，采用灵活体制。要想使更多的民众都能平等、自由地使用图书馆，现有图书馆必须改变思路，解放思想，利用包括名人效应在内

---

① 岳晓东：《青少年偶像崇拜与榜样学习的异同分析》，《青年研究》1999年第7期。

的一切有利因素，拓宽经费来源渠道，积极争取企业、海内外社会团体和个人对图书馆的赞助或捐赠，在公立图书馆之外，大力发展私营图书馆、公办民助图书馆、民办公助图书馆、企业图书馆和基金会图书馆等办馆模式，构建"公立图书馆为主体、多体制图书馆共同发展"的体系。

（四）吸纳社会贤达和知识精英参与图书馆管理，对于纪念图书馆吸纳读者智慧，补充和改进服务具有很好启发意义

利用纪念图书馆命名对象的影响力，设法吸引来自不同层面、不同职业的关注图书馆发展的社会力量参与图书馆的管理，他们就能积极表达各种与信息资源有关的需求，从而使图书馆服务能及时根据社会需求变化而变化，增强图书馆活力。

随着网络时代的到来，互联网上的每一个用户不仅仅是互联网的读者，同时也成为互联网的作者；由被动地接收互联网信息向主动创造互联网信息发展，这就使得关心纪念图书馆发展的力量不仅限于社会贤达和知识精英这些杰出人物，进一步使纪念图书馆吸纳更多读者的智慧来补充和改进图书馆服务成为可能。作为不断发展的有机体，纪念图书馆必须适应形势的发展，积极鼓励并邀请用户参与建设他们所需要的实体和虚拟服务，如通过个性化图书馆主页、允许读者召集即兴的读书讨论等。

第二节　张謇图书馆博物馆一区建设模式

张謇（1853—1926），字季直，生于江苏省南通市下辖的海门市长乐镇，是近代著名实业家、教育家。他先后创办了20多个企业，370多所学校，还创建了南通博物苑（中国人自建的第一座近代博物馆）和南通图书馆等文化机构，是我国近代史上举足轻重的人物之一。著名学者胡适曾高度评价张謇："张季直先生在近代中国史上是一个很伟大的失败的英雄，这是谁都不能否认的。他独立开辟了无数新路，做了三十

年的开路先锋，养活了几万人，造福于一方，而影响及于全国。"①学界对他的研究也涉及诸多主题，至于在文化建设方面，单方面研究张謇图书馆或博物馆理论与实践的成果数量颇丰，如黄洋、赵莘的《张謇的博物馆建设思想对高校博物馆的启示》、凌振荣的《张謇博物馆思想的特点》、金艳的《张謇博物馆思想中的国家观念和公共意识》、梁吉生的《中国博物馆的骄傲——关于张謇及其博物苑的随想》、吕济民的《张謇与中国博物馆》等文，对张謇博物馆思想的内容、特点及价值都进行了深入的研究，但把他的图书馆与博物馆思想结合起来研究尚有较大的探讨空间。

一、张謇提出图书馆博物馆一区建设模式背景

(一)维新派提出了共同发展图书馆与博物馆的主张

自1840年鸦片战争后，我国逐渐陷入被西方列强蹂躏宰割的深渊，民族危机异常严重。国人奋力寻求救国之道，先是魏源提出"师夷长技以制夷"，后又经洋务运动和戊戌变法的推波助澜，发展教育被视为救亡图存的一条重要路径。在这一过程中，维新派认识到作为辅助学校教育的重要机构，图书馆、博物馆同等重要，应该共同发展。如1895年，康有为在《上海强学会序》中写道："士大夫所走集者，今为上海，乃群天下之图书器物，群天下之通人学士，相与讲焉"②，最早提出将图书和器物并列。1896年，李端棻在《请推广学校折》一文中写道："今推而广之，厥有与学校之益相须而成者，盖数端焉：一曰设藏书楼也，一曰创仪器院也"③，提出藏书楼(图书馆)和仪器院(博物馆)须与学校发展相得益彰。同年，梁启超在《论学会》中提出要振兴中国，学会建立后

① 胡适：《胡适文存三集》，中央编译出版社2014年版，第1091页。
② 汤志钧：《戊戌变法人物传稿》增订本上，中华书局1961年版，第10页。
③ 吴晞：《从藏书楼到图书馆》，国家图书馆出版社2013年版，第93～125页。

应做十六件事，其中包括办图书馆（"尽购已翻西书，收庋会中，以便借读"）和办博物馆（大陈各种仪器），① 将办图书馆与博物馆同时上升到振兴国家层面。

张謇也积极参与了维新派的活动，1895 年 10 月 10 日，他在日记中记载："得梁星海约兴强学会电"②，梁星海即梁鼎芬，可知在梁鼎芬邀请下，他加入了上海强学会。在随后颁布的《上海强学会章程》中，张謇名列发起人名单，该章程把开办"博物院"（博物馆）和"大书藏"（图书馆）列在要做的最重要"四事"之中，③ 表明张謇接纳了维新派共同发展图书馆与博物馆的主张。

（二）张謇本人对图书馆和博物馆有一定了解

张謇多次欲东游考察，习得经验，但"会世多故，谗言高张"④，不得已作罢。1903 年，恰逢日本在大阪市开第五次国内劝业博览会，日本领事专门来函邀请他，始能如愿。1903 年，张謇东渡到日本考察两月余。明治维新给日本社会带来的全方位变化，对他触动极大，他考察的重点由博览会转向实业和教育。而日本辅助学校教育的图书馆、博物馆等机构的发达，尤其是共同设在东京上野公园的帝室图书馆和博物馆则使张謇深受启发。尽管张謇在游日归来撰写的《癸未东游日记》中，没有专门提到东京的帝室博物馆和图书馆，但现有的其他文献资料表明他应该参观过或至少了解这两个馆。

其一，孙渠在他的回忆录中谈到了"张謇在创办博物苑以前，曾参

---

① 吴晞：《从藏书楼到图书馆》，国家图书馆出版社 2013 年版，第 93～125 页。

② 汤志钧：《戊戌变法史》修订版，上海社会科学院出版社 2015 年版，第 117 页。

③ 汤志钧、陈祖恩：《戊戌时期教育》，上海教育出版社 1993 年版，第 78 页。

④ 章开沅：《章开沅文集》第 5 卷，华中师范大学出版社 2015 年版，第 139 页。

观过日本东京帝国博物馆，有所感受"①。孙渠的父亲孙钺曾担任了 30
多年南通博物苑主任，是张謇博物馆事业的重要见证者和参与者，参观
日本帝室博物馆的感受应该是张謇和孙钺交流过的，后孙钺又告诉了
孙渠。

其二，1919 年，张謇为南通的明朝抗倭英雄曹顶建造曹公祠时，
在该祠北部京观亭的匾额跋语中写有"往见东邻侈陈甲午胜清之战器以
自强，私窃小之"②之语，提到他在日本看到过甲午海战战胜清朝的战
器。在甲午海战后，日本为宣扬胜利，将俘获的定远舰拆解，遗留的船
锚、锚链和炮弹等在东京上野公园展示，张謇 1903 年日本之行应是亲
眼见到过该陈列。既然已经到了上野公园，张謇应该不会错过参观帝室
博物馆和图书馆机会。

其三，1902 年，徐树兰在他的家乡浙江绍兴，以存古和开新为宗
旨，筹建了古越藏书楼。该藏书楼于 1904 年正式向社会各阶层人士开
放。古越藏书楼兼具博物馆的部分功能，在该楼章程中写道："研究科
学，必资器械样本，故本书楼兼购藏理化学器械及动植矿各种样本，以
为读书之助。"③还在"释义"中做了说明："兹因学校规模未备，故附入
藏书楼，将来经费补充，即别辟教育博物馆，将此项裁去。"④另外，徐
树兰在 1902 年撰写的《为捐建绍郡古越藏书楼恳请奏咨》中，还提及建
在日本上野公园的帝室图书馆："日本明治维新以来，以旧幕府之红叶
山文库、昌平学文库初移为浅草文库，后集诸藩学校书，网络内外物

---

①　王倚海：《南通博物苑百年苑庆纪念文集》，文物出版社 2005 年版，第 48
页。

②　李明勋、尤世玮主编，张廷栖、陈炅、赵鹏、戴致君执行主编，《张謇全
集》编纂委员会编：《张謇全集》第 6 册，上海辞书出版社 2012 年版，第 1651 页。

③　吴晞：《从藏书楼到图书馆》，国家图书馆出版社 2013 年版，第 93～125
页。

④　吴晞：《从藏书楼到图书馆》，国家图书馆出版社 2013 年版，第 93～125
页。

品，皆移之上野公园，称图书馆，听任众庶观览。"①1904 年，张謇应邀撰写了《古越藏书楼记》。在文中，他大力赞扬徐氏"不以所藏私子孙而推惠于乡人"的重要意义，还表明自己"欲效先生之所为"②的决心。通过撰写《古越藏书楼记》，张謇应该能全面看到该馆的相关资料，这有助于他对日本帝室博物馆和图书馆共同建在上野公园的事实作进一步深入了解，并清楚古越藏书楼兼具博物馆部分功能的特点，也为他日后建设图书馆与博物馆提供参考。

(三)政府鼓励民间力量参与教育文化事业建设

晚清以来，深受内忧外患社会环境和较低社会经济发展水平所限，政府对教育文化事业关注不足，因而鼓励和支持民间力量参与建设。

1898 年 6 月 11 日，光绪帝颁布《明定国是诏》，决心变法。百余日内，颁布命令数十条，以推行新政，其中包括支持建立博物馆的主张。他批准康有为关于"请厉工艺奖募创新折"的奏请，谕令总理衙门制定奖励章程十二款，奖励民办博物馆的办法：

> 第七款　如有独捐巨款，兴办藏书楼、博物馆，其款至三十万两以外者，请特恩赏给世职。十万两以外者，请赏给世职或郎中实职。五万两以外者，请赏给主事世职，并给匾额，如学堂之例。
> 第八款　捐集款项，奏办学堂、藏书楼、博物馆等事，仅及万金以上者，亦请加恩，奖以小京官虚衔。③

---

① 吴晞：《从藏书楼到图书馆》，国家图书馆出版社 2013 年版，第 93~125 页。

② 吴晞：《从藏书楼到图书馆》，国家图书馆出版社 2013 年版，第 93~125 页。

③ 汪敬虞：《中国近代工业史资料》第 2 辑，科学出版社 1957 年版，第 638~639 页。

该章程第一次从法律上承认民间力量参与文化事业的合法性，尽管由于变法夭折，章程没能践行，但经过维新派人士为新政的内容奔走呼号，通过传播媒介的宣传，已经产生了较为广泛的影响，民间力量可以参与和支持图书馆博物馆等文化事业的社会舆论开始形成。

1901 年 1 月 29 日，清政府正式发布变法上谕，令内外臣工建言献策，在应诏陈政的奏折中，最著名的莫过于由两江总督刘坤一、湖广总督张之洞联衔发出的所谓"江楚会奏三疏"。该奏折成为晚清最后十年"新政"制定相关政策的范本，其中第一疏为《变通政治人才为先遵旨筹议折》①，专论育才兴学的举措，包括设文武学堂、酌改文科、停罢武科、奖励劝学等四个方面，尤其激发了民间力量参与教育文化事业的积极性，张謇也以极大的热情积极投身其中。

（四）大生企业的发展

光绪十二年（1886），张謇"丙戌会试报罢，即谓中国须振兴实业，其责任须在士大夫"。他深感使命所在，开始致力于发展实业。他"先事农桑，竭八年辩论抵持争进之力，仅成一海门蚕业"。甲午战争（1894）后，张謇想法有所发展，"乃有以实业与教育迭相为用之思，经画纺厂"②，挽救中国之危亡。恰逢张之洞做两江总督，他对张謇赏识有加，先请其总办通海团练，结束撤防后，即一同商议振兴商务等事。光绪二十二年（1896），张之洞调任两湖总督，行前确定苏州与通州各办一厂，其中通州厂由张謇办理。又经数年，"奔走南京湖北通沪各处，白天谈论写信筹划得手口不停，夜间又苦心焦思，翻来覆去，寝不安枕"③，忍辱负重、筚路蓝缕，到光绪二十五年（1899）四月，通州大生纱厂终得开机出纱。1900 年开始盈利。随着大生纱厂的逐渐壮大，

① 丁守和：《中国历代治国策选粹》，高等教育出版社 1994 年版，第 860 页。
② 张謇：《东游日记》，《张季子九录·专录》第 4 卷，中华书局 1931 年版，第 1 页。
③ 张冠生：《纸声远》，人民东方出版传媒有限公司 2018 年版，第 10 页。

他又陆续开办了垦牧公司、油厂、面粉厂等大生企业。大生企业的发展使南通成为近代中国早期工业基地，也为张謇参与教育事业积累了一定资金，于是他在 1902 年开办了通州师范学校。1904 年由于举办实业和教育，清政府赏他三品衔，为商部头等顾问官，进一步激励了他兴办教育文化事业的热情。

总之，在接纳维新派共同发展图书馆与博物馆的主张后，张謇本人对图书馆和博物馆的实际了解、政府鼓励支持民间力量参与教育文化事业、大生企业的发展等为他投身于图博事业分别提供了实践、政策和资金准备，使他建设图书馆与博物馆已有提出的必要和实施可能。

二、张謇的图书馆博物馆一区建设模式兴衰

（一）初步设想，初次尝试阶段（1905—1907）

1. 提交《上学部请设博览馆议》

1905 年 9 月，清政府废除了存在 1300 多年的科举制度。同年 12 月，清政府设立学部主管全国的教育，张謇随即提交了《上学部请设博览馆议》。他在文中写道："窃维东西各邦，其开化后于我国。而近今以来，政举事埋，且骎骎为文明之先导矣。挥考其故，实本于教育之普及，学校之勃兴。然以少数之学校，授学有秩序，毕业有程限，其所养成之人才，岂能蔚为通儒，尊其绝学，盖有图书馆、博物院，以为学校之后盾。使承学之彦，有所参考，有所实验，得以综合古今，搜讨而研论之耳。我朝宏章儒术，昭示天下，诏开四库，分建三阁，足以远迈汉唐，岂仅蹝掌欧美。顾为制大而收效寡者，则以藏庋宝于中秘，推行囿于一隅。其他海内收藏之家，扃鐍相私，更无论矣。今为我国计，不如采用博物图书二馆之制，合为博览馆，饬下各行省一律筹建。更请于北京先行奏请建设帝室博览馆一区，以为行省之模范。盖赐出内藏，诏征进献。则足以垂一代之典谟，震万方之观听，用草议案，呈请鉴裁。如蒙采择，乞速奏明办理。至于各省及各府州县，应否即行筹设，乞交所

司筹议。窃思此举，上可以保存国学，下可以嘉惠士林，若苟施行，天下幸甚。"①明确提出了图书馆、博物馆作为学校教育的后盾，可以使学生在课本之外有所参考，在课堂之外有所实验，二者应当共同发展的建议。

为实现图书馆博物馆的共同发展，张謇在上书中继续提出了建设途径，即主张二者一区建设，合称博览馆。他发出呼吁，指出"今为我国计，不如采用博物图书二馆之制，合为博览馆，饬下各行省一律筹建。更请于北京先行奏请建设帝室博览馆一区，以为行省之模范"②，主张先在京城兴办帝室博览馆作为模板，再自上而下推行到全国各省。张謇还进一步引经据典、溯源穷流，强调建设博览馆的紧迫性，但此次呼吁没有引起政府重视。

2. 初建南通博物苑

在依靠政府之路行不通的情况下，张謇就下决心在家乡南通即当时的通州躬行实践。1904 年，即通州师范开学的第二年，张謇在濠河西岸规划建设公共植物园于濠河西岸。1905 年 12 月 9 日，因为"下走念博物馆不备，物理之学，无所取证"③，张謇于是计划拓展植物园为博物苑，附属于师范学校。他亲自担任博物苑总理，对建苑诸事事无巨细，均一一过问，仅写给苑主任孙钺的信札就有 100 多件。在张謇日记中，有多处建设南通博物苑的相关记载。如 1905 年，"十二月十二日，复与孙子钺、宋跃门规度博物苑之建筑，拟测候室三间，动、矿物陈列室楼三间"④。"十二月二十九日，录前集博物苑联：设为庠序学校以

---

① 李淑萍、宋伯胤：《博物馆历史文选》，陕西人民出版社 2000 年版，第 151 页。

② 李淑萍、宋伯胤：《博物馆历史文选》，陕西人民出版社 2000 年版，第 151 页。

③ 《张謇全集》第 4 卷，江苏古籍出版社 1994 年版，第 332 页。

④ 南京博物院：《宋伯胤文集·博物馆卷》，文物出版社 2009 年版，第 189~294 页。

教，多识鸟兽草木之名"①，点明建设博物苑的宗旨。1906年"三月二日，晨起，规划博物苑及农艺试验场。五月十三日，视植物园工程。五月十八日，视博物馆地基工程"②，等等。在张謇的直接指导下，博物苑的展厅和园林等设施开始陆续建设起来。

（二）提出模板，再次尝试阶段（1907—1912）

1. 提交《上南皮相国请京师建设帝国博览馆议》

1907年9月，张之洞被"擢体仁阁大学士，授军机大臣，兼管学部"③，之后张謇向他上书，即《上南皮相国请京师建设帝国博览馆议》④。

---

① 南京博物院：《宋伯胤文集·博物馆卷》，文物出版社2009年版，第189~294页。

② 南京博物院：《宋伯胤文集·博物馆卷》，文物出版社2009年版，第189~294页。

③ 王喜旺：《教育家张之洞研究》，山东人民出版社2016年版，第295页。

④ 对于这次上书的具体时间，在《张季子九录》（中华书局民国二十年版）和《张謇全集》（江苏古籍出版社1994年版）等收录张謇重要原始资料的著作中，都将张謇的此次上书和前面提到的《上学部请设博览馆议》一同列为"清光绪三十一年"即1905年作，很多学者也持张謇1905年先后撰写两文的观点。但在2004年，学者金艳在《张謇撰〈上南皮相国请京师建设帝国博览馆议〉时间考》（《博物苑》2004年第2期）一文中提出《上南皮相国请京师建设帝国博览馆议》的时间有待考订，她推测此次上书的时间不是1905年，依据有二，一是该文中出现了"提学使"，这一官职设立是清政府1906年5月后才开始实施的。二是她发现1908年7月23日出版的《东方杂志》中收录署名通州张謇的《京师建设帝国博览馆议》一文，经比较认定二者为一，鉴于报刊发表文章时效性强，该文成文时间离发表时间不会太久，但她对此次上书的具体时间没有定论。

在此基础上，笔者进一步研究发现张之洞在1907年9月才"擢体仁阁大学士，授军机大臣，兼管学部"，因其兼管学部，上书的内容才有"此馆隶于学部，任其职守"，"其应如何分别奖赏，请饬下学部会议奏明立案"等内容。还有将张謇的《上学部请设博览馆议》和《上南皮相国请京师建设帝国博览馆议》两文相比较，后文内容要更加细化具体，而且后文很多内容明显是来自张謇建设南通博物苑的实践，南通博物苑在1905年12月才开始规划，到1908年初具规模，所以可以确定上文是1905年张謇给刚成立的学部的一个建议，后文是在张之洞兼管学部后，张謇凭他与张之洞交情再次提出的建议，上书时间约在是1907年9月和1908年7月之间。

张謇在上书中指出：

昔者行人采书，太史掌典，司职之属，详于《周官》。盖不仅文字载籍皆聚于上，凡天下之鸿宝名器，悉以簿录于天府，主守于藏史也。然考《周官》"外史"之制，"掌四方之志，掌三皇五帝之书，掌达书名于四方"。由是推之，则虽天府之簿录，藏史之主守，必反而公诸天下也，彰彰明矣。孔子大圣也，将求先王之遗制，考礼乐之所极，必观于周。其适周而见老聃，亦以老聃主周之藏室耳。《庄子》曰："孔子西藏书于周室。"信如是言，则孔子又曾举其书归于周之藏室矣。

伟矣哉，我国有历史以来，今四千余年矣！其附丽于历史而可以资考证者，曰经籍曰图绘曰金石之属。皇古迄今，不可胜计。所以绵绵延延赖以不堕者，实由聚于上者，有朝廷之征求；聚于下者，有私家之蒐辑。但朝廷之征求，尊为中秘之藏；而私家之蒐辑，则囿于方隅，限于财力，故扃键锢箧，私于其家者有之：不能责以公诸天下也。居今稽古，其道末由；承学之士，久相慨惜。是以朝野上下，今日所亟宜裁省而补救之者，敢循《周官》"外史"之旧章，本孔子藏书之故训，以祈请于上，以董劝于下。用草议案，贡采择焉。

夫近今东西各邦，其所以为政治学术参考之大部以补助于学校者，为图书馆，为博物苑。大而都畿，小而州邑，莫不高阁广场，罗列物品，古今咸备，纵人观览。公立、私立，其制各有不同。而日本帝室博览馆之建设，其制则稍异于他国，且为他国所不可及。盖其国家尽出其历代内府所藏，以公于国人，并许国人出其储藏，附为陈列，诚盛举也！我国今宜参用其法，特辟帝室博览馆于京师。何以必曰帝室？宣上德而扬国光也。何以必于京师？抑又有说。

司马迁之言曰，教化之行也，建首善必自京师始，其《自叙》

所为书亦曰"藏之名山，副在京师"。诚以帝王之居，辇毂之下，万国骏奔，四方繁会，将以润色鸿业，利导齐萌，其所以为天下先者，必于京师也。况逢我朝右文隆治，政教洋溢，四库之典籍、什库之器物，其所甄录，迈宋轶唐，且上蒙列圣万几余暇之鉴题，岁有臣工四方搜讨之采进，璀错缤纷，实难窥测！即仰承钦定之谱录，今传播于寰海，焜耀于日星者，如《佩文斋书画谱》、《天禄琳琅书目》、《四库全书总目提要》、《西清古鉴》、《石渠宝笈》、《秘殿珠林》诸编，皆康熙乾隆两朝奉敕撰进之书，以视汉之延阁广内金匮石室、隋之修文观文妙楷宝台，网罗收贮，殆百倍之。若拟以贞观公私之画史、景祐崇文之总目、宣和博古之图、宣德鼎彝之谱，则犹沧海之于行潦，泰岱之于培塿矣。更谨按：乾隆四十七年，《四库全书》告成，纯庙特命如内廷所藏，缮写全册，建三阁于江浙两省，谕令士子愿读中秘书者，就阁广为传写。所谓三阁，在杭州者曰"文澜"，在扬州者曰"文汇"，在镇江者曰"文宗"。故东南人士感恩被教，至今能以文学名海内。大哉，皇言！垂惠万祀！岂惟远抗成周之典谟，抑以近契东瀛之制度？则帝室博览馆之议，虽今始建言，诚所以绍述祖训，恢张儒术也！

今之世称文明最古之国，咸推我国，此亦东西各邦之公言也。故政俗之沿革、器物之制作，魁儒硕彦尝讨论而研求之。其来游我国者，亦必首诣京师，征其文献，归而著书，多所阐述。但其撢采或得于朝市之见闻，或本于闾巷之风说，语焉不详，疑而多阙。若此馆成立以后，特许外人亦得参观，则赋上都之壮丽，纪帝京之景物，更有以知我国唐虞三代以至于今，文物典章粲然具备，斯将播为美谈，诧为希觏矣。故建设于京师也，尤宜。惟兹事体大，当奏请朝廷敕下筹办，方足以昭示远近，震耀观听。并当奏请皇太后、皇上颁赐内府所藏，以先臣民。钦派王大臣一二人，先领其事。俟开办后则隶其馆于学部，特遴专员，任其职守，并宜先布章程，谕令京内外大小臣工以及世禄之家，嗜古之士，进其所藏，如价值巨万，当特加褒赏，以示激劝，且许分室储贮，特为表列。其余呈进，亦付储藏，则曩所谓聚于上者，既已廓然昭示大公，则聚于下者，亦必愿出而公诸天下矣。

且京师此馆成立以后，可渐推行于各行省，而府而州而县必相继起，庶使莘莘学子，得有所观摩研究以辅益于学校。则此举也，揆诸时局，诚不可缓。所愿朝廷俯纳其议而实行之。但建设之初，所宜规画者，厥有六端。今条列其略，附于左方，其章程当别议。

甲，建筑之制

此馆既建于京师，则营造之制宜闳博，垲爽无论矣。所最注重者则择地。其地便于交通便于开拓者为宜。而以占若干之面积，合若干之容量，须先测定。中建楼九楹，为恭奉御府颁存之品。楼凡五层，或七层，则以颁存之品物容积为率。楼左为储藏内外臣工采进多数品物之地，或聚一人所采进为一区，或聚二三人所采进为一区，以类相聚，署为专室，用示特异。楼右为储藏内外臣工陆续采进品物之地，当以天然、历史、美术别为三部，分别部居，不相杂厕。馆中贯通之地，宜间设广厅，以备入观者憩息。宜少辟门径，以便管理者视察。隙地则栽植花木，点缀竹石，非恣游观，意取闲野。室中宜多安窗，通光而远湿。庋阁之架，毋过高，毋过隘，取便陈列，且易拂扫。

乙，陈列之序

博览馆之建设，有异于工商业及他种之会场。非参研学理，确有规则，见者且非笑之。大要分天然、历史、美术三部。今既合官府上下之所储藏，或私家尽出其所有以输助者，故前条述建筑之制，别具一说。盖以颁存物品及专室所储，未能一一厘别。然即部分，当定一秩序：天然部以所产所得之方地为等差；历史、美术二部以所制造之时代为等差，觇古今之变迁，验文明之进退，秉微知巨，亦可见矣。右院既列室分藏，亦可循此以定，条举件系，立表编号。此虽余事，亦宜亟行。

丙，管理之法

此馆隶于学部，自当由学部派员专管。然为奉旨特设之盛举，又为我国近政之要端，开办之初，既由钦派王大臣先领其事，则非派一秩位较崇、学术通达之员不可。至于审定编制，尤当不拘爵位，博选名流以任之。其管理之责，虽责成专员，但办事员亦当共任其职，严管钥，禁非常及其他种种之有妨碍者，均当专定章程期限遵守。又当遴派视察员、招待员(无定员)，用为纠监导观之助。必得通东西洋语言文字二三员，以便外宾来观，有可咨询。书记三数员，则专掌图表、册籍报告之事。其管理章程当别定。

丁，模型之部

我国有历史以来，文物嬗变，亦繁赜矣。宫室舆服，下及日用器物之属，代远事迁，日有损益。其最大者，明堂太室，后儒各讼其说；元服覆袢，晚近几忘其制。循名责实，良足怖已。故馆中宜特设模型一部，所有古代宫室器物今之不可见者，当博征图籍，证于可信，精造模型，分别存庋。岂惟学者得所依归？抑亦历史、美术二科之实践也！标本雏形，东西洋学校均以为重，若我国仿汉之印、影宋之书以及钩模之金石，存古夺真，殊多佳妙。附列此类，亦博览之名义不可阙者！

戊，采辑之例

此馆为我国第一之建设，即可为全国博览馆之模范。今所请求，则在内府颁发所藏，为天下先；再行谕令各行省将军、督抚会同提学使，饬下所属一律采进。但此事不在官力之强迫，而在众愿之赞成。应先宣布，以免吏胥藉端征索。至于准定何时开办，亦宜申明年限。综计建筑工程，约需一二年，益以蒐辑物品，则三年后当可成立。惟宜使天下晓然于朝廷此举，实有综合礼仪、保存文献之意，且使私家所藏，播于公众，永永宝藏，期无坠逸，则将不日成之，有如灵台之诗所诵矣。

己，表章之宜

谨按：乾隆间因敕定《四库全书》降旨采访，既江浙两省藏书家及廷臣朝绅纷纷奏进：其进呈至五六七百种者，如浙江之鲍士恭、范懋柱、汪启淑，两淮之马裕，各赏《古今图书集成》各一部；其进呈至百种以上之江苏周厚堉、蒋曾莹，浙江吴玉墀、孙仰曾、汪汝琛，及朝绅中黄登贤、纪昀、励守谦、汪如藻等，各赏《佩文韵府》一部，以示嘉奖。三十九年五月上谕犹传播于海内也。

此次博览馆搜集古物，更须远迩甄录。且吉金乐石值本不资，收藏之家网求非易近今之最著称者，如江苏潘氏吴氏之金、丰润端氏之石、山东杨氏之书籍、江苏盛氏之书画，均值巨金，苦费搜讨，果能尽出所藏，粗足蔚为盛举。惟当援引前案，请旨给奖，方足以昭劝励。若陈献既多，值价尤巨，自应破格奖励，不惜爵赏。其应如何分别奖赏，请饬下学部会议奏明立案，庶薄海闻风，纷纷采进，亦如乾隆献书时也。[①]

他强调了世界上很多国家都认可图书馆、博物馆是补助学校教育的重要机构，我国应该共同发展。即"夫近今东西各邦，其所以为政治学术参考之大部以补助于学校者，为图书馆，为博物苑。大而都畿，小而州邑，莫不高阁广场，罗列物品，古今咸备，纵人观览"[②]。并明确指出要以日本的帝室博览馆为模板，提出"我国今宜参用其法，特辟帝室博览馆于京师"[③]。这里的帝师博览馆应是延续《上学部请设

① 李明勋、尤世玮主编，张廷栖、陈炅、赵鹏、戴致君执行主编，《张謇全集》编纂委员会编：《张謇全集》第 1 册，上海辞书出版社 2012 年版，第 114～118 页。

② 李淑萍、宋伯胤：《博物馆历史文选》，陕西人民出版社 2000 年版，第151～153 页。

③ 李明勋、尤世玮主编，张廷栖、陈炅、赵鹏、戴致君执行主编，《张謇全集》编纂委员会编：《张謇全集》第 6 册，上海辞书出版社 2012 年版，第 1651 页。

博览馆议》的主张，将日本同建在上野公园的帝室博物馆、图书馆合称博览馆。

在此次上书中，张謇还进一步详细表述了兴建博览馆的建筑、陈列、管理、模型、采集、表章等六方面的具体步骤，但这些建议仍旧未被采纳。

2. 提交《请建图书馆呈》

虽然提出了图书馆博物馆一区建设的路径，在建设南通博物苑的同时，张謇却迟迟未建图书馆。这是因为作为长期接受儒家传统文化教育的知识分子，张謇认为建立图书馆尤其需要得到政府认可。对于图书馆的建设，他一直坚持"未尝敢时不至而必为，时至而或怠不为也"[1]的原则，不轻举妄动，而是等待合适的时机，所以图书馆一直未能适时建立。

1908年12月27日，清政府颁布《城镇乡地方自治章程》，规定："地方自治以专办地方公益事宜辅佐官治为主，按照定章，由地方公选合格绅民，受地方官监督办理。"[2]对照此章程，张謇认为建设图书馆的时机到来。他向政府提交了《请建图书馆呈》，提出：

> 窃各厅州县城镇乡自治公所，现已次第成立。查钦定地方自治章程第三节第五条第一款所列，除中小学、教育会、劝学所、宣讲所、阅报社，前已分年办有端绪，惟蒙养院、图书馆二事未办。蒙养院系仿各国幼稚园，上年亦遣派女学生至沪学习保姆，学成回里，即可开办。图书馆则全无凭藉，而系预备立宪自治章程第一款必办之事。城区为各镇乡表率，尤为自治伊始第一件应办之事。办则首须度地建屋。图书馆所宜地必爽垲，屋必通明，殆成公例。执是以求，城厢内外，卜地非无其所，而建屋苦于无资。公同计画，

---

① 《张謇全集》第4卷，江苏古籍出版社1994年版，第332页。
② 钱端升：《钱端升全集·民国政制史》下，中国政法大学出版社2017年版，第331页。

相顾踌躇。

查学部奏陈普及教育方法"小学校舍可以借用不在祀典之庙宇",准此以计,则南门外岳庙位于高阜之上,复有后殿之楼,因仍修改,即可建设。查《会典》岳镇海渎神祠祭所、东岳泰山祭于山东泰安府所在专祭。岁春秋仲月,守土官致祭。是岳祭惟当在泰安府一处,主祭惟当守土官一人,何况唐封禅泰山,加号天齐,为张说之舞文,已见讥于赵翼!而神幔、月灯之为僧道牟利,托泰山之治鬼,又显斥于吴荣光,可知州县不应有东岳庙,不独通州!今照部章改为图书馆,足裨自治。公议既协,理合呈明。

伏祈鉴核批准转详督抚院提学司立案,并请出示晓谕。至该庙道士仅有两人,如果改庙,自当由公所妥为安置,不令失所,合并陈明。谨呈。①

请求将南通东岳庙"照章改为图书馆,足裨自治",即利用南通南门外东岳庙改建为图书馆,以裨益南通地方自治事业,但张謇的这一提议又遭搁置。

3. 南通博物苑建成开放

经过三年的建设,到1908年,博物苑初具规模。张謇在《通州博物馆敬征通属先辈诗文集书画及所藏金石古器启》中写道:

自欧人导公益于文明,广知识于世界,上自皇家,下迄县郡地方学校咸有博物馆之设。其蒐集之部目三:曰天然,曰历史,曰美术。凡动植、矿物皆天然之属,凡金石、车服、礼器皆历史之属,凡书画、雕绣、漆塑、陶瓷皆美术之属。其保护之大法一,曰兵燹时,他国人不得毁坏,毁坏者可责赔偿,著为万国公法(**公法邦国**

① 李明勋、尤世玮主编,张廷栖、陈炅、赵鹏、戴致君执行主编,《张謇全集》编纂委员会编:《张謇全集》第1册,上海辞书出版社2012年版,第159页。

交战例第六百四十八条：凡敌境之教堂、医院、学宫、星台、博物馆及一切兴学行善公所，皆不可扰犯。又，军训戒第三十五条：凡人工精巧之物、藏书之区，均宜免于损害；若遇围城轰击，或故意毁伤，可于和议立约时，得讨索赔偿之权）。美哉，义也！大可久！视我昔时兰台石室徒秘于一姓之宫廷，帷盖滕囊终泯于异时之道路者，相去不可同日语矣。

通州师范学校既设之四年，州人协谋更兴中学，下走念博物馆不备，物理之学无所取证。然资力薄弱，不克大举，仅就校河之西，辟地四十亩，杂采植物实之。中建三楼为馆，以储三部之物，而以教育品附焉。外而欧美澳阿，内而荐绅父老，或购或乞，期备百一。其于我通属也，历史部拟求官府寺庙唐宋元明之碑、旧家金石车服之器，美术部拟求老师先生经史词章之集、方技书画之遗。謇家所有，具已纳入。按之志乘，佚漏犹多。谨记其名，附于幅左。伏愿大雅宏达，收藏故家，出其所珍，与众共守。

兹一事也，留存往迹，启发后来，风义所及，盖兼有之。窃廑独为君子之耻，用效将伯助予之呼。倘不鄙夷，伫拜嘉赐！①

说明除收集天产、历史、美术等三部实物外，博物苑还要收集南通地方人物的相关著作及金石藏品。1908 年 10 月 16 日，张謇给当时主持江南图书馆的缪荃孙写信，信中写道：

艺风先生老前辈大鉴：

旦晚即当奉诣。通州博物馆(不能特建图书馆，故于此略兼，限以通属，范围较狭)。须求通属前人著作，胡安定《洪范口义》闻苏州朱槐庐有之，而不得其人所在，不知尊藏有之否？有则拟请借

① 李明勋、尤世玮主编，张廷栖、陈炅、赵鹏、戴致君执行主编，《张謇全集》编纂委员会编：《张謇全集》第 5 册，上海辞书出版社 2012 年版，第 121 页。

抄，先此敬询。惟眠食佳胜为祝。

晚謇顿首

十月六日①

明确指出因为图书馆一时未获准建立，只能由南通博物苑兼具图书馆部分功能，同时负责收集通州地方文献。

至1911年，南通博物苑基本建成并对外开放，展馆有南馆、中馆、北馆三座主要建筑，占地面积23300平方米，藏品分天产（即自然）、历史、美术、教育四部。南馆初名"动矿物陈列室楼"，后称"博物馆"，是博物苑主要的陈列室，楼上陈列历史文物，楼下陈列动、植、矿物标本。在二楼半圆形的月台上，悬挂着张謇手书的一副著名的对联："设为庠序学校以教，多识鸟兽草木之名。"中馆始称测候所，用以测报天气，是中国最早的气象观测机构所在地。1914年，测候所迁至农校，中馆改建后，作为金石碑帖陈列室，张謇亲笔题写了中馆匾题。北馆当初本是作为金石书画陈列，张謇为北馆作铭辞为："将究四类，其广海会。金概所藏，州厅县界。力所弗堪，举例犹派。事固无小，道奚病隘。"后为了陈列当时从吕四海滨发现的长达十多米的鲸骨架，张謇将其改建，楼下陈列除鲸骨架外，还陈列了苑中所藏许多其他动物的骨骼标本和化石，楼上用特制的格屏，陈列名家书画，可见此时南通博物苑兼具图书馆的部分功能。

（三）完善构想，正式践行阶段（1912—1917）

1. 南通图书馆建成

1912年，辛亥革命波及南通，热血青年为破除迷信，冲击损毁城内神庙，张謇认为"图书馆之时适至而不可失"，时机成熟。他于是"谋

---

① 李明勋、尤世玮主编，张廷栖、陈炅、赵鹏、戴致君执行主编，《张謇全集》编纂委员会编：《张謇全集》第3册，上海辞书出版社2012年版，第1651页。

诸兄谋耆老……因岳庙为图书馆"①，与家人和当地士绅商讨后，开始在南通城南面的东岳庙遗址上兴建南通图书馆。

1917年，图书馆建成，该馆"计有图书楼两幢二十间，曝书台五间，厢楼上下十二间，阅览楼上下八间，两廊办事室十间，道故斋上下六间，燕息亭三间，庶务室、门房、厨房、厕所等十三间，共六十七间，计用银万二千元。书橱二百架，计用银一千二百六十元，图书十三万千百卷"②。图书馆颇具规模，功能齐全，藏书丰富。

建成后的南通图书馆与南通博物苑都位于当时南通城南部。最初，南通博物苑与通州师范两者之间原来没有路，于是张謇筑堤架桥，联通二者，在博物苑的办公室和接待室南面建有东西向的苑门，向东有长堤通往通州师范。南通图书馆建成后，则继续向北通向东南城脚筑路造桥，将博物苑、图书馆联系起来。城南一带还陆续建了通师附小、医学专门学校、农校、伶工学社等文化教育机构，使这一带成为南通的文化教育区域。

可见，南通图书馆的建成标志着在实践上，张謇实现了图书馆与博物馆一区建设的模式。但张謇心系天下，并不拘于南通一地的建设，在建设南通的实践中，他又向政府建议在国家层面推行图书馆与博物馆一区建设模式。

2. 提交《国家博物院图书馆规划条议》

1913年，张謇向民国政府提交了《国家博物院图书馆规划条议》，他写道：

> 必设之时期
>
> 中国既为世界最古之国，其声明文物彝鼎图书，三千年来朝野

---

① 《张謇全集》第4卷，江苏古籍出版社1994年版，第332页。
② 陈亮：《南通市图书馆志1912—2012》，上海古籍出版社2012年版，第3~12页。

迁流，南北嬗易，历十余姓而大萃于前清，宫禁收藏尤极瑰玮珍奇之海会。往时鼎革兵燹之余，纵播越于民间，只澜翻于中国；今则绀发碧瞳之客、靖洲虾岛之儒，环我国门，搜求古物。我之落魄士夫醉心金帛，不惜为之耳目，稗贩驰驱。设不及时保存，护兹国粹，恐北而热河，东而辽沈，昔日分藏之物，皆将不翼而飞：得弓既非楚人，归璧更无赵士。中国虽不竞乎，然标新领异，即不如人，而则古称先，我犹为长。若复视为缓图，漫不措意，则图新惜旧，两无所居。徒空埃及之城，往实波斯之藏。人之齿冷，其谓我何？秦苟耻其无人，周当迻于爱鼎矣。

拟设之场所

为事固宜择地，为地亦宜兴事。自金元都燕，迄于明清，所谓三海三殿三所者，或沿旧制，或扩新规，宫苑森严，私于皇室。今国体变更，势须开放，然而用之无法，即存之无名。苟无其名，徒事修葺，齐囿将嫌其大，王乐安在庶几。如其废之，则是禾黍遗周道之悲，花草致吴宫之恨，亦非文明国之所宜有也，则所谓为地兴事者，非改为博物苑、图书馆不可！顾苑馆所藏，皆可欲之物也。示人以可欲，而又必使人不见欲而乱，则谨常宜密，防变宜疏。密又宜通，疏又宜塞。外密于内，乃不诲盗而通。修序以便观游，疏其中乃可防灾，而旁塞歧门，所以便巡视。京师阛阓，喧嚣已甚，今欲择一相宜之地，建为博物苑及图书馆，固无此巨费，亦无此善地。

北海以楼观庄严之胜，兼水木明瑟之观。言其宜，则琼台之阳及其左右，林阴水际，可以位天产；琼台之阴及其上方，可以位历史；海之北行宫万佛楼、浴兰堂、治心斋，可以位美术。北与东又有隙地，可以备增设之建筑。东北有庙，可以为居中之典守。故以为博物院宜北海。至图书馆，则昔之内阁国史馆、文华殿、太和殿、武英殿、方略馆，甍宇相望，地位横通足设。以兹清切之区，为图书之府，昔四库之建，规摹天一。今师其意以藏法物，此则为事择地拟设之场所也。

陈设之品物

前清内府，昔日所藏缛矣。一散于庚申，再散于庚子，永沦异域，至可唏也！兹所存者，仅奉天清宫及热河避暑山庄而已。

奉天清宫，据教育部调查，其荦荦大者，有如金玉，有如书画，有如瓷绣金器，凡八百件。周汉之物，居其大半；书画凡四百余件，多唐宋以来名作；瓷凡十余万件，形式采釉，并皆精妙。热河未睹全册，不能举数，顾以旧时分藏之例计之，加以宁寿、慈宁两宫及各库，有善者奉命提回之十八万件在焉，有康雍乾嘉四朝积存之物在焉，且精且多，殆无伦比。惟石刻殊鲜，亦一缺憾。陶斋端氏毕生蒐集，藏石逾千，海王村中存者尚夥，应并用价购以俪吉金。至天产一部，万生园之动植物，悉可移置。仍可次第征取以成大观。

若图书馆则四库尚已。乾隆以后，遥遥百余年间，国家多事，未遑增辑。覃溪存录佚之名，雪塘且有私著未收之目。至于翁阮而还，作家朋兴，具有行远传后之资，即宜在并蓄兼收之例。若取广义，并当益以东西译籍，俾乱离之际，七录可搜，绝学所关，百朋何惜！庶可宏册府之观，抑有说焉，可以补憾。自圆明一劫，《永乐大典》遂落英伦，谓宜从彼借抄，或用五色影照（字之大小须照原书，五色影照则朱阑亦显）。其落于国内士大夫之家者，尤宜下令征求，或可还旧观之十一。

规画之大概

规画之法，宜因地势之联属、室宇之容积；亦宜计品类之等级、物数之比差。本是规度，庶有标准。天产部之宜北海之南，固已。美术、历史，孰宜于北海之东、北海之北，似宜斟酌于品类物数比差等级之间。论天演之进化，天产之中有历史，论人为之变更，美术之中亦有历史。故三部虽别其大凡，仍当系以细目。目系于类，类系于门，门系于部。而各部之物品，数不可以强均，故宜为扩充馆舍之预计。图书则中籍仍以经、史、子、集为经，时代先后为纬。东西译籍当以科学门类为经，时代先后为纬。近数十年中，欧美各国科学日新，述作益侈，宜留余屋以待旁搜。殿所之制，亦宜稍事修改，以期合用。

经理之人才

经理之事，关乎学识。孰副彭聃之职？孰胜向歆之资？十余年来，老师宿儒，风流渐尽。而胜斯任者，非博物好古、丹青不渝之君子，又能精勤细事、富有美术之兴趣者，莫克当此！较其陈设支配，博物繁难于图书；审其版本部居，图书等齐于博物。是故博物陈列，我国旧无先导，即乏专才。英法不同，德日亦异。略闻人言：意国华俭，差为适中。是宜聘一意大利人为之顾问。至内国人才，习于博物，而又曾留意于各国之院制者，无过钱恂；其能通博物者，若刘世珩、赵庆宽等；习于图画，而又不至为更骛之膳夫者，若沈曾植、梁鼎芬、宋育仁、李瑞清、马其昶、姚永概、马汉等。或长旧学，或具新知，或本富于收藏，或覃精于鉴别。举所夙知，征其素守，选择于此，殆免失人。①

其中"今则绀发碧瞳之客，蜻洲虾岛之儒，环我国门，搜求古物……设不及时保存，护兹国粹……昔日分藏之物，皆将不翼而飞"②，明确指出外国侵略势力虎视眈眈，觊觎中国古物的情势已很危急，必须设法及时保存。为把保存还算完整的奉天清宫和热河行宫里的文物集中起来，他满怀期望地提出在北京创办国家博物馆图书馆。这次，他摒弃了博览馆的提法，提出"博物院宜北海。至图书馆，则昔之内阁国史馆、文华

---

① 李明勋、尤世玮主编，张廷栖、陈炅、赵鹏、戴致君执行主编，《张謇全集》编纂委员会编：《张謇全集》第4册，上海辞书出版社2012年版，第278~280页。

② 《张謇全集》第4卷，江苏古籍出版社1994年版，第211~332页。

殿、太和殿、武英殿、方略馆，甍宇相望，地位横通足设"①，主张在清朝故宫西北面的北海建国家博物院，在清朝故宫南部的内阁国史馆、文华殿、太和殿一带建国家图书馆，两馆在同一区域相邻而设，形成文化区位优势，从而便于人们更好地利用。

《国家博物院图书馆规划条议》可以说是对张謇图书馆博物馆一区建设模式构想的完善和总结。虽然当时该条议未被政府采纳，但十二年后，即1925年10月开放的故宫博物院下设古物部和图书馆，应该是受到了张謇建议的启发。

（四）花开两朵，各自衰落阶段（1917—1938）

南通博物苑和南通图书馆建成后，一直在以张謇为代表的张氏家族支持下发展，直到1925年，张謇在《大生纱厂股东会建议书》中还明确说："气象台、博物苑、图书馆、蚕桑讲习所，每月七百余元，亦仍謇任，不在此列，由謇他处设法。"②但1926年秋，张謇去世，之后两馆的经费日渐窘迫，每况愈下。

两馆虽同一经费来源，且同处一个区域，但基本是各自发展，缺乏互动的细节。据1914年编印的《南通博物苑品目》，南通博物苑共收录文物与标本2973号。该馆室内有古物、标本、艺术品、模型等展品，室外有活体动植物、大型文物标本等展示，到1933年藏品总数达到3605件。张謇病逝四年后，地方报纸还报道："南通各校，凡讲关于动、植、矿物，常由教师率往参观，因之人多称为南通各校专设之标本室也。外来参观者，须有参观券，否则无论何人，概不得擅入。"③可见，南通博物苑已是当地学校教育的重要补充，成为民众提升文化素质

---

① 李明勋、尤世玮主编，张廷栖、陈炅、赵鹏、戴致君执行主编，《张謇全集》编纂委员会编：《张謇全集》第6册，上海辞书出版社2012年版，第1651页。
② 李明勋、尤世玮主编，张廷栖、陈炅、赵鹏、戴致君执行主编，《张謇全集》编纂委员会编：《张謇全集》第6册，上海辞书出版社2012年版，第1644页。
③ 章开沅：《开拓者的足迹——张謇传稿》，中华书局1986年版，第342页。

和南通对外开放的重要机构。但在 1938 年，日本侵略军占领了南通后，该馆不幸沦为日军的马厩，馆藏的文物除一部分转移外，大部被损毁和掠夺。到新中国成立前夕，该馆一直未恢复往日盛况。

至于南通图书馆，在其开创时，藏书、馆舍规模已经不小，以后又进行了扩建。据 1918 年教育部的《中华全国图书馆调查表》统计，南通图书馆藏书有汉文 130000 卷、日文 108 册、西文 290 册，经费 2000元，与当时国内许多省级图书馆颉颃。① 该馆在 1929 年并入了南通学院，从此图书馆处于封存状态。1938 年，南通图书馆将 8 万多卷古籍转移到城内天宁寺光孝塔北侧的藏经楼保存，在僧众的掩护下，躲过了日军的搜寻洗劫，② 后成为 1952 年成立的南通市图书馆的基础馆藏。

随着南通博物苑和南通图书馆的各自衰落，这种为寻求共同发展，博物馆与图书馆一区建设的模式在南通也宣告谢幕。

三、对张謇图书馆博物馆一区建设模式的思考

(一)这一模式的发展是理念和实践的互动结果

图书馆博物馆一区建设模式的发展历程，一方面反映在张謇的《上学部请设博览馆议》《上南皮相国请京师建设帝国博览馆议》《国家博物院图书馆规划条议》《请建图书馆呈》《通州博物馆敬征通属先辈诗文集书画及所藏金石古器启》等奏议或公文当中，另一方面则体现在他创办及经营南通博物苑、南通图书馆的实践当中。

在发展历程中，为实现二者共同发展的宗旨，张謇最初提出图书馆与博物馆一区建设，并合称博览馆的理念，强调自上而下的建设路径，未得政府支持后，就在南通开始实践。他先以南通博物苑兼图书馆的部

---

① 李希泌、张椒华编：《中国古代藏书与近代图书馆史料（春秋至五四前后）》，中华书局 1982 年版，第 190~191 页。

② 陈亮：《南通市图书馆志 1912—2012》，上海古籍出版社 2012 年版，第 3~12 页。

分功能，后又在同一区域建成图书馆，实现了图书馆博物馆一区建设的模式。随着南通实践的发展，他的理念内容也不断调整，最终摒弃博览馆的提法，明确提出同一区域分别建设博物馆和图书馆的理念。随着理念与实践的不断互动，张謇的图书馆博物馆一区建设模式逐渐发展起来。

（二）这一模式实质是张謇基于教育救国和区域协调发展所做的尝试

1895 年马关条约签订后，张謇就意识到"国威丧削，有识蒙诟，乃知普及教育之不可以"①。1903 年，他在赴日本考察后得出结论："图存救亡，舍教育无由"②。1911 年，他在垦牧公司第一次股东会发表演说："非人民有知识，必不足以自强；知识之本，基于教育。"③ 1925年，即张謇临终前一年，他还强调："忧国者以为救亡之策，莫急于教育。"④可见，教育救国是张謇后半生追求的重要目标，他认为要挽救民族危亡，实现国家独立富强，就必须把改革和发展教育作为救亡图存的要津，基于此，他才会接纳维新派共同发展图书馆和博物馆的主张，并多次尝试践行一区建设的模式。

张謇为家乡南通的发展也付出多年心血，他力求建立一个实业为基础、教育为关键、慈善为补充三者统一于自治的三位一体的社会，这表现在他对南通的经营思路着眼于全面谋划、系统推进经济的发展、社会事业的推进和民生环境的改良等，⑤ 图书馆博物馆一区建设的模式自然成为其区域协调发展规划中教育环节的重要组成部分。

---

① 李明勋、尤世玮主编，张廷栖、陈炅、赵鹏、戴致君执行主编，《张謇全集》编纂委员会编：《张謇全集》第 6 册，上海辞书出版社 2012 年版，第 114 页。
② 《张謇全集》第 6 卷，江苏古籍出版社 1994 年版，第 515 页。
③ 《张謇全集》第 6 卷，江苏古籍出版社 1994 年版，第 384 页。
④ 《张謇全集》第 6 卷，江苏古籍出版社 1994 年版，第 515、332 页。
⑤ 彭安玉：《张謇的区域发展观与"南通模式"的兴衰》，《南通大学学报》（哲学社会科学版）2005 年第 3 期。

(三)这一模式为我国图博事业的发展提供了借鉴

南通的实践证明，图书馆博物馆一区建设，有助于在内忧外患和较低经济水平限制下，整合有限的人力和资源使二者得以生存和发展，进而有助于增进国人对图书馆与博物馆的认可。在张謇的影响下，许多地方政府和社会精英也逐渐认可并借鉴图书馆博物馆一区建设的模式。据统计，1921年，全国共有13所博物馆，其中附设于图书馆的博物馆，即二者一区建设的就有山东图书馆(1909年创办)附设的金石保存所，山西图书馆附设的标本陈列室，广西省图书馆(1909年创办)附设的教育用品陈列所，陕西图书馆(1909年创办)附设的古物陈列所，云南图书馆(1909年创办)附设的博物馆，山西教育图书博物馆(1918年设立)，广东图书馆、湖北图书馆、安徽省立图书馆附设历史文化陈列室等9所之多，[1] 超过当时全部博物馆数量的一半。1922年8月，梁启超到南通参加中国科学社第七次年会后，在北京市北海公园快雪堂同时建立了松坡图书馆及蔡公祠，图书馆内收藏图书，蔡公祠陈设着蔡锷的生前用品、文献、手迹、照片和在护国运动中用过的指挥刀等。[2] 1925年10月10日，故宫博物院正式成立，内分古物、图书两馆，古物馆设在西三所，图书馆设在寿安宫，两者相邻，有并驾齐驱之意，又可以便于以后的管理。可见，图书馆博物馆一区建设模式曾经是我国近代图博事业的重要组成部分。韦棣华(1862—1931)，原名 Mary ElizabethWood，光绪二十六年(1900)来华，供职于武昌文华大学。韦棣华在美国学的是图书馆专业，来华后教英语。1911年起建图书馆，并正式定名为武昌文华公书林。十年后又扩建新馆舍，内设有编目室、参考室、阅览室、报纸杂志室、书库、孙公纪念室(专藏商业书籍)、罗瑟纪念室(专

---

① 黄少明:《我国早期图书馆对博物馆的贡献》,《图书情报工作》2005年第11期。

② 姬秀丽:《梁启超的纪念图书馆思想及其现实意义》,《图书馆建设》2012年第8期。

藏关于中国的西文书籍)、实习室和图书馆学研究室等。馆内还设有博物古物陈列室一间,展品达一千余种。

但统观图书馆博物馆一区建设模式在南通的践行过程,可以发现这一模式的提出过分依赖精英人物的设计,在践行中过分依赖以张謇为代表的张氏家族的经济支持,过分强调实现图书馆与博物馆的教育功能,忽略了二者之间的互动和交流,再加上日本全面侵华战争的爆发进一步加速了各自衰落,共同发展的宗旨未能实现。到新中国成立时,全国其他地区图书馆和博物馆坚持一区建设的也所剩无几。当前,随着我国经济文化水平的进一步提高,博物馆和图书馆的合作建设趋势日益明显,借鉴张謇的图书馆博物馆一区发展模式,利用现代技术实现博物馆图书馆全面良性互动合作,将有助于二者共同发展并不断满足民众日益增长的文化需求。另外,张謇心系天下,与时俱进,根据实践发展不断修正理念内容,民间力量可以在保护和传承文化遗产、支持公共文化事业建设方面发挥重要作用等都给我们留下了重要启示。

第三章　近代公共文化秩序建构主体

第一节　20世纪二三十年代我国近代图书馆人群体探析

——以《中国图书馆界人名录》为例

人是生产力中最活跃的因素，图书馆事业的发展也是如此，"无论在图书馆学理论研究中，还是在图书馆实践活动中，人的问题始终是一个头等重要的问题，忽视了对人的研究，忽视了人的作用尤其是忽视了曾有所创造的人们的作用，实质上也就是抹杀图书馆学术和图书馆事业"①。因此考察图书馆的发展必然要考察图书馆人群体的情况。近代图书馆人泛指一切从事、关注或支持图书馆理论与实践活动的人。

近代以降，图书馆在我国社会教育中的意义和作用渐渐明晰，大量对公众开放的新式图书馆的出现催生了图书馆人群体。试以《中国图书馆界人名录》收录的有详细简介的147人为主要研究对象，从来源、结构、社会角色、群体意识等方面考察20世纪二三十年代近代图书馆人群体的基本情况。

---

① 程焕文：《图书馆人与图书馆精神》，《中国图书馆学报》1992年第2期。

一、选择《中国图书馆界人名录》作为考察对象的依据

《中国图书馆界人名录》(又名《中国图书馆人名录》,简称《名录》),上海图书馆协会丛书之一,上海图书馆协会发行,瑞华印务局印刷,在1930年3月初版,5月再版,该书的出版是20世纪30年代初我国图书馆事业发展史上的一件大事。

(一)从收录的人物范围看,具有时代代表性

《名录》收录的图书馆人包括图书馆员以及其他关注或支持图书馆事业者,参照《中华图书馆协会组织大纲》中关于会员的相关规定,其会员有四种类型:"一是机关会员,以图书馆为单位。二是个人会员,凡图书馆员或热心图书馆事业者都可以参加。个人会员又可分为两类:一类是永久性会员,如果交纳的会费一次性到达一定数量时,即为永久会员;一类是普通会员,即须每年交纳会费。机关会员和个人会员,都需要协会会员2人以上介绍,经董事会审定,可以成为会员。三是赞助会员,协会初期规定凡是捐助协会经费500元以上的,都是赞助会员。四是名誉会员,凡是对于图书馆学术或事业上有特别成绩的,可聘为名誉会员。名誉会员并不直接参与协会管理与运作,是对中国图书馆事业有杰出贡献人士的褒扬,同时也希望名誉会员能够支持中国图书馆事业的发展。"[1]由此可以推断时人认可的图书馆人泛指一切从事、关注或支持图书馆理论与实践活动的人。协会成立之初至年底,机关会员达129个,个人会员202个,发展速度非常快。

《名录》主体部分收录了当时146名图书馆人的详细简介,以姓氏笔画为序排列,再加上作者宋景祁本人的资料,共计147人。每个人物介绍的内容包括:照片、姓名、籍贯、年龄、求学经历、工作经历、图书馆相关学术研究以及性格特点、工作特长等项。每个人都有一张椭圆

---

① 刘劲松:《抗战时期中国图书馆界研究》,商务印书馆2018年版,第9页。

形的黑白半身照，这些照片往往占据一页版面的三分之一到二分之一，照片中的男士或戴金丝眼镜、或梳着背头、或着西装、或着长衫、或风度翩翩、或老成持重；女士或烫着卷发、或着旗袍，这些照片给人们带来强烈的视觉冲击，其中李小缘的照片之外还印上了复旦大学图书馆藏书章，杜定友的照片上附上了许多正在读书的少年儿童形象，寓意图书馆人肩负着为读者服务的责任。杜定友、戴志骞、李小缘、王献唐、李燕亭、沈祖荣、刘国钧等图书馆专业领军人物，冯云山等赞助图书馆事业的社会名流，冯陈祖怡等女性图书馆人，释太虚等宗教界图书馆人，还有卫藤利夫等外国在中国工作的图书馆人都详细在册。附录部分是中国图书馆人通讯录，分姓名、别号、通信处三栏，按姓氏笔画为序排列了 423 名图书馆人信息，除上述 147 人外，其他如蔡元培、袁同礼、张元济及王云五等活跃在图书馆界的社会精英信息大多登记在册。

（二）从该书收录的具体资料上看，基本是近代图书馆人群体的真实写照

从清末到民国，随着新文化运动的启迪，我国的图书馆运动也蓬勃开展。这一时期的图书馆类型已经多种多样，比如，公立图书馆就从国立、省立、市立到县立，层层俱全，而学校图书馆，则包括高校图书馆和中小学图书馆，同时，各种专门图书馆也大量涌现，大多数集中在北平、上海及南京三大都市。大约可分为研究机构、行政机关、工商金融机构、宗教团体及私人等所设之图书馆五大类。而在数量方而，图书馆也渐成规模。1925 年中华图书馆协会进行第一次全国图书馆调查时，已经达到 500 所以上。1930 年，教育部调查数据表明全国共有图书馆 2935 所，连边远地区的西康省（1955 年所属行政区域划归四川省）也创办了 1 所图书馆。与此同时，图书馆教育日渐兴盛，无论是正规教育还是短期培训都发展迅速，图书馆人员队伍逐渐壮大，1924 年 3 月 30 日成立北平图书馆协会，这是全国最早的地方性图书馆联合团体，同年 4 月以后，浙江、开封、南阳、天津、上海、南京、江苏等省市图书馆协

会相继成立。次年（1925 年）广州、苏州、济南等地图书馆协会亦告成立。

由于我国图书馆事业的发展，人员的交流逐渐频繁，各种学术活动逐步开展，新式图书馆的经营，要求图书馆界加强联系；而地方图书馆协会纷纷成立，互相联络，成立全国性的图书馆协会已经成为全国图书馆界的共识。

19 世纪末至 20 世纪初，美国一方面通过各种渠道，对中国输入大量"剩余"资本，加紧对我国进行经济侵略；另一方面，又特别注意进行文化侵略，"美帝国主义比较其他帝国主义国家，在很长的时期内，更加注重精神侵略方面的活动，由宗教事业而推广到'慈善'事业和文化事业"①。退还部分庚子赔款，就是美国对我国进行精神侵略的其中一项重要措施。1908 年 5 月，美国国会通过将部分庚子赔款退还给中国之议案。同年 12 月，美国总统西奥多·罗斯福命令，除扣去中国实应赔偿之款外，均行退还。美国国会又于 1924 年决定将中国从 1917 年 10 月 1 日起续付美国之庚子赔款 12545438.67 美元，全部"退还"给中国。美国国务卿在将美国国会此项决议通知中国驻美公使的函件中说："兹谨检奉 1924 年 5 月 21 日国会通过之议案一份。此案授权大总统退还 1917 年 10 月 1 日起应付之庚子赔款于中国。由大总统认为适当之时期与情形中，依国会在该案并言中所表示之意旨，发展中国之教育及文化事业。"②同年 9 月北洋政府成立"中国教育文化基金董事会"，会址在北京，首届董事会由颜惠庆、张伯苓、郭秉文、蒋梦麟、范源濂、丁文江、顾维钧、周诒春、施肇基、杜威、孟禄、贝克、贝纳德、顾临等 15 位中美文化教育界专家组成，负责保管、分配和监督使用美国"退还"的庚子赔款。中国教育文化基金董事会 1925 年 6 月召开第一次年会，选颜惠庆为董事长，孟禄、张伯苓为副董事长，丁文江为秘书。会

---

① 《毛泽东选集》第四卷，人民出版社 1991 年版，第 1506 页。
② 谢青：《求真集——谢青史学论文选》，安徽师范大学出版社 2018 年版，第 25 页。

上决定"退还"的庚款须用于："（1）发展科学知识，及此项知识适用于中国情形之应用，其道在增进技术教育、科学之研究试验与表证，及科学教学法之训练；（2）促进有永久性质的文化事业，如图书馆之类。"①据此，中国教育文化基金董事会逐步开展对在华文化、教育团体进行补助等活动。

武昌文华大学图书馆馆长韦棣华（Mary Elizabeth Wood）女士对美国返回庚子赔款事，十分热心。1923年，她赴华盛顿向国会游说，推动此事。她不仅给许多有影响的人物写信，还亲自拜访了大部分的国会议员，希望尽快落实庚款的退回事宜，以用于中国的图书馆事业。经过中华教育改进社陶知行和韦棣华等多方的努力，美国图书馆协会最终决定聘请圣路易斯公共图书馆馆长、美国图书馆协会前任会长鲍士伟博士为代表来华考察中国图书馆事业，目的是到中国调查图书馆现状以确定资助事宜，此事更让中国图书馆人深感团结之必要。经过多方协商与讨论，1925年4月25日在上海召开中华图书馆协会成立大会，6月2日在北京举行成立仪式。《中华图书馆协会组织大纲》中宣称，协会的宗旨是"研究图书馆学术，发展图书馆事业，并谋图书馆之协助"②。中华图书馆协会设董事部和执行部，分别负责会务工作。董事部部长梁启超、书记袁同礼；执行部部长戴志骞，副部长杜定友、何日章。执行部负责筹组委员会，共同研究学术或处理特别问题。1929年1月28日，中华图书馆协会第一次年会在南京金陵大学大礼堂举行。参加会议的个人会员109人，机关会员70人，共计179人。中国图书馆人济济一堂，这是图书馆人的第一次大集会，在中国图书馆史上无疑具有里程碑意义。宋景祁在书中介绍不少人物时都会特别指出"参加了中华图书馆协

---

① 《中华教育文化基金董事会第一次报告》，1926年，第3页，转引自杨翠华等主编：《近代中国科技史论集》，台湾"中央研究院"近代史研究所、"清华大学"历史研究所，1991年，第313页。

② 《中华图书馆协会组织大纲》，《中华图书馆协会会报》1925年第1期，第3页。

会第一次年会"或担任中华图书馆协会及各地图书馆协会具体职务等。

上海图书馆协会是比较活跃的地方图协，成立以后开展活动较多，该协会主要成员直接参与了中华图书馆协会的筹备工作，如作者宋景祁是上海图书馆协会的创办者之一、常务执行委员，中华图书馆协会筹备委员，并与冯陈祖怡(时任中华图书馆协会执行会员)、黄警顽(上海图书馆协会的主要创办者、中华图书馆协会筹备委员，人称"交际博士"，"一本没有字的人名大字典"①)、孙心磐(时任上海图书馆协会副会长、中华图书馆协会执行委员)等人合作编辑该书。他们基于：

> 我国藏书楼历史虽已悠久，而图书馆事业殊为幼稚，其原因甚多，而管理员鲜相当者，亦其一也。就国内已成立的图书馆而言，服务者固亦有数百人，而平时又声息不相通，若者精分类，若者长编目、若者谙出纳、若者熟统计、选择与收藏，若者处理最缜密，组织与设备、若者计划最周到、往往未由考查，时或得人之难，至若性别年龄机关等等，有一未名，亦每生人地不宜之憾，欧美各国咸辑谁是谁之书，以通声气，以利交游，以供机关物色人才之查考，以备个人请益问业之访求；回顾吾国，则是项撰述，尚付阙如，斯或即宋景祁辑编是录之苦心？与既有各人之史，后有个人之相，手一卷，如面见，天南地北之遥，即见咫尺之间。张生魏熟，稽留都似鸿泥；卢后王前，诠次不逾雁序。幸勿学太上而视同秦越，肥瘠忘怀；尚其策群力而誉满书林，发皇斯业，谨疏短语，乐观风行。中华民国十九年，岁次上章效祥，时在青阳佳日，上海图书馆协会谨序。②

---

① 中国人民政治协商会议全国委员会文史资料研究委员会编：《文化史料丛刊》第2辑，文史资料出版社1981年版，第156页。
② 宋景祁等编：《中国图书馆界人名录》，上海图书馆协会1930年版，第3页。

上海图书馆协会认为我国图书馆事业发展不成熟的原因之一是缺少合适的管理员。现有图书馆管理人员各有所长却又不通声气，为供图书馆物色人才和个人寻求合适的工作是编辑《名录》的目的所在。宋景祁等人有工作的便利，能够掌握当时中华图书馆协会和上海图书馆协会的会员登记信息，收集到的信息可信度高。经抽样调查，尽管有一些溢美之词，但基本信息大多属实。

当时图书馆界的精英戴志骞和杜定友对《名录》的编辑非常认可，并分别为该书作序，如戴志骞作序：

囊萃大多数之人名，依其所守，别派分流而著之书，国之人按类索稽，莫不称便，人名录用是尚也，东西各国每年必有多数之人名录出版，其性质范围较普遍者，不外以下二种，一为一国内普遍之人名录，如谁是谁，其人名之排列用字典式，如美国之 who's who，英国、加拿大等地之 who's who，几家喻户晓，人置一编，其销售之广，用途之大，竟有不可思议者，小之如一城市，亦有城市之名录，如 who's who in New York，一为一国内之人名录而以学位职业分类囊编者，如日本出版社之博士录，有医学博士、法学博士等编，此种亦有不限国界只限职业者，如 International who's who in Music，其意盖欲使一国内或全世界某项执业某项专门学识之人才，罗列其姓氏于一书之内，使阅者一索即得，诚至便也，惟以上两种，均限于生人，其已亡者，另入人名传记或专门职业传记，此各国编人名录之大概情形也。

中国对于各种人名录，均付缺如，如近年美国人主办之密勒氏评论报，出版中国名人录，仅及于政治方面之人物，遗漏太多，未满人意，然除此而外，未见其他矣，夫以同一职业之人，散布全国，各为各事，不独老死不相往来，且并不知有其人，则其事业之不能相谋而益善，从可知也，譬如今日欲设立一图书馆，或欲为图书馆觅一相当之编目员，竟有百思不得其人之感，夫图书馆事业在中国尚未草创时代，欲将国内之藏书楼，一一变为供给民众公览之图书馆，更其组织，慎其守藏，务使与全世界最适用之制度相吻合，非合全国图书馆界人物群策群力以赴之不某何人，某长何事，由是以沟通同志间友谊，传达图书馆事业之消息研究，图书馆管理之方法，此书之功用，诚不可以屈指数，因是书而中国图书馆事业得以蒸蒸日上，而文化于以大进岂不懿与。是为序。①

戴志骞认同凡是列入目录者都是图书馆人，指出国外各行各业普遍有名录出版，而我国相对缺乏对名录的编辑。高度评价该《名录》以集全国图书馆人力量发展图书馆事业为目的，发挥了沟通图书馆人友谊、传达图书馆业界信息、研究图书馆管理方法的作用，强调该书出版将推动我国图书馆事业得以蒸蒸日上，文化得以有大进步。

杜定友为《名录》作序：

图书馆人名录出版之前，编辑先生向我索序，我想人名录编辑的宗旨和意义，我们大家都理会得，我也没什么可说，不过我个人对于这简直却有一点不同的见解。我认为这本人名录，除了互通消息联络感情之外，却是我们图书馆界人员的登记录，凡是列入登记录的，就是图书馆界的一员。这里就显然负着有一种很深刻的意义，所谓图书馆界，是社会上一种事业，我们要图谋这种事业的发展以造福人群，就不得不有一班人，努力的去维护阐扬这件事业。所以凡是到图书馆界服务来的，不是因为图书馆里，有一碗安闲饭吃吃，也不是暂借枝栖，容图发展，我们要鞠躬尽瘁，始终不渝的，为图书馆而办图书馆，我们要求中国图书馆事业的发达，就要看服务图书馆的人，是否专心致志，把一生的光阴精力全注意在这

---

① 宋景祁等编：《中国图书馆界人名录》，上海图书馆协会 1930 年版，第 1～2 页。

项事业上？所以我说人名录是登记录，把图书馆界的人一一登记起来，这便是个个人肩膀上，就负了一种重大的责任。此后，大家就要站在同一战线上，努力奋斗，况且，现在在中国不良的社会底下，专门人不做专门事，专门的事也不用专门的人。大家都想升官发财，把社会文化事业，置之脑后。我们在这个生不逢辰的时代，只得抱定宗旨，为图书馆而牺牲，为图书馆而忍耐，为图书馆而奋斗，人家说我们病也好，迷也好，我们要始终如一，联合起来，为图书馆谋发展，为人民谋幸福，这才不负图书馆人名录出版的意思呢！①

杜定友首先认同"凡是列入登记录的，就是图书馆界的一员"，该等记录就是图书馆人群体的登记录，其次强调了图书馆人应肩负起为图书馆而奋斗的责任，呼吁图书馆人要联合起来，忍辱负重，筚路蓝缕，谋求图书馆事业的发展。

非常珍贵的是该《名录》还收录了中华图书馆协会第一次年会开幕典礼、中华图书馆协会代表招待德国国际出版品交换局代表、南京图书馆协会全体、杭州图书馆协会全体、福建图书馆协会全体、上海图书馆协会全体、中华图书馆协会暑期学校全体、金陵大学图书馆班全体、清心中学图书馆学班全体、上海中学图书馆学班全体等10张合影，再现了当时各个区域图书馆人群体的风采，也是图书馆人群体形成的有力见证。

（三）从收录的图书馆人数量看，基本能反映该群体的总体情况

根据统计学的中心极限定理，"对于抽取任何一个概率样本，一旦

---

① 宋景祁等编：《中国图书馆界人名录》，上海图书馆协会1930年版，第3~4页。

样本超过 100 人(无论总人数是多少),样本均值的抽样分布可与正态概率分布近似"①,此名录收录的有详细简介的人数达 147 人,样本数量具有一定的代表性,基本能反映该群体的总体情况。

(四)从成书时间看,正是图书馆人群体逐渐壮大和成熟时期

该书于 1930 年 3 月,由上海图书馆协会出版。据学者研究,我国近代图书馆历史呈现出明显的周期性发展特点:"大约每隔 10 年左右的时间就可以划分为一个历史时期"②,按照这种划分,1925—1937 年是我国近代图书馆的兴盛时期。据统计,1925 年全国有图书馆 502 所,1930 年图书馆数量为 2935 所,到 1935 年全国拥有的图书馆数量达到 5828 所,③ 成为近代图书馆事业发展的最高峰,此后因为抗战的全面爆发,图书馆事业严重受挫,到 1946 年,仅有图书馆 831 所。可见,1930 年是近代图书馆建设发展高潮中的关键之年,图书馆数量的增加也为图书馆人群体的壮大提供了可能和要求。

同时,"近代图书馆学(协)会的产生,是近代图书馆事业走向成熟的重要标志"④,从 1924 年 3 月北平图书馆协会成立起,浙江、开封、南阳、天津、上海、南京、江苏等十几家地方图书馆协会相继成立,在此基础上,全国性的中华图书馆协会于 1925 年 6 月 2 日在北平正式成立。围绕"研究图书馆学术,发展图书馆事业,并谋图书馆之协助"⑤等宗旨,各级图书馆协会不断完善,经常开展年会、编辑书刊等活动,吸

---

① 毛畅华:《利用统计学确定顾客满意度调查的最小样本容量》,《电子材料与电子技术》2008 年第 3 期。

② 程焕文:《图书馆精神》,北京图书馆出版社 2007 年版,第 61 页。

③ 谢灼华:《中国图书和图书馆史》,武汉大学出版社 2011 年版,第 313 页。

④ 吴稌年:《图书馆学/协会促进近代图书馆学术转型》,《图书馆理论与实践》2007 年第 2 期。

⑤ 李致忠主编:《中国国家图书馆馆史资料长编:1909—2008》上册,国家图书馆出版社 2009 年版,第 212 页。

引了越来越多的图书馆人积极参加和支持，如从1926—1933年，中华图书馆协会的个人会员就从最初的202人发展到477人。依托各级图书馆协会，图书馆人之间的沟通和联系不断加强，逐渐形成成熟的相互依存的图书馆人群体。按照程焕文的"四代图书馆人"理论①，147名人物属于其中的前两代即"开放与奠基的第一代"和"承上启下的第二代"。其中，提到有留学或出国背景的有20余人，涉及的国家有美国、日本、法国、德国、法国、菲律宾等，代表人物有：杜定友（留学菲律宾）、戴志骞（留学美国）、李燕亭（留学美国）、沈祖荣（留学美国）、马宗荣（留学日本）、李小缘（留学美国）、洪有丰（留学美国）、胡庆生（留学美国）、刘国钧（留学美国）、袁同礼（留学美国）等。

二、近代图书馆人群体的基本情况

（一）来源——底层化、平民化

在清末民初，图书馆人群体的主要来源包括："西方传教士、开眼看世界的中国人，维新派、中央和地方各级政府官员以及地方士绅"②，在他们的共同努力下，近代图书馆事业在中国得以确立。根据《名录》收录的资料表明，到20世纪二三十年代，图书馆人群体的来源主要由以下三部分组成。

1. 新式教育培养的各种新式知识分子

这部分图书馆人大多通过清末新式学堂系统、民初学校系统，或出国留学接受了近代教育，如方克刚，湖南省平江县人，前清优级师范毕业，先后创立湖南省立中山图书馆和私立南轩图书馆。高峻，安徽滁县人，时年二十七岁，初肄业于南通私立甲种农业学校，民国五年（1916）转入南京江苏省立第一农业学校，民国八年（1919）毕业。当年

---

① 程焕文：《图书馆精神》，北京图书馆出版社2007年版，第7~11页。
② 范凡：《民国时期图书馆学著作出版与学术传承》，国家图书馆出版社2011年版，第4页。

秋天，进入上海大同学院英文专修科，第二年转考南京金陵大学学习商科。至民国十二年（1923）春，担任国立南京大学孟芳图书馆助理员，并学习图书馆学，获毕业证书。十三年（1924）又进入南京大学商科继续攻读。十六年（1927）夏得商科学士学位。后返回滁县党部担任改组委员。九月后来到浦东中学担任图书馆主任。时任福建省立图书馆馆长的谢大祉，先后毕业于北平国立师范大学和美国巴弩马大学。像方克刚、高峻、谢大祉这样类似教育经历的图书馆人在图书馆人群体中占据主导地位。

2. 地方士绅（包括居于举贡生员以上功名者、乡居的退职官员或具有官衔身份者）

如姚文林，浙江庆元县人，时年五十三岁，曾获清优行廪生，光宣间，历任本县官立高等小学堂堂长、劝学所总董、城镇乡自治筹备处坐办等职。民国元年（1912），委任县教育会会长，民国八年（1919），"呈准创办庆元县公立图书馆，募捐购置书籍建筑馆舍，经费五千余元，委任馆长职务，编集目录，手订立则；自草创迄成立，悉由独立经营"①，因此，奉前浙江省长公署，奖给他急公好义匾额，民国十三年（1924），被选为浙江省自治法会议代表，民国十七年（1928），添置了党义图书室，宣扬三民主义。像有类似姚文林经历的士绅，清末民初在藏书楼向公共图书馆转变的过程中，曾经发挥了重要推动作用。到20世纪二三十年代，人数减少，但在县级以下图书馆，即基层图书馆的管理中仍发挥主导作用。如吴鸿藻，是清代理学家吴金锡的后人，十五岁就参加了童子试，名列前茅。肄业于金山书院后任潮州中学老师和汕头《大东报》记者等，自民国九年（1920）起，在家乡福建潮安义务筹办潮安县通俗图书馆，一直到《名录》1930年出版之时，他仍在维持馆务，并广开讲习会，编辑潮州丛书以开启民智。地方士绅经常参加各级图书馆协会的活动，撰写图书馆学论文和书籍，逐渐过渡为有经验的图书馆专业

---

① 宋景祁等编：《中国图书馆界人名录》，上海图书馆协会1930年版。

人才。

3. 社会各界名流

主要来自当时实业界、文化界、佛学界等各界热心教育文化的名人，如释太虚，即太虚法师，浙江嘉兴县人，时年四十一岁，世人称之为民国四大高僧之一，他是"世界思想之渊源，东方文化之枢纽，而佛学新运动之第一人也，法师幼禀颖悟，读书过目成诵，属文下笔万言，不复构思，披缁后，禅读著述，专作佛教大革命之新运动，民国十年（1922）创设佛学院于武昌，并于院内添置经像图书馆，备众阅览，为佛教空前之兴"①。释太虚没有止步于经像图书馆的创办，1928年他远赴欧美，游历法、英、德、美等国，向西方宣讲佛学，并在巴黎发起成立"世界佛学苑"，推广他的世界佛教愿景。他在欧美诸国参观了许多大学、图书馆、博物院等。在游历中他发现："各大学除图书馆之外，各科又有各科之图书馆，加以各学者各有一屋书籍。故书籍之富，实为欧美近代化发达之一征。即中国文之书籍，不论新旧，凡中国所有者，彼东方学校或图书馆博物院展览会中大抵有之。而中国所已无之古籍古器物古美术品，亦时可考见于彼都之图书馆博物院展览会中。"②欧美诸国图书收藏的广博以及图书馆设立的普遍，进一步激发了释太虚建设佛教图书馆的信心，使他进一步认识到图书馆在佛教传播中的作用。他的世界佛苑筹建计划分四步建设，其中"第一步先设图书馆，召集研究员；第二步收集各种文学的经论典籍，整理编译"③。1929年5月回国后，他着手在武昌佛学院经像图书馆的基础上建立了"世界佛学苑图书馆"。1932年9月25日，世界佛学苑图书馆正式开馆，太虚亲任馆长。

① 宋景祁等编：《中国图书馆界人名录》，上海图书馆协会1930年版，第16页。

② 慈忍室主人编：《太虚法师归国后在上海佛教居士林演讲词》，佛学书局1932年版，第174页。

③ 太虚：《世界佛学苑图书馆开幕报告》，印顺等编：《太虚大师全书》第26册，宗教文化出版社2005年版，第352~353页。

1938—1945 年抗日战争期间，世界佛学苑图书馆大部分馆舍毁于战火，图书馆被迫停办。抗战胜利后，释太虚力主修整图书馆，终于在 1946 年 9 月起逐步恢复工作。该馆："馆中以各种大藏经为初期建立，以各佛学院毕业及有相当程度之学僧为专门研究员，用考校、编译两种工作，将佛教故有典籍整理成为不限时代、不限方所而为今后世界共同的用品。馆外附设特约研究部、特约研究室，均发特约券以便馆外人士之研讨阅览。"可见该馆主要是研究传播佛教，是为佛学教育服务的，但在馆中"又有普通阅览室，通俗宣讲所，平民小学校，以便附近居民"①。兼有教育普通民众，开启民智的责任。其中一部分是由清末民初的较早开眼看世界的中国人、维新派、各级政府官员发展而来，如梁启超、熊希龄、张謇、张元济、冯云山等。他们社会地位高，影响力大，并对图书馆事业高度关注，在清末民初，部分人曾经居于图书馆界的领导层，但随着专业人才的增加，还有些人英年早逝，如张謇1926年病逝，梁启超 1929 年病逝，到 30 年代初他们逐渐淡出图书馆界的领导层。

可见，从清末民初到 20 世纪二三十年代，图书馆人群体的来源发生了较大变化。他们以新式教育培养的各种新式知识分子为主，显示出明显的底层化、平民化趋向。

(二)结构——层次鲜明

1. 年龄结构

根据《名录》详细收录的 147 人的相关信息，可知当时的图书馆人中年龄最小的是 18 岁，是江苏省南汇县人张元贤，在上海清心中学肄业，1927 年春即 15 岁时，就与友人合组警醒社并附设西市图书馆，开始致力于图书馆事业。最大的是广东新会人冯云山，时年 70 岁，他

---

① 太虚:《世界佛学苑图书馆开幕报告》，印顺等编:《太虚大师全书》第 28 册，宗教文化出版社 2005 年版，第 381~382 页。

"乐善好施，凡教育事业常捐巨资，尤喜办图书馆"。最小的和最大的图书馆人跨越年龄段较长。

从表 3-1 中可以看出当时图书馆人以 18～39 岁的人居多，40 岁以下的占据总人数的 76%强，平均年龄约为 35 岁。特别有意思的是当年同为 34 岁的，就有 11 人，占总人数的 8%。可见当时图书馆人群体是一支年轻并充满青春活力的队伍，这与图书馆事业是 20 世纪初的新兴事业是分不开的。

表 3-1　　　　　　　近代图书馆人群体年龄段统计表

年龄段	人数
18～29 岁	50
30～39 岁	62
40～49 岁	19
50～70 岁及以上	16

（数据来源：《中国图书馆界人名录》中 147 人详细简介）

2. 地域分布

根据表 3-2 可以反映近代图书馆群体的以下分布特征。

表 3-2　　　　　　　近代图书馆人群体地缘分布统计表

省级行政区	人数	省级行政区	人数
陕西	1	湖北	4
云南	1	上海	10
吉林	2	四川	5
贵州	2	河北	7
江西	3	安徽	9
辽宁	3	广东	10
山西	3	湖南	10

续表

省级行政区	人数	省级行政区	人数
河南	3	福建	14
黑龙江	3	浙江	18
山东	4	江苏	35

一是地域分布不平衡。当时全国 34 个省级行政区中，图书馆人所在地域涵盖了 20 个，但大多集中在东南沿海一带，这种地域分布的不平衡是与当时图书馆地域分布的特点相一致的。其中人数最多的是江苏，有 35 人，这是因为当时江苏的图书馆事业和图书馆教育都在全国位于前列。据研究，到 1929 年，在经费、藏书方面，江苏图书馆事业仅次于北平，位居全国省级单位第二位①。同时江苏的图书馆教育开始得早且比较完备，1913 年美国图书馆专家克乃文就在金陵大学文科开设了图书馆课程，这是我国最早开设的图书馆课程。1924 年、1926 年江苏二师在高年级开设图书馆学课，东南大学于 1923 年、1924 年、1926 年开办了暑期图书馆讲习科，1925 年该校与中华图书馆协会合办了图书馆学暑期学校，所以多种形式的图书馆教育为江苏当地知识分子提供了较多的学习机会。如时任江苏省立民众教育馆图书部编目员的俞家齐毕业于江苏省立第一中学暑期学校图书馆科，时任福建图书馆协会常务委员的姚大霖毕业于东南大学暑期图书馆学讲习会。

二是带有鲜明的地缘关系特征。长期以来，"地缘关系也是社会中最基本的一种人际关系"②，图书馆人也明显深受此影响。据《名录》中的信息统计，147 人中在本省工作的有 73 人，占总人数的 50%，在本县工作的有 33 人，占总人数的 23%。图书馆人群体里还有两对兄弟姐妹，如时任国立暨南大学图书馆编目员的鲍益清和明德图书馆主任鲍铮

---

① 金敏甫编：《中国现代图书馆概况》，广州图书馆协会 1929 年版，第 23～25 页。

② 乔志强：《中国近代社会史》，人民出版社 1992 年版，第 340 页。

是姐弟，时任上海商务印书馆图书馆交际干事的黄警顽和时任中华职业学校图书馆主任的黄望平是兄弟。

3. 学历结构

当时图书馆人群体总体学历水平相对较高，这主要与当时政府把图书馆事业归于教育范畴有关。1905年年底，清政府成立学部管理全国的教育事务，职掌稽核京外学务官员，管理各级各类学堂、图书馆、博物馆、天文台、气象台，派遣留学等事项。学部主体由五司十二科组成，其中专门司负责"掌管高等教育、专门学会、留学事务及文化机构等，下设专门教务科和专门庶务科，负责大学堂、专门学堂、私立学堂以及与以上学堂有关事务，各种学会、国内外游学、图书馆、博物馆、天文台以及学堂与地方行政、财政的有关事项"①。1912年1月1日，中华民国南京临时政府成立，1月9日成立教育部"管理全国教育学艺及历象事务，监督全国学校及所辖各官署"②，取代了清末的学部，教育部依南京参议院议决官制，设有社会教育司，社会教育司下设二科，主要负责博物馆、图书馆、美术馆、通俗礼仪、戏剧等事项。政府将图书馆纳入教育范畴，是对图书馆事业的重视，因而图书馆吸引了大批学历水平相对较高的人参与其中。

根据《名录》收录的信息，师范及以上学历的共有115人，约占总人数的80%，其中有图书馆专业知识的有28人，约占总人数的20%。28人中留美学图书馆学的有6人，留学菲律宾和日本学图书馆学的各1人。国内图书馆专业毕业的人，其中有文华图书专科学校经历的8人，代表人物有沈祖荣、胡庆生、桂质柏、严文郁、田洪都、黄星辉、陈晋炎、于熙俭等；有东南大学图书科经历的，有鲍益清等2人；有图书馆讲习所经历的8人（姚大霖、徐旭、何日章等5人为东南大学图书馆暑

---

① 孙培青：《中国教育管理史》第2版，人民教育出版社2013年版，第314页。

② 舒新城：《近代中国教育史料》，中国人民大学出版社2012年版，第287页。

期学校毕业生、张澎修业于东方图书馆讲习所、俞家齐毕业于江苏省立第一中学暑期学校图书馆学科、严侗是北京高等师范学校第一次图书馆教习会会员）。（见表3-3）

表3-3　　　　　　　　　近代图书馆人群体最后学历统计表

最后学历	人　　数
留学 （21人）	卞鸿儒、杜定友、李小缘、李燕亭、洪有丰、谢大祉、宋春舫、路敏行、程其保、黄尊三、陈文、马宗荣、卢章耀、戴志骞、高廷梓、唐启宇、侯鸿鉴、欧阳祖经、冯陈祖怡、华泽沅、秦光玉
大学 （59人）	于俭熙、孔敏中、石少璞、石斯磐、田洪都、朱金青、朱家治、沈文华、沈孝祥、李岳、李次民、李钟瑞、吴庚鑫、吴谨心、吴继先、何日章、余孝存、虎臣、金善培、金云铭、柯璜、南尚文、赵鸿谦、贾麟炳、鲍益清、郑浩、叶跻卿、黄豫才、黄星辉、黄维廉、黄维荣、冯汉骥、陈鸿飞、陈普炎、陈崔骥、陈重寅、陈长伟、陈作琛、陆华深、张鸿逵、张鉴、张汝钊、张远斋、徐庭达、徐秀斌、徐世南、徐明、孙述万、袁燮、高峻、涂贤、蒋家骧、蒋希曾、顾天枢、刘祖仁、谭卓垣、严文郁、宋景祁、杨立诚
中学 （15人）	方寿青、孟昭镕、易铁夫、张宗湛、杨家骆、崔盈科、陈伯达、陈廷端、张廷衡、张元贤、张澎、徐旭、袁家齐、谢源、罗光复
师范 （19人）	方克刚、王福九、王宪章、余超、施仲明、林泽薇、蒋镜寰、蒋径三、陈熙汉、许治玉、梁兆沣、孙树庭、卞鸿儒、严侗、钱寿椿、旮元恺、俞家齐、方克刚、孙心磐
法政学校（5人）	姚大霖、郑晁、黄文渊、杨元之、杨德衡
专修学校（12人）	黄警顽、钟发骏、王献唐、李钟瑞、张玉琨、陈独醒、黄望平、杨闻庠、谢冠军、余孝存、沈静之、邢国杰
前清功名（3人）	程乃猷、朱宬、姚文林
其他（13人）	吴鸿藻、杜为惠、尚纯一、鲍铮、程沨生、陈宝衡、浦浩、戴祖荫、卫聚贤、冯平山、杨践形、释太虚、卫藤利夫

4. 性别结构

《名录》详细收录的147人中绝大多数是男性。

20世纪上半叶，女性在中国社会分工中的地位发生了重要的变化，开始走出家庭，走向社会，进入许多原本属于男性的职业之中，并发挥了越来越重要的作用。在近代图书馆事业的发展过程中，女性的参与程度逐渐加深。此《名录》收录的147人中，共有女士7人：

李钟瑞，女，名毓珍，以字行，清光绪二十二年（1896）九月初九日生，早年毕业于无锡竞志女学，复入苏州浒墅关省立女子蚕业学校，为该校民国五年（1916）第一届毕业生，留校从事教务工作，并负责校外育蚕指导事宜。民国六年（1917）以后，历任无锡县立女子职业学校校长、金坛县立女子高级小学教务主任、江苏省立育蚕试验所技术主任，私立无锡蚕种制造所所长、农商部咨议及调查员、实业部顾问等职。她亲自编写教材，赴宜兴、溧阳等县传授育蚕知识。民国八年，她在无锡北乡方巷自创无锡蚕种制造场，亲任场长。该场所产蚕种质量优良，多次获得上海总商会丝绸蚕茧展览会、物品展览会的嘉奖。1926年4月，在无锡锡山路创办蚕业图书馆，到1931年图书收藏达5400册，李钟瑞深感我国蚕业发明虽为最早，但因墨守成法，不知改良，遂致一落千丈，亟待大力改变。为此，她以普及社会教育为己任，收集各种关于蚕业的书籍，组织蚕业图书馆，以资关心蚕业者研究之用。李女士筹措年余，图书馆于1928年元旦起开放。每天下午一时到五时为开放阅览时间。每次阅览取费铜元4枚，妇女减半。李女士此举得到农商部支持，指令各省实业厅、教育广为征集资料支援。先后由河南、江苏、湖南、安徽、山东、广东、四川、北京等地相关部门为李女士苦心孤诣，尚文嘉行的精神所感，李女士共接到各处捐赠蚕业书籍三千余卷，宋、元代的旧蚕书，也征集到数十种，李钟瑞著有《蚕业图书馆概况目录》。民国十六年（1927）她受聘为中央妇女部编辑。擅诗文，撰写了不少有关栽桑、育蚕、制丝知识的诗歌，流传江南农村。著有《宣讲笔记》《蚕业辞典》《实用养蚕学》《实用养蚕法》等书，其中《实用养蚕法》于民国二十五年（1936）由中华书局出版。李钟瑞曾协助丈夫薛明剑编辑出版《无锡指南》，创办《无锡杂志》，并任主编。抗日战争初期，她积极从事抗日后援工作。日军侵占无锡前夕，她随薛明剑迁重庆，并协助编辑《江苏乡讯》，报道家乡被日军侵占后的破坏情况，激发人们的抗日爱国热情。民国二十七年（1938）11月6日，因积劳成疾，在重庆病逝，终年42岁。荣德生在上海得到消息，即写挽李钟瑞女士联："巾帼中自见真才，蚕业号专家，环佩无声有遗著；峨眉下相将避地，华年伤逝水，烽烟未靖遽离尘"①，表示哀悼。1946年2月，薛明剑创立无锡县自治实验乡时，为了却先妻李钟瑞在家乡重办图书馆的心愿，以"钟瑞"命名，以大墩文昌阁为馆址，由大女儿薛禹谷负责筹办事宜，并任钟瑞图书馆馆长。薛禹谷将父亲5万余册藏书悉数捐赠馆内，其中以线装古籍善本居多。薛明剑还征购全国各省、市、县、乡镇各类地方志共200多种，近20万卷。钟瑞图书馆是继无锡县立图书馆后的第二家公共图书馆。特别是1947年薛禹谷到江大工作以后，着重为这个图书馆收集了一些进步文艺和政治、经济及哲学方面的书籍，例如艾思奇的《大众哲学》、胡绳的《唯物辩证法》、列昂节夫的《政治经济学》等，文学作品有《静静的顿河》《钢铁是怎样炼成的》《西行漫记》《母亲》《子夜》《八月的乡村》等，使玉祁实验乡自治中学的师生和周围的乡亲们有机会了解和接触进步书刊，也希望借此吸引和扩大读者，发展党的外围组织。1948年9月，自治中学由大墩迁入新校舍，图书馆随之迁往，"文革"期间绝大部分图书散佚。1986年11月"无锡文史资料"第15辑上介绍李钟瑞一文中谈道："当时愚昧与迷信遍及社会，女士与星相僧道无缘，思想进步。"②

　　林泽薇，字露园，福建闽侯人，福建省立女子师范学校本科毕业，

---

　　①　陈文源主编，无锡市史志办公室编：《荣德生文论存稿类选》，古吴轩出版社2015年版，第431页。

　　②　中国科学院微生物研究所：《薛禹谷文集：八十华诞纪念》，2003年，第335页。

福建教育厅图书馆管理员，福建图书馆协会执行委员，为"福建图书馆界特出人才之一"①，撰有《福建教育厅厅立图书馆概况》。

许治玉，字季璋，江苏省句容县人，时年21岁，系江苏女子职业学校师范科毕业，国立第四中山大学社会教育讲习会毕业，曾任句容县立第一高等小学校教员，句容县妇女协会总务部部长。时任句容县立图书馆馆长，句容县妇女协会整理委员会指导科主任，代理常务委员兼任句容县立民众教育馆馆长，句容图书馆选购图书委员会主席，著有《选购图书须知》。

陈廷端，字肃玉。福建霞浦县人，时年21岁，福建省立福州高级中学校师范科毕业，历充私立福州平民学校教员，省立图书馆馆员，福建图书馆协会候补执行委员，陈廷端女士对事业运动颇具热忱。

郑晁，字婉锦。毕业于福建省立女子职业学校和福建私立法政专门学校法律系，时任福州植民学校校长，曾作《图书馆是文盲的疗养院》一篇，其中提道："中国人多半属文盲，造成这种文盲有两种原因！一种系财力不足，一系精力不足，财力不能得着相当书籍去研究，所以不能触类旁通，遇有稍高深的学问，只能望洋兴叹，多闻阙疑，这就是叫做文盲了。一人的精力有限，并且世界文明日进，著作日繁，各种书籍尤其是浩如烟海，一般莘莘学子要研究学问从何着手，实在使我们如入宝山，目迷五色，又似徘徊歧路，不知方向的，这也是叫做文盲。我们处着今日的社会，应负着救盲的责任，应设院施药去疗治这种流行病。设立图书馆就是用书籍去医治文盲的不二法门了，因为图书馆是收罗群书，不致感财力的不足，整理有系统的供公众搜讨研究，感精力不足的也有所依从，故图书馆是博极群书，融会贯通，古今思想变迁，中外学术的趋向，那归功到图书馆，真不愧叫做文盲的疗养院。"从分析文盲产生的原因入手，再提出图书馆收罗群书，且对藏书有系统的整理，可

---

① 宋景祁等编：《中国图书馆界人名录》，上海图书馆协会1930年版，第41页。

以弥补读者财力不足和精力不足，因而强调图书馆是医治文盲的疗养院，是辅助学校教育，普及社会知识的重要机构，呼吁"国人起来提倡图书馆运动，把文盲化成文明"①。

鲍益清，江苏常熟人，时年 28 岁，国立东南大学图书科毕业，曾任上海国民大学图书馆管理员，远东大学图书馆主任，中央大学上海中学师范科图书学校教员，上海图书馆协会委员，国立暨南大学图书馆西文编目员，对于图书馆学颇有心得。1929 年曾参加南京金陵大学召开的中华图书馆协会第一次年会。1932 年，参加在清华大学召开的中华图书馆协会第二届年会，并与鲍健安合提《请本会饬各省市县图书馆设流通图书部案》，经大会决议，建议各省市县图书馆附设流通部。她还曾在上海图书馆函授学校担任授课教师。1944 年 6 月鲍益清参加在重庆国立中央图书馆举办的中国图书馆协会第六次年会，并与蔡光聆等提交提案《成立地方图书馆协会以资联络案》，提出由中国图书馆协会分函各地图书馆，凡已成立地方图书馆协会而陷于停顿者，促其恢复。未成立者请其早日成立，以资联络。该议案后经陈训慈提出案由修改为《促进各地方图书馆协会成立或恢复以加强联系推进事业案》，经大会议决通过，提请教育部予以支持。其胞弟鲍铮同为图书馆人，其曾任上海各大学图书馆主任编目员等职。时任明德图书馆主任。

冯陈祖怡，号振铎，福建人，曾"留美研究图书馆学，为我国女界中之第一人，回国后历任北京女子师范大学图书馆学教授，兼该校图书馆馆长，现任中华图书馆协会执行委员，对于图书馆学运动，莫不竭力提倡，为学术界所重视，女士尤长口才，到处为图书馆事业宣传，每届讲演，大受人士所欢迎，其作品甚多，我国图书馆专家一也"②，后有专文阐述，此处不再赘语。

---

① 宋景祁等编：《中国图书馆界人名录》，上海图书馆协会 1930 年版，第 147～148 页。

② 宋景祁等编：《中国图书馆界人名录》，上海图书馆协会 1930 年版，第 111 页。

女性图书馆人的数量稀少反映了当时图书馆人性别结构严重失衡，可以说当时的图书馆人还是典型的"男性职业"。在《名录》收录的照片中，她们均留着短发，有的还是烫发，均穿着改良旗袍，多是大学文化程度，据统计，在1928年的中国，全国专科以上学校女生仅仅1835人，[①] 她们是当时民国女性中的佼佼者。

美国公共图书馆运动的杰出领袖杜威深信，"妇女具有成为馆员的天命，他的任务就是要帮助她们达成目标"[②]，在他的推动下近代美国图书馆中女性占有较大优势，到1930年，女性馆员就占到总人数的91%[③]。杜威创办的纽约州立图书馆学院不仅培养了一大批杰出的图书馆学人才，而且更重要的是杜威坚持以招收女生为主要对象，从而对20世纪初妇女在图书馆的领导地位产生了较大的影响。受美图书馆事业的影响，很多中国学者积极鼓励女性从事图书馆事业，如1919年，李大钊在北京高等师范学校图书馆二周年纪念会的演说中指出："图书馆员的职业，于女子最为相宜。"[④]1922年4月1日，梁启超在北京女子高等师范学校做了题为"我对于女子高等教育希望特别注重的几种学科"的讲演，他在论述图书馆对教育的重要性时提出："管理图书馆，是一种特别技能，非经过专门研究不可。现在欧美的大学，多有这门专科。中国提倡这门学问，自然是目前切要之图。我极盼望女子教育方面，率先养成这种人才，因为女子的精细和诚恳，都是管理图书馆最好的素地。女子在馆管理，能令馆中秩序格外整肃，能令阅览者得精神上

---

① 刘方：《近代职业女性从业状况考察》，《河南教育学院学报》（哲学社会科学版）2009年第3期。

② 郑永田：《麦维尔·杜威与美国公共图书馆运动》，《图书馆》2011年第4期。

③ 郭鸿昌：《美国高校图书馆职员待遇及女性馆员状况》，《图书馆论坛》1995年第2期。

④ 李大钊：《1919年在北京高等师范学校图书馆二周年纪念会的演说辞》，中国图书馆学会主编，《建筑创作》杂志社编：《百年文萃：空谷余音》，中国城市出版社2005年版，第22页。

无形之涵养，所以我盼望这种职业，全部或大部分由女子担任。"①他认为妇女的精细和诚恳最能管理好图书馆，盼望图书馆职业全部或大部分由女子承担。李小缘提出"图书馆事业是女子谋生之渊薮"②，杜定友多次强调妇女在图书馆工作中的优势，呼吁妇女参加图书馆工作。1926年，杜定友提出："儿童图书馆馆长和馆员，大部份时间都花费在阅览室内。一切编目登记诸手续大都是由公共图书馆的编目部代庖的。主任或馆长与馆员以女子为宜。"③1928年，杜定友从国外经验与男女平等的角度论述这一问题，"据各国的调查，因为上述种种关系，所以女子服务于图书馆的非常之多。以美国而论，全国图书馆中，女子要占百分之八十以上。可见美国图书馆差不多是女子的专业了"④。1935年，杜定友谈到这一问题时认为："图书馆事业，应先注意内部的整理。而此项工作，最需要清醒冷静的头脑，整齐雅洁的习惯，循序而进的步骤，和蔼谦恭的态度，能忍耐稳定，而不见异思迁。能始终为社会服务，而不好高骛远。就此种个性而论，则妇女较为相近。所以各国妇女，从事于图书馆事业的多，也不是偶然的。"⑤强调了妇女具备的冷静、整洁、有序、耐心、和蔼等特点尤其适合图书馆工作。1941年，杜定友在广东省立女子师范讲演时指出，图书馆职业类似服务业，而女性无疑是最为适合的："因办理图书馆是最需要条理和规律，而女子优势是最有条理的，管理图书馆好像管理衣服一样，要分门别类……旅店化图书馆，图书馆可以说是精神的疗养院，全世界医院中的护士以女子为最多最

---

① 董方奎、陈夫义主编：《梁启超论教育》，三环出版社2007年版，第81页。

② 马先阵、倪波编：《李小缘纪念文集》，南京大学出版社1988年版，第160页。

③ 杜定友：《儿童图书馆问题》，《教育杂志》1926年第4期。

④ 杜定友：《图书馆与女子职业》，《妇女杂志》1928年第4期。

⑤ 杜定友：《妇女与图书馆事业》，《唯美》1935年第10期。

好,同样精神疗养院的图书馆,亦显见以女子处理为最适宜。"①

可见,对于妇女从事图书馆事业得到当时大多数图书馆人的认同。20世纪30年代以后,相关图书馆教育的推广中,也强调妇女的优势,力图吸引广大妇女加入图书馆。如陈伯逵在上海图书馆学函授社的招生广告中特别提到女性的优势,"书事业于女性最合宜。女性好静,书中只有伏案阅览之士,无粗鲁高声之徒,幽静不俗,非他处所能比拟;女性好美,书中布置,均含美术化,清洁雅致,随处可赏心悦目;女性都柔和,书中满贮书香,不损天然柔和之质;女性都谨防饬,书中均名儒硕学之宏著,可以葆真,可以养气。推论之,今日女子职业之合宜者甚少,经商则近俗,何况商界中随处有人浮于事之象;执教则颇劳,何况学校中亦已有人满为患之苦;惟书界女性最少,又以女性合于书事业,故书界莫不盛倡女性管理之说,取物要从多处伸手,择业须在稀处着眼,凡我女性,幸垂注意!"②刘自昭认为,"因为儿童阅览室与成人部不同,馆员不仅要办理书籍出纳的手续,并且同时还要管理引导鼓励儿童。能够兼管这些事的馆员,必定要有以下几个条件:A.爱儿童也能得儿童亲爱;B.懂儿童心理教育学及有幼稚园的经验;C.容貌态度和蔼,说话声调也好听;D.自身的行动习惯足为儿童表率。具有上例条件,以女子为最多。所以儿童阅览室内的馆员,必定要用女子。女子生性好静,能安于教导儿童,同时不论是男孩女孩子都亲近女子。我们的幼稚园为什么要用女子?就是这个同样的理由"③。李晓缘深望"吾国女子,亦能操学术与行政事。且愿其研究图书馆学以为终身职业。吾人所

① 杜定友著,广东省立中山图书馆、中山大学图书馆编:《杜定友文集》第21册,广东教育出版社2012年版,第211页。

② 陈伯逵:《本会图书馆学函授社告全国图书馆界同志及留心永久专门职业者》,《上海图书馆协会会报》1930年第2期。

③ 刘自昭:《儿童图书馆之新设施》,《北京市市立第一图书馆馆刊》1931年第1卷第1期。

当提倡改良之者也"①。为此，上海图书馆协会在 1930 年全国职业教育工作会议上提交的《提倡图书馆职业案》中提出该职业："且于女性最是适宜。吾国职业教育正在盛倡之际，几乎多数人主张两性均须有职业，是则图书馆职业之提倡，亦不可或缓矣。"②郑晃作为女图书馆人，更是积极争取妇女权益，她在中华图书馆协会第一次年会上提交了《图书馆应多用女职员案》，理由是"因妇女心细耐劳，管理极负责"并获大会议决通过。由中华图书馆协会"通函各图书馆，请尽量聘用女职员"③。

在图书馆人的大力呼吁下，相当多的妇女开始参加图书馆教育。1921 年文华图专第二届本科班已有胡芬、熊景芬两位女性；1924 年 10 月上海中西女塾曾开设有图书馆学课程，学生徐佩珍师从郎罗得女士（Miss Ruth Longden）学习图书馆学，1927 年《图画时报》称，"徐佩珍女士中西女塾毕业生并在高等班习图书馆学三年，现在母校为图书馆主任，中国女生习图书馆学者甚少，女士实难得之人才也"④。中西女塾图书馆的另一位女馆员施荷珍，在 1924 年夏曾参加圣约翰大学组织的暑期学校图书馆学教育培训班。

据统计，从 1922 年文华大学图书科到 1941 年文华图专"本科制"毕业学生有 127 人（其中男生 96 人，女生 31 人）。以 1930 年文华图专招录的新生为例，已有朱瑛、张保箴、李絮吟、沙鸥、宋友英、黄连琴、罗家鹤共 7 位女生。从 1942 年至 1947 年"专科制"毕业 72 人（其中男生 25 人，女生 47 人）。从 1931 年到 1938 年讲习班共毕业 49 人（其中男生 39 人，女生 10 人）。⑤ 1941 年在四川建校的国立社会教育学院图书

---

① 马先阵、倪波编：《李小缘纪念文集》，南京大学出版社 1988 年版，第 160 页。

② 上海图书馆协会：《提倡图书馆职业案》，《教育与职业》1930 年第 116 期。

③ 中华图书馆协会执行委员会编：《中华图书馆协会第一次年会报告》，中华图书馆协会事务所 1929 年版，第 120 页。

④ 《中西女塾图书馆：徐佩珍女士》，《墨梯》1925 年第 1925 期。

⑤ 章开沅、马敏主编：《基督教与中国文化丛刊》，湖北教育出版社 2004 年版，第 320 页。

博物馆系中，这样的趋势更加明显。"1942—1947年毕业4届学生，共62人（男生27人，女生35人）"①，在该校学习图书馆学的女生人数已超过男生。

从职业教育与短期培训上来看，女性人数增长的趋势亦相当显著。20年代末，女性接受图书馆学教育的报道逐渐增多。从一些图书馆学短训班的开办情况来看，女性的参与程度有所提高。广州市立第一职业学校创办于1922年3月，校址在广州市西湖路，初名市立女子缝纫学习所，属初级职业学校性质，1925年更名为广州市立女子职业学校。1929年校长唐允恭"以图书馆事业之适合于女子，并鉴今日国内此项人才之缺乏，有设科施教之必要特拟定该科计划书呈请市教育局准予该校今年增办图书管理科，以便培养是项人才"②。图书管理科开设之初只招女生，属初级性质。1935年改校名为广州市立第一职业学校，兼招部分男生，初级图书管理科升为高级图书管理科。但好景不长，1937年广州沦陷前夕学校停办，图书管理科停止招生。1928年，安徽省立第一工业学校和省立女子职业学校合并组建安徽省立第一中等职业学校，校址在安庆。1930年，该校增设图书馆专班，修业6个月毕业，但不久后停办。1930年首届毕业生有女生赵筱梅等5人。③ 四川省立成都女子职业学校图书管理科成立于1935年，校址在成都市包家巷，抗战时为躲避轰炸曾一度迁至崇宁县城内西街。1940年，增设高级图书管理科，同年8月招收初中毕业或同等学历女生31名，学制3年。④1932年，"山东省立民众图书馆为普及民众图书馆之组织，设备，管理的知识及技术起见，特举办一民众图书馆讲习会。讲习时间，定为星期

---

① 周洪宇：《不朽的文华——从文华公书林到文华图书馆学专科学校》，华中师范大学出版社2013年版，第366页。

② 《广州市立职业学校添办图书管理科》，《图书馆报》1929年第7卷第4期。

③ 《安徽省立第一中等职业学校图书馆班十九年度毕业生览》，《中华图书馆协会会报》1931年第7卷第1期。

④ 任家乐、姚乐野：《民国时期四川省立成都女子职业学校高级图书管理科办学研究》，《大学图书馆学报》2015年第5期。

日上午九时至十一时，四星期毕业，并不收费。讲习期满，经测验及格者，发与证明书。各方面闻讯后，报名者甚为踊跃，计有百九十八人之多，其中女性居半，可见女子对于图书馆职业之兴味"①。山东民众教育馆举办图书馆讲习会，"报名听讲者男女共 196 人，其中女性居多"②。

虽然随着妇女解放运动和图书馆教育的发展，20 世纪 30 年代，即《名录》出版后，我国女性馆员逐渐增多。但纵观近代图书馆事业的发展，相对于男性图书馆员，女性馆员的数量一直明显处于劣势。1935 年文华图专教师费锡恩(Grace D. Phillips)对中国图书馆界的男性垄断地位仍感到不可思议，她提出，"假如你厌倦了美国图书馆工作的女性环境，那么来中国吧。这里男性主宰着图书馆工作。我们二年级的学生都是男性，一年级者男女各占一半"。

因此，1930 年出版的《名录》中出现的这 7 位女性尤见其勇气可嘉，开风气之先。

5. 层次鲜明的群体结构

由近代图书馆人群体的年龄结构、地缘分布、学历结构、性别结构等基本情况可知，他们是一支年轻、有文化、男性为主并深受地缘关系影响的队伍。在此基础上，可以进一步发现该群体结构呈现出鲜明的层次性，主要表现以下两个方面：

(1)馆长或主任与馆员在学历方面有明显高低之分。

当时担任馆长或主任的学历层次都相对较高，《名录》收录的 147 人中，大学以上学历的95%以上都担任各大图书馆馆长或主任，中学、师范、专门学校毕业的大部分担任普通图书馆员，只有少部分的人能担任图书馆馆长或部门主任。

---

① 严文郁：《中国图书馆发展史：自清末至抗战胜利》，台湾中国图书馆学会1983年版，第86页。

② 来新夏等：《中国近代图书事业史》，上海人民出版社2000年版，第319页。

（2）城市和县级以下图书馆人在年龄、学历、地域等方面有明显差别。

城市图书馆中多专业人才，他们年轻、学历层次较高、多不在本县、本省工作，且多不固定在一个图书馆工作，在如上海、北京、南京、广州等大城市图书馆间不断流动。县级以下图书馆主要依靠本地士绅管理，且多兼职人员，他们年龄偏大、学历较低，且多无专业教育经历，一般不流动。

（三）群体意识——救世关怀下的敬业精神

在近代中国面临内外交迫的情况下，图书馆人群体对图书馆事业抱定救世关怀下积极热情、任劳任怨的敬业精神。

他们秉承教育救国的理念，从图书馆是"普及教育，发扬文化之利器"[1]出发，投身于图书馆事业。在《名录》中，作者对许多图书馆人的介绍都用到热情、热心之语，如任职于南京国立中央大学农学院图书馆的杜为惠"于图学颇有心得，故于馆务方面办事甚为热心"[2]，福建省鼓浪屿中山图书馆馆长李岳："为人忠诚，任劳任怨，故多所建树"[3]，黑龙江省蒙县图书馆主任尚纯一"对于图书馆抱定宣传推广主义"[4]。江苏省立上海中学图书馆主任涂贤"专攻教育，尤热心于图书馆事业，去年中华图书馆协会年会曾提议呈请教育部通令各省市县广设民众图书馆，实行全国教育会议关于图书馆方面之各种议决案，规定学校图书馆行政独立等案，均经大会议决通过，对于教育及图书馆事业之发展，皆颇有

---

[1] 宋景祁等编：《中国图书馆界人名录》，上海图书馆协会1930年版，第102页。

[2] 宋景祁等编：《中国图书馆界人名录》，上海图书馆协会1930年版，第25页。

[3] 宋景祁等编：《中国图书馆界人名录》，上海图书馆协会1930年版，第26页。

[4] 宋景祁等编：《中国图书馆界人名录》，上海图书馆协会1930年版，第43页。

关系也"①。1924年，李燕亭担任河南大学图书馆主任，当时"该校成立不满一年，诸事草创，煞费经营，始略具规模"②。古越藏书楼，由山阴（今属浙江绍兴）乡绅徐树兰独力捐资创办，于光绪二十六年（1900）集议筹建，1904年向公众开放。藏书楼有藏书"七万余千卷"、有完备的管理制度和完善的读者服务体系，还创新了图书编目，古越藏书楼揭开了中国近代图书馆的序幕，蔡元培先生在古越藏书楼所书对联中言："吾越多才由续学，斯楼不朽在藏书"③。但古越藏书楼建成之时，适逢乱世，未及几年，因辛亥事变，便遭停办。1916年，徐树兰另一子徐尔谷呈教育部批准，得以续办。但1921年，徐尔谷游宦离乡，复停办。徐世南是徐树兰之孙，在《名录》中记载他"慨国学之式微，国粹之伦胥，遂于民国十五年（1926），孑然归里，继承先志，独资续办藏书楼，参酌各国书楼规制，分门排比，西订章程，由世南自任主任外，另设司书、司事等数人，士子之来楼浏览典籍者，日计十数人"④。徐世南为复兴国学，保存国粹，继承先祖遗志，重整图书，修订章程，使古越藏书楼再行开放。如陈普炎1922年，从武昌文华中学毕业进大学后，因"鉴于图书馆为我国之一种新事业，又为普及教育，发扬文化之利器也，其赖于扶植者自多，遂入文华图书科，努力苦攻"。终获图书科毕业证书，先后在武昌中山大学和广州中山大学图书馆工作。杨践形"心力所瘁，尤在通俗教育巡回演讲及图书馆事业。遍访各地图书馆，参观内容，详考组织，颇有志于革新计划，研究图书目录之学，搜罗藏书至富，举凡海内孤本、私家秘本以及中国久佚而海外仅存之古

---

① 宋景祁等编：《中国图书馆界人名录》，上海图书馆协会1930年版，第59页。

② 宋景祁等编：《中国图书馆界人名录》，上海图书馆协会1930年版，第31页。

③ 政协绍兴市文史资料研究委员会编：《绍兴文史资料》第3辑，浙江人民出版社1987年版，第57页。

④ 宋景祁等编：《中国图书馆界人名录》，上海图书馆协会1930年版，第75页。

本，既经寓目，不惜兼金购求，即或不可，亦必设法抄录方已。先于学术研究社及文艺社附设图书借阅处，以便好学之士，继乃创办杨氏中一图书馆一所，历年采集新旧书籍，凡四千八百余种，即手抄本亦复不少，分门别类，颇为详备。书目之编制，用最新方法，兼求历史根据之精神。近著有《图书目录编制之研究》《中外图书统一分类之商榷》《图书馆组织与管理之我见》《图书之使用与效益》《通俗图书馆之设施》"①。杨践形遍访图书馆，研究书目，重金购买古本书籍，创办杨氏中一图书馆，并且撰写了一系列图书馆学著作。

　　尽管当时图书馆人的社会地位较低，待遇"属中等偏下"②，但许多图书馆人任劳任怨，苦心经营图书馆，如刘祖仁，毕业于南京金陵大学，"因兴趣所在，特舍弃一切，受任国立中央大学农学院图书馆英文书记兼中西文分类编目事宜"③。陈崔冀，1922年曾与康修其一起筹办福建省莆田县"涵江图书馆"，并"任职经年，不支薪俸，馆费所入，尽以购书"④。张玉琨，陕西人，担任其家乡县立图书馆馆长，"常以陕西地瘠民贫灾旱频仍为念，主张振兴实业以复元气，书籍为数颇多"⑤。张汝钊担任宁波市立图书馆馆长时，该馆"为军人所蹂躏，书籍散乱，破失甚多，自君就职以来，竭力整理，修残补缺，分类编目，煞费苦心，始得卷帙整齐，牙签排列，其后逐渐添购新书，何啻数百种"⑥。

---

① 宋景祁等编：《中国图书馆界人名录》，上海图书馆协会1930年版，第132页。

② 姬秀丽：《试析中国近代图书馆人的资格与待遇》，《图书馆论坛》2013年第5期。

③ 宋景祁等编：《中国图书馆界人名录》，上海图书馆协会1930年版，第149页。

④ 宋景祁等编：《中国图书馆界人名录》，上海图书馆协会1930年版，第104页。

⑤ 宋景祁等编：《中国图书馆界人名录》，上海图书馆协会1930年版，第84页。

⑥ 宋景祁等编：《中国图书馆界人名录》，上海图书馆协会1930年版，第85页。

1929 年，湖南湘乡人黄文渊任甘肃省政府教育厅秘书兼公立图书馆图书部主任时，"惟甘肃僻在西陲，图书馆事业不甚发展，该项人才，亦不易得，黄君有鉴于斯，对于图书馆运动，竭力提倡，颇有相当成绩"①。河南固始县图书馆馆长朱宸，在办馆期间，因缺乏常年专款，仅筹集到临时补助费若干，购置图书，附设报章，"自出私家经史子集数百卷以佐文明"。1922 年后因为兵荒马乱，该馆停办，1929 年开始筹备复馆，在此过程中，朱宸一直"积极进行，不遗余力"②。陈宝衡，河北省天津县人，自清光绪三十二年(1908)创办北洋师范学堂图书馆充任司事之职以来，随着北洋师范学堂改办高等商业专门学校、合并直隶公立法政专门学校，改组河北省立法商学院等历史变迁，他在该馆工作二十三年，是《名录》里收录的 147 人中，在图书馆坚持工作时间最长的人，该《名录》出版时，他任该馆图书馆主任。

图书馆人虽没有上战场持枪抵抗外敌，但他们立足本职，积极为挽救国家危亡尽力。如 1932 年，日本觊觎我国之心昭然若揭，时任中法大学图书馆主任的冯陈祖怡在寒假期间，将中日外交及其国际关系有关书籍辑成《研究中日事件参考书目》，在书目序言中她写道："今值强兵在境，正宜深惕猛醒，辍歌罢舞，尝胆卧薪，人各尽其能，材各尽其用，以达雪耻救国之目的，而对内对外之研究，知己知彼之准备，允为我知识界知识分子之责任也。"③点明了编辑此书目的是便于知识界人士研究，以达到知己知彼之目的，同时也充分体现了广大图书馆人国家兴亡、匹夫有责的抱负。对比卫藤利夫"九一八事变"期间在图书馆内设置"满蒙时局文库"，把有关中国东北、蒙古的文献汇集一室，为日本政府侵略服务的做法，可见在当时图书馆人在国家利益面前，也展开了

① 宋景祁等编：《中国图书馆界人名录》，上海图书馆协会 1930 年版，第113 页。
② 宋景祁等编：《中国图书馆界人名录》，上海图书馆协会 1930 年版，第13~14 页。
③ 冯陈祖怡：《研究中日事件参考书目》，《中法大学月刊》1932 年第 3 期。

一场没有硝烟的战争。

(四)社会角色——四位一体

受内忧外患的社会环境和较低社会经济发展水平的限制，近代图书馆发展所需要的各种条件和各类人才严重不足，当时图书馆人肩负的责任重大，担当办馆者、教育者、管理者和研究者等"四位一体"的社会角色成为自然的选择。

1. 办馆者

许多图书馆人都曾经有过创办或筹办图书馆的经历，在《名录》详细介绍的147人中，明确有办馆经历的就有30人。他们中有受政府指派参与创办图书馆的，如朱房被当时的固始县政府选为县通俗图书馆馆长，白手起家，筹办图书馆；有出自家藏书创办图书馆的，如在1918年，鉴于全国各省各地图书馆林立，而福建全省只有2所，谢源"引为憾事，遂联合同志数人，各出家藏书籍，创办建瓯县公立图书馆"[①]；有自己出资参与创办图书馆的，如冯云山先后出资创办了景堂图书馆、香港华商总会图书馆，又捐资为香港大学建馆舍等。如戴祖荫，安徽休宁县人，1924年，正值其先祖清朝著名思想家戴东原先生二百年诞辰，他自出家藏图书建立私立东原图书馆，还编辑有该馆一周年纪念册。如陈独醒虽服务于邮政部门，但对于图书馆事业，"以频年研究所得，特辟流通图书馆于杭州，用种种流通方法，使全社会民众无不享有图书馆之利益。该馆一俟将来各部设置完备，当更有可观也"[②]。1929年1月，陈独醒曾出席在南京召开的中华图书馆协会第一次年会，会上作了《经营私立浙江流通图书馆之经过及现状》的报告。同年7月，陈独醒被选为杭州图书馆协会执行委员。浙江流通图书馆相关费用均由陈独醒先生

---

① 宋景祁等编：《中国图书馆界人名录》，上海图书馆协会1930年版，第156页。

② 宋景祁等编：《中国图书馆界人名录》，上海图书馆协会1930年版，第106页。

承担和筹措。除由其出资 400 元及好友捐助 300 元作为购书、印刷及添置设备经费以外，还以其业余时间教学所得作为经营费用，曾编著有《流通图书馆学》一书。① 1928 年，宋景祁为纪念其先人荣山公，在其家乡无锡创办了宋氏荣山图书馆。有计划创办图书馆的，如宋春舫，浙江吴兴县人，系国学大师王国维的表弟，他收藏关于欧美戏曲书籍极多，有三千余册，1928 年他担任青岛观象台图书馆馆长，收入《名录》时，他正着手整理并有褐木庐戏剧图书馆之计划，所以《名录》中期待"将来或可在我国图书馆界中，独树一帜也"。宋春舫没有辜负期许，1930 年 7 月，"斥金四千，始建褐木庐于青岛之滨"②，其子宋淇在回复华东师范大学教授、藏书家、编辑家陈子善的信中说，宋春舫"全部戏剧藏书七千八百册"③，宋春舫编有《褐木庐藏剧目》，1934 年出版时在序中，他叙述了搜集戏剧类书刊及筹建褐木庐藏书楼与整理编目的经过。宋春舫购书始于 1915 年，积 20 年之功终成规模。梁实秋是这里常客，他认为该馆是："我看见过的考究的书房当推宋春舫先生的'褐木庐'为第一。在青岛的一个小小的山头上，这书房并不与其寓邸相连，是单独的一栋。环境清幽，只有鸟语花香，没有尘嚣市扰。《太平清话》：'李德茂环积坟籍，名曰书城。'我想那书城未必能和褐木庐相比。在这里，所有的图书都是放在玻璃柜里，柜比人高，但不及栋，我记得藏书是以法文戏剧为主。所有的书都是精装，不全是胶硬粗布，有些是真的小牛皮装订，烫金的字在书脊上排着闪闪发亮。"在惊叹位置优越和藏书考究的同时，梁实秋也认识到这"也许这已经超过了书房的标准，微近于藏书楼的性质，因为他还有一册精印的书目，普通的读书人

---

① 浙江省图书馆志编纂委员会：《浙江省图书馆志》，中国书籍出版社 1994 年版，第 396 页。

② 李明：《青岛往事：从德国租借地到八大关，重组的城市影像》，北方文艺出版社 2017 年版，第 246 页。

③ 刘荣华编著：《湖州百年收藏》，浙江古籍出版社 2012 年版，第 308 页。

谁也不会把他书房里的图书编目"①。除梁实秋外，闻一多、杨振声、洪深、张铁民、孙大雨等人都是该馆的常客。胡适也曾客居宋宅，记述褐木庐里藏有五种版本的《哈姆雷特》。

除了书中详细介绍的人物外，有办馆经历的图书馆人不胜枚举，如韦棣华之于文华公书林、袁同礼之于北京图书馆、梁启超之于松坡图书馆，等等。

2. 教育者

当时图书馆是社会教育的重要组成部分，属于教育部门管理，所以"图书馆已经不是藏书的地方，而为教育的机关，所以和教授法有密切的关系"②。许多图书馆人接受过师范教育，如据表3-3，147人中各级师范毕业的就有20人，且大多有从事教育工作的经历，如山西闻喜人崔盈科，曾充任高校学校教员兼校长，讲授中学校史地课。许多人在图书馆工作的同时还在各级学校任课，如刘国钧曾任金陵大学图书馆学教授兼图书馆馆长、洪业曾任燕京大学历史系教授兼图书馆馆长、黄尊三任北平民国大学校总务长兼图书馆主任、贾麟炳曾任山西铭贤学校教务会主席兼任图书馆主任；杨立诚曾任江西省立图书馆馆长兼心远大学教授、杨闻庠兼任山东省特别区法政大学汉文教授兼山东省特别区图书馆馆长、李燕亭担任河南大学图书馆主任时兼任该校化学教授等，所以当时的图书馆人能够切实履行所担负的教育责任。他们不断通过举办图书馆讲习所、图书馆函授学校，开设图书馆选修课等方式培养图书馆专业人才，如蒋家骧1928年毕业于南京金陵大学获文学士学位，就读期间，修学了图书馆学课程，该课程是图书馆学专家李小缘主教，所以其"从李氏专攻图书馆学，具有优殊成绩；故肄业时被该校图书馆聘为职员"③。并通过举办讲演、出版刊物、增加书刊等方式"勇猛地打进民众

---

① 梁实秋：《梁实秋散文集》，北方文艺出版社2018年版，第95页。
② 李大钊：《李大钊文集》下，人民出版社1984年版，第167页。
③ 宋景祁等编：《中国图书馆界人名录》，上海图书馆协会1930年版，第142页。

的阵伍，先以华佗的妙手回春的仁术潜心的去医治一般的文盲，等他们得见了天日，然后效法解粮官的行动，奋慎地尽力去填补他们的大欲"①，以达到开启民智的目的。

3. 管理者

为吸引读者，充分利用馆藏资源，当时图书馆人积极致力于开放图书馆馆藏，延长开馆时间和推广服务等各项图书馆管理工作。如上海的陈独醒利用自己服务于邮政部门的优势，特成立流通图书馆，私立浙江流通图书馆变被动服务为主动服务，将到馆服务与非到馆服务相结合，采取多种方式主动为读者提供形式多样的非到馆服务，除阅览、外借等到馆服务外，还提供通信借书、巡回文库、流动书车等多种图书流通服务。"用种种流通的方法，使全社会民众无不享受图书馆之利益。"②黄豫才在其家乡江苏南汇创办的县立图书馆，采用了"举凡读书会、问字处、代笔处、民众夜校、巡回文库"③等各项推广措施。如前面提到的梁启超不仅创办了松坡图书馆，而且担任第一任松坡图书馆馆长，他亲自拟定了《松坡图书馆简章》《松坡图书馆筹办及劝捐简章》等相关制度，并亲自参与图书馆藏书购置、分类、编目等具体工作。为了方便读者，他还把期刊也进行分类编目，并提出把每周的阅览成绩做成表格，定期送《晨报》登出。

4. 研究者

到20世纪20年代，图书馆的快速发展对近代图书馆学理论与工作技术和方法提出强烈的需要，由于之前图书馆人才稀少，图书馆学研究几乎是一片空白。在杜定友、李小缘、戴志骞等图书馆专家学成回国

---

① 沈祖荣著，丁道凡搜集编注：《中国图书馆界先驱沈祖荣先生文集(1918—1944年)》，杭州大学出版社1991年版，第193页。

② 宋景祁等编：《中国图书馆界人名录》，上海图书馆协会1930年版，第106页。

③ 宋景祁等编：《中国图书馆界人名录》，上海图书馆协会1930年版，第119页。

后，在他们的引导下，使得当时图书馆人群体的研究气氛日渐浓厚。许多图书馆人针对图书馆的实务工作，积极寻找解决办法，他们不断总结经验，并撰写论文，或编辑著作、期刊，为迎接图书馆建设的高潮到来作好理论准备。从论文方面看，1911—1949 年在报刊上发表的有关图书馆学论文共 5324 篇，其中在 1911—1928 年，论文篇数为 665 篇，在 1929—1937 年，共 4028 篇。在 1911—1919 年平均每年不足 2 篇，从 1920 年到 1928 年则增加到平均每年 20 多篇，①如钱寿椿著有《中国历代书籍兴废之概况》《研究图书馆学者应注意这几家》《字音辨正》《忘忧杂俎》等文。从著作方面看，1909—1949 图书馆人共编辑有关图书馆学著作 790 种，其中 1920—1937 年共出版著作 611 种。②他们的研究有办馆经验的总结，如陈独醒概括总结了自己创办流通图书馆的心得体会与实践经验，写成了《流通图书馆学》《五年之浙江流通周》及《流通图书馆小丛书》等著作，大力传播流通图书馆理念，推广流通图书馆事业。随着中国图书馆事业的发展，国外关于图书馆理论和实践的相关成果也不断地被译介过来，如黄豫才"公余辄研究欧美图书馆学，手不释卷，闻刻正从事撰译麦克劳特氏著《乡村图书馆学》一书"③。1925 年，孔敏中译介了美国著名的图书馆学家鲍士伟的《图书馆馆员为智慧上的外科医家》，在这篇文章中，鲍士伟对图书馆员的工作性质给予了很高的评价，将图书馆员比喻成"智慧上"的外科医生。李燕亭与杨昭悊合译的美国图书馆学专家 J. A. Fridedl 的《图书馆员之训练》一书，介绍了美国的各类图书馆及图书馆人应该掌握的办理图书馆的技能。有自我对图书馆的经验和认同研究的，如叶卿曾作《图书馆编目分类的由来和意义》

---

① 黄少明：《略论民国时期图书馆学论文的若干分布特点》，《图书馆杂志》1991 年第 4 期。

② 范凡：《民国时期图书馆学著作出版与学术传承》，国家图书馆出版社 2011 年版，第 42 页。

③ 宋景祁等编：《中国图书馆界人名录》，上海图书馆协会 1930 年版，第 119 页。

《图书馆的重要和教育者应负的责任》等文登在福建教育厅教育周刊图书馆专号上；宋景祁著有《中国图书馆运动之面面观》《中国图书馆事业的演进史》《促进中国图书馆的方法及其经过》和《中国图书馆界人名录》等书。有对设立图书馆指导之作，如南京特别市第一图书馆主任谢天枢，编有《怎样办理一个都市公共图书馆》。有编辑所在图书馆书目的，如任职江苏省立国学图书馆的赵鸿谦，编有《馆藏宋元本行格表》《松轩书录》《善本书室藏书志校补》等。有编辑期刊的，江西省立图书馆馆长欧阳祖经编有《江西省立图书馆馆务汇刊》，该刊所辑内容限于1927年11月至1929年6月。全刊分图表、序文、正文三部分，设有绪言、沿革、组织工作概况、建筑工程、规程、报告、附录，具有较高的史料价值，是"研究江西省立图书馆早期历史的重要资料"①。陈独醒创办了中国近代史上第一份专业的出版刊《中国出版月刊》，在短短两三年间，发行量就达10万之巨，加强了图书馆与出版界、教育界之联系。其办刊宗旨确立为："以'忠实的介绍'，'周详的调查'，'迅速的报告'，'出版的准期'，'批评的公正'，做我们绝对的信条，使这样薄薄的一本月刊，真真地能达到使在黑暗中摸索的读者，个个都能因此刊之出，而获得光明的指引。使得不到书读的各界，个个能因此刊之出而有所问津。使散漫如沙般的书，经本刊调查整理作有系统的介绍之后，能另外给读者获得研求上的便利。"②还有的图书馆人致力于发明图书馆工作用品，如图书标识用品白墨、明胶，原来都是从外国进口，为此，田洪都发明了仿造之法，此后他又发明了玻璃黑板，在"哈佛燕京学社采用，既不反光又不变形"③。《名录》中记载，当时图书馆人著书最多的是杜定友，他"十余年以来，未尝一日脱离图书馆生活，除长短论文外，著

---

① 《江西省文化艺术志》编纂委员会编：《江西省文化艺术志》，新华出版社1999年版，第382页。

② 李频：《大众期刊运作》，中国大百科全书出版社2003年版，第369页。

③ 《燕京新闻》，1929年12月16日，第2版。

书二十余种，对于我国图书馆学之提倡，杜君致力尤多，学术界颇推重之"①。《名录》分已出版的、编辑中的、印刷中的、绝版等四种情况详列了杜定友的著述目录、代售处和价格。

显然，对于图书馆人群体而言，这种"四位一体"的图书馆人社会角色，带有鲜明的时代烙印，并随着时间的推移不断变化。在20世纪20年代初，办馆者和教育者的角色较为突出，到30年代末，管理者和研究者的角色则逐渐凸显。

三、近代图书馆人群体发展与当代图书馆事业

结合当代图书馆的发展，近代图书馆人群体的成熟和壮大为我们带来了重要启示。

(一)广纳各方力量，壮大图书馆人群体

近代图书馆人泛指一切从事、关注或支持图书馆理论与实践活动的人。除了图书馆员外，还纳入了赞助馆员和名誉馆员，前一部分主要是指为图书馆捐助经费和图书的人，后一部分主要是指社会各界名流，是为图书馆摇旗呐喊的人，他们为近代图书馆的出现和发展发挥了重要推动作用，对图书馆事业的重要性在一定时期甚至超过图书馆员，这也给了我们一个重要的启示。随着社会分工的日益细化，现在一般公认的图书馆人概念主要是指图书馆员，把其他人相对称为"社会力量"，这实际上是从感情上把关心图书馆发展的非图书馆人士排除在图书馆事业之外，这样很难保持他们对图书馆事业的持续关注，很难培养其主人翁意识。尤其是要改变目前图书馆事业发展主要依靠政府财政投入的现状，我们一定要汲取近代图书馆发展的经验，广纳各方力量，壮大图书馆人群体，构建以公立图书馆为主体、多体制图书馆共同发展的体系。

---

① 宋景祁等编：《中国图书馆界人名录》，上海图书馆协会1930年版，第23页。

（二）要继承和弘扬前辈的敬业精神

近代图书馆人群体在其所拥有的救世关怀下积极热情和任劳任怨的敬业精神推动了图书馆事业的发展。在国家危难之际，近代图书馆人尚且能胸怀天下，艰难创业，在经济繁荣社会稳定的今天，当代图书馆人更应该继承和弘扬前辈的敬业精神，使其成为"每个图书馆同仁必须具备的最起码的职业精神"①，肩负起中华民族伟大复兴的重任。

（三）各级图书馆协会要设计新形式、新内容

近代各级图书馆协会开展的一系列活动，对促进近代图书馆人群体逐渐壮大和成熟不无裨益。当代的各级图书馆协会仍然要再接再厉，适应形势的发展，设计新形式、新内容，继续为增进图书馆人之间的联系和交流、提高图书馆管理水平、壮大图书馆人群体、推进图书馆事业的发展发挥更大的作用。

综上所述，近代图书馆人泛指一切从事、关注或支持图书馆理论与实践活动的人。20世纪二三十年代，图书馆数量的增加为近代图书馆人群体壮大提供了可能和要求，各级图书馆协会的成立进一步促进了该群体的壮大和成熟。该群体以接受新式教育的新式知识分子为主要来源，呈现出明显的底层化和平民化趋势。他们是一支年轻、学历层次较高、以男性为主并深受地缘关系影响的队伍，在馆长和馆员之间、城乡之间层次鲜明。时代赋予了近代图书馆人办馆者、教育者、管理者、研究者"四位一体"的社会角色，并赋予他们救世关怀下积极热情、任劳任怨的敬业精神。这种精神和该群体对"社会力量"的纳入以及各级图书馆协会对群体壮大所发挥的作用，为当代图书馆发展提供了重要启示。

---

① 程焕文：《论"图书馆精神"》，《黑龙江图书馆》1988年第4期。

第二节 近现代图书馆员的资格与待遇

图书馆员是图书馆一切活动的组织者和管理者，是图书馆人的核心部分。印度图书馆学家阮冈纳赞说过："最终决定一个图书馆成败毁誉的是它的工作人员"①，可见图书馆工作开展的效果如何，图书馆员是决定性因素。

马克思认为："不是人们的意识决定人们的存在，相反，是人们的社会存在决定人们的意识"②，这样看来，不同时期图书馆员的资格与待遇是他们从事图书馆事业赖以实现的必要社会条件。本节从唯物史观角度，采用文献研究法，通过考察分析近现代图书馆员的职业资格与生活水准，试图还原近代图书馆员在这一过程中的工作、生活原貌，旨在扩展对近现代中国的社会发展状况特别是图书馆状况的全面认识。

一、近代图书馆员的资格

（一）兼职图书馆员

中国的图书馆受到官方重视始于维新运动时期。光绪帝接受康有为建立图书馆的主张，命总理衙门制定相关的鼓励款项。光绪二十二年（1896），清政府设立专门庶务科主要负责"奖励各种学术技艺、学位及学堂与地方行政财政之关系，凡关于图书馆、博物馆、天文台、气象台等均归办理。又有会计司下设的建筑科掌学部直辖各学堂、图书馆、博物馆之建造营缮，并考核全国学堂、图书馆、博物馆之经营建造是否合

---

① ［印］阮冈纳赞著，夏云等译：《图书馆学五定律》，书目文献出版社 1988年版，第 33 页。
② 马克思：《〈政治经济学批判〉序言》，《马克思恩格斯选集》第 2 卷，人民出版社 1972 年版，第 82 页。

度，聘请技师等事"①。

1912 年，中华民国成立。临时政府成立之初，教育部便针对图书馆的管理和建设进行了明确的部署，规定图书馆业务由社会教育司来具体负责，而图书馆修建则由总务厅进行管理。

图书馆初创时期，由于专业人员缺乏，而且图书馆业务规模不大，所以其他人员兼职担任图书馆员就成为自然的选择。

图书馆有较大一部分兼职人员多由政府委派公务员担任。这种委派有两种情况，一是委派官员兼任馆长，1910 年，清政府颁布《京师图书馆及各省图书馆通行章程折》，其中第六条规定："各省治暨各府、厅、州、县治图书馆，事务较简，图籍较少，只设管理一人，或由劝学所总董、学堂监督、堂长兼充。"②根据这一规定，有一些地方部门的主管者，为表示对图书馆的重视，往往要亲自挂帅，兼办图书馆，如浙江图书馆成立不久，时任提学使的袁嘉毂就兼任图书馆的督办，河南省图书馆于 1909 年创办时，提学使孔祥霖也兼任图书馆总理。1909 年，山东图书馆附设金石保存所建于大明湖畔，当年公布的《山东图书馆章程》明确规定："现任提学使为本馆之总理，凡馆中一应事宜，皆秉承总理之可否而行……派协理二员，择公所科长兼任，不另支薪水。"1910 年陈荣昌继任山东提学使兼山东图书馆提调。民国初期继续沿用这一做法，1913 年，王寿彭任山东省教育厅厅长兼山东图书馆坐办。1918 年，旅行家周公才到山东泰安考察时，就提到泰安通俗图书馆"主任一职由县视学兼任"③。1927 年南京市教育局长兼任南京特别市市立第一通俗图书馆馆长，1932 年江西省教育厅长陈剑修兼任南昌图书馆馆长，但时间都不太长。

---

① 陈学恂主编：《中国近代教育史教学参考资料》，人民教育出版社 1986 年版，第 585 页。
② 李希泌、张椒华编：《中国古代藏书与近代图书馆史料（春秋至五四前后）》，中华书局 1982 年版，第 129 页。
③ 周公才：《周公才旅行笔记》，商务出版社 1919 年版，第 222 页。

二是委派普通公务员到图书馆管理具体馆务。山东图书馆成立初期，姚鹏图、孙维璧等山东省行政公署秘书都兼山东图书馆帮办。教育家庄俞在 1914 年 3 月参观京师图书馆时就发现："馆中办事员，系教育部部员轮派兼充，皆为名誉职。"①1910 年陕西图书馆的三位图书馆委员中，"胡铉恪为图书课课员兼职图书馆委员，孙寿朋为会计课的学习课员兼职图书馆委员"②，三人均为陕西学务公所公职人员兼任图书馆委员。《陕西清理财政说明书》提道："所有该（图书）馆应行兴办事宜，综理、钱项、稽查、工役等类，另由学司派员专管。员数多少，随时量事繁简增减，每季或三四员不等"③，明确说明了图书馆的管理工作由学务公所派员专管。

还有些"学问渊博"的学者被推荐到图书馆兼任图书馆员，尤其是馆长居多。如章士钊，字行严。1881 年出生于湖南长沙。小时在家乡读私塾，1901 年到武昌进两湖学院，次年入南京师范学堂。1903 年赴上海参加蔡元培等人组织的爱国学社，结识章太炎、张继、邹荣等人，发表译作《大革命家孙逸仙》，受聘任《苏报》主编。1917 年，章士钊在北京办《甲寅》杂志，11 月被北京大学文科研究院聘为教授兼图书馆主任。但章士钊"萦心政治"，只干了四个月就热情推荐李大钊继任图书馆主任。

为开启民智，许多社会贤达致力于创办图书馆，并亲自参加图书馆的管理。如 1915 年 12 月 1 日，黑龙江省木兰县初高小学校校长陈于庭自筹大洋二百元创建的陈氏私立图书馆正式开馆，馆长由陈于庭兼任。④ 1923 年 11 月 4 日，梁启超创办松坡图书馆并兼任馆长直至 1929

---

① 李希泌、张椒华编：《中国古代藏书与近代图书馆史料（春秋至五四前后）》，中华书局 1982 年版，第 209 页。

② 谢林主编：《陕西省图书馆馆史》上，三秦出版社 2009 年版，第 29 页。

③ 谢林主编：《陕西省图书馆馆史》上，三秦出版社 2009 年版，第 29 页。

④ 柳成栋：《民国初期的木兰县陈氏私立图书馆》，《黑龙江图书馆》1986 年第 4 期。

年病逝。

为节省开支，发展图书馆事业，有些学者提议图书馆员兼职。如为推进儿童图书馆的发展，陈望道主张"儿童图书馆附设在小学校里，完全是为节省经费起见。教师可当儿童图书馆的管理员，可以不另支薪水"①。

这些兼职图书馆员的职能总是被包含在他们的提学使、公务员、校长、教授或其他身份内，他们在图书馆的工作只是短时间的过渡，如时任清华大学中国文学系主任的朱自清受梅贻琦校长邀请担任清华大学图书馆馆长，从一开始朱自清内心就有些不情愿，甚至在正式任命下达之前还一度想直接推辞。朱自清更想专心于自己的学术研究中，他在日记里这样写道："请求免去图书馆主任一职，以其妨碍研究计划也。"②勉为其难地坚持了一年，终于以"课务忙碌""难兼顾"，而"主任职甚关重要"，本人却"在座时间不多""照顾无难周到"③等理由辞职成功。

虽然这些兼职图书馆员并不是纯粹的图书馆员，但从他们身上反映出，当时社会公认图书馆员需有一定学识或经验，因此这一类兼职图书馆员无一例外地都与书籍渊源深厚。如毛子水热衷淘书，醉心阅读。1930 年春天，毛子水由德国留学回国后，到北大史学系任教，1931 年春，因着"对于网罗文献，则向所爱好"④，好友傅斯年推荐他兼任北大图书馆馆长。毛子水曾写过《书籍与修养》一文，他推崇 19 世纪中期英国大史学家麦考利的一段话："与其做一个国王而不知道爱好读书，我宁愿做一个穷人居陋室而拥有极多的书籍。"⑤劝诫人们要多读书，多藏

① 陈道望著，复旦大学语言研究室编辑：《陈道望文集》第 1 卷，上海人民出版社 1979 年版，第 70 页。

② 朱乔森：《朱自清全集》第 9 卷，江苏教育出版社 1998 年版，第 381 页。

③ 韦庆媛：《学者馆长朱自清》，邓景康、韦庆媛主编：《邺架巍巍：忆清华大学图书馆》，清华大学出版社 2011 年版，第 220 页。

④ 毛子水：《毛子水文存》，华龄出版社 2011 年版，第 144 页。

⑤ 闫英杰主编：《阅读的传承：中国历代文化名人谈阅读》，西安出版社 2018 年版，第 83 页。

书，以书蓄德。

参与创办燕京大学的洪业先后获美国俄亥俄韦斯良大学文学学士学位、哥伦比亚大学获文学硕士学位、纽约协和神学院获神学学士学位（后又获名誉文学博士和名誉神学博士学位），而他真正的身份却是史学家，执教燕京大学历史系长达 23 年，在史学、文学、哲学、语言学等方面有很深的造诣。1928 年，他在任燕京大学历史系主任的同时兼任图书馆馆长。与所有的馆长一样，他精心制定图书馆管理制度、广泛采购国内外书刊。若说他在图书馆领域的贡献，不能不说他的《引得说》，即索引研究专著。哈佛大学与燕京大学联合成立哈佛燕京学社，学社设立引得编纂处就是洪业提议的，他亲任主任。20 年时间里，在他的领导下，引得编纂处编纂出版了大量索引，如《春秋经传引得》《礼记引得》等，成为中国最负盛名的索引编纂专门机构。

郑振铎除了国学大师作家、社会活动家的身份以外，也是藏书家，郑振铎甚至还是目录学家。曾写过《求书日录》《漫步书林》等书。他嗜书如命，私人藏书"品种与数量名噪一时"，尤其偏他主张"对图书馆的图书应快速予以分类整理上架"，"古书的分类编目，大可不必中外统一"，"应对所藏图书予以深加工，编辑书目方便查找"①。他自己也参与编制了大量书目，有《西谛所藏善本戏曲目录》《西谛所藏散曲目录》《西谛所藏弹词目录》《清代文集目录》等。1935 年，特为教育华侨子弟而设立的国立暨南大学成立，国民政府教育部委任原商务印书馆编译所所长何炳松为暨南大学校长。何炳松曾与郑振铎同在编译所工作，私交甚笃，且对郑振铎的学识十分赞赏，故请郑振铎到暨南大学担任文学院院长，以协助他进行改革。1935 年 8 月 17 日何炳松校长颁布的《校长布告第 7 号》中，任命郑振铎为暨南大学文学院院长兼中国语文学系主任及该校中文系专任教授。同时，何炳松还委任郑振铎兼任图书馆馆长

---

① 王华、郑振铎：《藏书思想对暨南大学图书馆的影响》，《暨南学报》（哲学社会科学版）2006 年第 6 期。

一职。郑振铎在任职暨南大学图书馆馆长的管理实践中，对图书馆在文献搜集购置、分类整理、管理制度、学术研究等方面作出了杰出的贡献。

梁实秋（1903—1987），原籍浙江钱塘，生于北京。1915 年秋考入清华学校。1923 年毕业后赴美留学，1926 年回国任教于南京东南大学。逐渐成为知名的散文家、文学评论家和翻译家，而且"平常他是上琉璃厂、荣宝斋、海王村这些地方逛书摊，人家那儿老板都认得他"①。1930 年夏，他与好友闻一多见到了在上海物色教师的青岛大学校长杨振声。杨振声极力争取二人到青岛任教，他用了"先尝后买"的办法，对闻一多和梁实秋说："上海不是居住的地方，讲风景环境，青岛是全国第一，二位不妨前去游览一次，如果中意，就留在那里执教，不满意，决不勉强。"②于是梁实秋与闻一多就在青岛半日游览、一席饮宴之后接受了青岛大学的聘书。闻一多主持国文系，梁实秋主持外文系兼图书馆馆长。梁实秋在主持图书馆工作期间，成立了图书委员会，创办了《图书馆增刊》，其内容包括：馆藏新书目录和介绍；借书制度；图书馆学、目录学文章；图书评价等。对学生学习、阅读发挥了一定的辅导作用。梁实秋十分重视馆藏建设，当时国立青岛大学图书馆所藏图书为数极少，而大半是旧课本，多不适用。自梁实秋担任馆长以后，十分注重馆藏建设，"大量采购中外文图书，中文线装古籍。都另装蓝布套，竖立书架，用白墨水题签，并聘有修整古籍木板书的技术工人"③。梁实秋是莎士比亚研究专家，所以外文书重点采购各种版本的莎士比亚著作，以数量多、版本全而著称，成为该馆的特色馆藏。

---

① 梁实秋：《今生只活得深情二字》，北京时代华文书局 2018 年版，第 202 页。

② 梁实秋、林语堂：《自由的人》，岳麓书社 2017 年版，第 190 页。

③ 青岛市政协文史资料委员会编：《青岛文史资料》第 16 辑，青岛出版社 2006 年版，第 158 页。

（二）专任图书馆员

辛亥革命后，教育部设立社会教育司，掌管图书馆、通俗图书馆及巡回文库等事项，并颁布一系列图书馆法规，促进了图书馆的进一步发展，也为专任图书馆员的出现提供了制度保证。

1917年，浙江公立图书馆公布了《浙江公立图书馆章程》，它明确规定："本馆设馆长一人，由省长遴选硕学通儒充任"①，同时期，许多图书馆"礼聘一位名流或是告老修养的官吏充当馆长"。但这些名流馆长学问再高，没有图书馆专业背景，所能做的"无非是典藏编目。说到民众的需要，开放的方法，当然不是名流式馆长们所能，与所愿顾及的了"②。名流馆长在图书馆的作为主要停留在保管图书、整理图书阶段。

有些人经师长、亲友推荐到图书馆工作，成为专任图书馆员。当时这种推荐多以学识经验为主，情面为辅。但章士钊热情推荐李大钊接替他担任北京大学图书部主任。当时李大钊在日本时，章士钊就很赏识他的才华。章士钊创办《甲寅日刊》时就曾邀李大钊任编辑。李大钊于1917年12月25日，接受章士钊推荐，决定到北京大学图书馆任职。1918年1月中旬，正式任北京大学图书馆主任。他把旧有图书馆，改变成为一座具有现代规模、管理完善，以为读者服务为目标的近代图书馆。他因此被后来的学者誉为中国图书馆学之父。毛泽东于1918年9月经李大钊引荐到北京大学图书馆任书记。1923年8月，沈从文从湘西来到北京。他经常到北大听课，到京师图书馆阅览书籍。1924年年底，沈从文以"休芸芸"笔名在《晨报》副刊发表了系列作品，北大林宰平教授读之大为欣赏，曾向梁启超谈及沈从文的困难处境。沈从文在徐志摩婚礼上见到梁启超，当时梁已是知名学者，对这位自学成才的湘西青年非常赏识，刚巧熊希龄的香山慈幼院图书馆缺少一个馆员，于是

---

① 李希泌、张椒华编：《中国古代藏书与近代图书馆史料（春秋至五四前后）》，中华书局1982年版，第320页。
② 沈学植：《图书馆学ABC》，ABC丛书社1928年版。

1925 年 8 月，经梁启超向熊希龄推荐，23 岁的沈从文来到熊希龄创办的香山慈幼院任图书管理员。①

一些大学毕业生也通过这种方式担任图书馆员，如 1913 年 9 月，袁同礼考入北京大学预科，深得清华大学王文显教授的赞赏。预科毕业后，袁同礼经王文显教授介绍，进入清华大学图书馆工作。1920 年，顾颉刚由北京大学中国哲学系毕业，经胡适推荐，在本校图书馆编目室编制中文书目录。1932 年年初，谭其骧在燕京大学研究院毕业，走进国立北平图书馆当馆员。据谭先生回忆，"我的从伯父谭新嘉（志贤）先生是这个图书馆的开国元老，从民初京师图书馆时代起，一直担任着中文编目组组长的职务。由于他的推荐、请求，馆长袁同礼（守和）先生卖他的老面子，录用了我。"②虽然大多数人只是把充任图书馆员当作未来职业的一个过渡，但这种办法暂时弥补了图书馆专业人才的缺乏，在图书馆的工作也为这些人日后的发展打下了基础。如谭其骧在北平图书馆负责编辑馆藏方志目录，"用了两年半的时间，查遍了五千多部方志，搞清了它们的纂修过程、作者体例、版本等，编出了目录。由于编目的需要，得以自由出入书库。但我进书库不单是看方志，乘机还翻阅了其他许多引起我兴趣的图书，因而扩大了知识领域，在以后做学问中得益匪浅"③，所以谭其骧先生说："我之所以懂得一点学问的路子，在结束研究生生活后紧接着又在图书馆里呆上这三年，是起了很大的作用的。"④后来谭其骧虽然离开了图书馆，但他一直关心图书馆的发展，在 1986 年 9 月 21 日，他的母校暨南大学举行 80 周年校庆活动，谭其骧将

---

① 蒋路等主编，中央文史研究馆编：《史迹文踪》，上海书店出版社 1994 年版，第 49 页。

② 谭其骧：《值得怀念的三年图书馆生活》，北京图书馆《文献》丛刊编辑部：《文献》第 14 辑，书目文献出版社 1982 年版，第 243 页。

③ 高增德、丁东编：《世纪学人自述》第 4 卷，北京十月文艺出版社 2000 年版，第 104 页。

④ 谭其骧：《值得怀念的三年图书馆生活》，北京图书馆《文献》丛刊编辑部：《文献》第 14 辑，书目文献出版社 1982 年版，第 246 页。

他主编的《中国历史地图集》一套 8 卷捐赠母校图书馆。

当然，也有很多的人从此踏上了图书馆专业之路。如 1930 年秋，向达通过南京高师同学赵万里介绍，任国立北平图书馆编纂委员会委员，自此之后，专心致志进行图书馆学术研究。1923 年，蒋复璁毕业于北京大学哲学系，"因先叔之命，服务于北平松坡图书馆"①。其先叔是我国近代著名的军事理论家蒋百里，素有"兵学泰斗"之称，因其推荐，蒋复璁担任梁启超创办的松坡图书馆的编辑，负责德文图书的编目整理工作，这是他从事图书馆事业的开端。1926 年起，他任北京图书馆编纂，负责中文图书编目，其间他刻苦钻研，主张对传统分类进行改革。1930 年，经浙江省政府选派，他赴德留学，在柏林大学研习哲学，并攻读于图书馆学院，同时在普鲁士邦立图书馆任客座馆员。1932 年蒋复璁学成归国。1933 年，被政府派为中央图书馆筹备处主任，他多方奔走，复印《四库全书》珍本，以筹措经费，并与世界各国建立交换关系，馆藏外文书刊得以大量增加。1937 年抗战全面爆发，随蒋百里出使意、德等国。1938 年年初回国后就投入护送善本图书西迁的工作。1940 年创办中央图书馆并首任馆长。1948 年去台湾后先后任台湾"故宫博物院"院长和台湾"中央图书馆"馆长。可谓是一生致力于图书馆事业，是知名的图书馆学家。

面对图书馆进一步开放和服务拓展的需要，许多图书馆学者强烈呼吁图书馆人应是专业化人才。1919 年，北京大学图书馆馆长李大钊，在北京高等师范学校图书馆二周年纪念会上发表演说，提出：

> 图书馆的历史，在中国和西洋，都是很久。老子曾经当过柱下史，这就是现在管理图书馆的人。可是古代图书馆和现在的性质完全不同，古代图书馆不过是藏书的地方，管理员不过是守书的人。

---

① 卞孝萱、唐文权编：《民国人物碑传集》，团结出版社 1995 年版，第 753 页。

> 他们不叫书籍损失，就算尽了他们的职务。现在图书馆是研究室，管理员不仅只保存书籍，还要使各种书籍发生很大的效用，所以含有教育的性质。①

他认为古今图书馆不同，古代的图书管理员仅仅是守书的人，现在的图书馆还是研究室，管理员要在保存书籍的基础上，尽可能使各种书籍发生更大的效用，为此，他提倡添设图书馆专科或简易的传习所，"使管理图书的都有图书馆教育的知识"。1921年12月他还在《晨报》上发表《美国图书馆员之训练》一文，指出"1877年，伦敦的联合五国图书馆协会会议录中，有关于图书馆员训练的记载。这是最初的印行的记载。在此会议中，意大利国Crestadoro博士唤起对于此问题的注意，以为这即使不是必要的事，亦是可喜的事，并且说意大利近已颁布一种皇家条令，规定凡国家图书馆员必须训练，此项条令业已见诸施行。当时有美国图书馆长数人亦尝出席这个会议，便是他们注意这个问题的萌芽"②。在追溯了美国对图书馆员须经过专业训练的认识过程后，李大钊详细介绍了美国培训图书馆员的方式，重点列举了美国17处图书馆学校对图书馆员培训的开展情况，还有开办夏期学校（Summer School）、见习生班（Apprentice Classes）、图书馆讲演会及谈话会（Institutes and Round table）及师范学校等补助图书馆员的训练和知识训练等办法。这次具体的介绍，为以后我国图书馆员的专业训练指明了发展方向。

1926年，时任南京高等师范学校图书馆主任洪有丰在东南大学讲授图书馆学课程的基础上，中西结合、富有创见地写成《图书馆组织与管理》一书，填补了我国图书馆学教材的空白，在书中他提出：

---

① 李大钊：《1919年在北京高等师范学校图书馆二周年纪念会的演说辞》，中国图书馆学会主编，《建筑创作》杂志社编：《百年文萃：空谷余音》，中国城市出版社2005年版，第22~23页。

② 《李大钊全集》编辑委员会：《李大钊全集》第3卷，河北教育出版社1999年版，第663~672页。

　　图书馆为专门之事业，须有专门之技能与学识，以应付之。馆长，馆长为全馆之领袖。至少具有经验及下列三项，始可任之。一处事有断，治事有方；二精神健全，体态谦和；三明乎本身之书馆事业为适当之交际。馆员，馆员须具有图书馆一部分之经验及下列各项，始可任之。一明乎图书馆之目的；二希望以图书馆为终身事业；三处事能敏捷耐劳；四性情谦和。①

　　洪有丰首先提出图书馆人要建设图书馆必须有专门的技能与学识，然后分别阐述了馆长和馆员的任职资格。对于馆长任职，除有经验外，还要具备处事能力、交际能力和身体健康等三个条件。对于馆员任职，除具有工作经验外，还要认识到图书馆事业的重要性，具备从事图书馆事业的决心、吃苦耐劳的精神及谦和性情。这是国人首次明确提出图书馆的专业性，及馆长和馆员的具体任职资格条件。《图书馆组织与管理》一书1926年由商务印书馆出版后，产生了较大社会反响，它于1933年和1935年两次重印。一部学术著作在10年内就已再版三次，充分说明了社会发展对其内容的强烈需求。

　　1914—1926年，去美国等国家深造的图书馆学专业学子先后归国，并担任图书馆馆长、主任等要职，除洪有丰外，他们分别是：沈祖荣、胡庆生、杜定友、李小缘、刘国钧、李长春、袁同礼、戴志骞等人。他们不满足于国内图书馆发展的现状，借鉴西方图书馆事业的教育管理模式，积极投身于图书馆学教育的开展工作。从20世纪20年代起，图书馆界及教育机关先后举办了各种短期训练班或讲习会。1923年回国服务的洪有丰自编讲义，首先开办了"暑期图书馆学讲习科"。该科为期一个月，每天讲课两小时，学员80余人。以后在1924年、1925年和1926年中，他曾经连续4年开班。其中1925年7月开的班，是与中华

① 洪有丰：《图书馆组织与管理》，商务印书馆1926年版，第62页。

图书馆协会、中华职业教育社、江苏省教育会合办，系面向全国招收学员，规模最大，"全国第一次的图书馆学暑期讲习班"，"学员三十余人"①，杜定友先生应邀前来讲学。那一年刚刚留美学成回国的李小缘、刘国钧、朱家治等都曾登上讲台授课。当年所开的课程有："图书馆学术辑要""图书馆行政""学校图书馆""儿童图书馆""分类法""编目法"等。"暑期图书馆学讲习科（班）"是我国开办时间最早、影响最广泛的职业教育，为全国各地培养和储备了大批图书馆业务骨干，在全国范围内产生了积极的影响。

武昌文华大学等学校还设立了图书馆学专科，通过这些方式培养了一大批图书馆专业人才。

据中华图书馆协会 1925 年调查的不完全统计，当时全国各类型图书馆达 502 所，其中公共图书馆占 284 所，图书馆最多的是当时政治经济文化较为发达的沿海地区，仅上海一处即有 70 所，北平 42 所。② 20世纪 30 年代，图书馆出现良好发展势头，教育部社会教育司印制的《全国公私立图书馆一览表》，1930 年收录各类图书馆 2935 个；③ 1935年 10 月出版的许晚成《全国图书馆调查录》：收全国（不包括东三省）27省市共有图书馆 2520 所，其中公立 2005 所，私立 515 所④。到了 1936年所收录的公私图书馆剧增至 4032 个，⑤ 相当于每年都有近 200 家图书馆设立。

---

① 南京大学信息管理系编：《李小缘纪念文集 1898—2008》，2008 年，第 400页。

② 武汉大学图书馆学系图书馆教研室：《中国图书馆事业史（初稿）》，1962年，第 67～70 页。

③ 教育部社会教育司编：《全国公私立图书馆一览表》，教育部社会教育司，1930 年，第 10 页。

④ 许晚成：《全国图书馆调查录》，上海大南门龙文书店 1935 年版，第 1～421 页。

⑤ 教育部社会教育司编：《全国公私立图书馆一览表》，教育部社会教育司，1936 年，第 11 页。

图书馆数量增加，规模扩大，需要大量专业馆员。1932 年 8 月 28 日，上海工部局发布招聘图书管理员启事，内容为："陈情人须有管理图书馆之经验，倘能精习华文，熟悉威氏之书籍分类方法，年龄须在 30~50 之间，薪金在三年内至多为每月银二百五十两，视资格即定。所经选用之人，须经体格检验，并先试用六个月，果能试用满意，然后给以就地任用人员委任书"①。该启事登在《中华图书馆协会会报》上，对于专业素养、年龄、薪金、体检、试用期等都有明确要求，显示出通过招聘方式选拔图书馆专业人员进入图书馆工作已经比较常用。

为突出自己的职业性和专业性，图书馆管理员普遍自称"图书馆员"，并提出图书馆员的定义，"就是为图书馆的读者服务以谋生活的人"②。学者们结合工作实际和对国外图书馆的借鉴，对图书馆员总结出了详细和具体的资格要求，如 1931 年，我国著名图书馆学家杜定友就提出："欲求图书馆之发达，必先有办理图书馆之人才，以负提倡管理及进行之责，不然，虽有馆舍和书籍，而无相当之人才处理之，则有若无耳。"③1934 年，另一著名图书馆学家沈祖荣提出，"在引用了外来科学技术的今天，我国图书馆选用馆员一事，应是极严格的：一要中文不错，并知晓图书馆学、目录学等一般常识；二要英文较好，能写能说，能接待讲英语的访客和读者；三要会写字打字；四要略为懂得点日文、德文、法文；五要有经验，至少要经过短期的训练；六要能刻苦耐劳；七要善于团结同仁。这些是必需的条件"，沈祖荣强调图书馆员选用必须严格，必需具备七个条件，涉及语言能力方面要掌握中文、英文、日文等多种语言，在专业知识方面要掌握图书馆学、目录学等，还要有经验、要会写字打字，要善于团结同事。此外，还要"一对图书馆学术一切擅长，有心得，有研究，能计划发展；二对一般常识、各项学

---

① 赵俊玲：《中华图书馆协会会报》第 3 册，国家图书馆出版社 2009 年版，第 211~212 页。

② 杨昭悊等译：《图书馆员之训练》，商务印书馆 1933 年版，第 136 页。

③ 杜定友：《图书馆通论》，商务印书馆 1925 年版，第 41 页。

科，有个大概的了解，能胜任各行各业读者的接待工作"①。最好要在对图书馆专业知识掌握的基础上，进行深入研究，同时对其他学科有一定的了解，以能够为各种学科背景的读者提供服务。直至20世纪40年代，合众图书馆馆长顾廷龙仍在感慨尽职图书馆员的难得，"办图书馆，较其他文化事业更难，即以聘请馆员而论，有学问者皆去当教授，无学问者不胜其任，稍知门径者可以当之，瞧其有志上进、手不释卷，在他处固可取之才，在图书馆则否，事务将待，何人以理之耶？譬如庖工，日烹美味，不容大嚼，如庖工先自己饕餮，则宾主何以成宴？"

在实践中，各图书馆员学历、专业素质也普遍提高。据1930年的《国立广西大学图书馆览》②，当时该馆共有19名馆员，馆长李景新，私立岭南大学肄业，文华图书馆学专科学校毕业，曾任协和学院图书馆馆长、广州市立第一职业学校图书馆学科教师、岭南大学图书馆主任等。馆员李仲甲，文华图书馆学专科学校毕业，曾任省政府教育厅科员、省立广西大学理工学院图书馆员，馆员王为殿，吴淞中国公学大学部文史系毕业，曾任中学教师，其余16人，大部分为中学毕业，曾任中小学教师或办事员等。体现出该校图书馆员普遍具有较高的学历，有些有图书馆学专业背景、大部分都有在教育部门工作的相关经验。

专业女图书馆员不普遍。1921年，李大钊就积极鼓励女生从事图书馆工作，"因为图书馆员的职业，于女子最为相宜"③。宋景祁等在1930年编撰的《中国图书馆界人名录》中收录了图书馆界人士147人，其中只有7位女性。④ 前面提到的广西大学19名图书馆员人中有8名

① 沈祖荣著，丁道凡搜集编注：《中国图书馆界先驱沈祖荣先生文集（1918—1944年）》，杭州大学出版社1991年版，第187页。

② 国立广西大学图书馆编：《国立广西大学图书馆览》，国立广西大学图书馆1930年版，第48~50页。

③ 《李大钊全集》编委会编：《李大钊全集》，河北教育出版社1999年版，第672页。

④ 宋景祁等编：《中国图书馆界人名录》，上海图书馆协会1930年版，第1~243页。

女性，相对男性来讲，她们普遍学历较低，有的甚至没有学历，在图书馆只能负责较简单的业务工作。

图书馆员职业准入机制初步建立。1927 年 12 月国民政府颁布的《图书馆条例》明确规定了图书馆馆长的任职资格，相关条件有二："国内外图书专科毕业者；在图书馆服务 3 年以上而有成绩者；对图书馆事务有相当学识及经验者。"①突出强调专业和实践经验相结合的原则，其后，部分省市在制定相关法规文件时，按照此条例对馆长、馆员的任职资格作了相应规定和补充。如 1931 年制定的《陕西省立图书馆暂行规程》、1932 年 10 月江苏省政府委员会第 536 次会议修正通过的《江苏省各县立图书馆员聘任及待遇暂行规程》，等等。在此基础上，1939 年 7 月 21 日国民政府颁布了《修正图书馆规程》，要求："各省市(行政院直辖市以下仿此)至少应各设置省市立图书馆一所，各县市(普通市以下仿此)应于民众教育馆内附设图书室，其人口众多、经费充裕、地域辽阔者得单独设置县市立图书馆。"其中第十三条、十四条、十五条对省、市县图书馆馆长、主任、馆员的任职资格，在学历、图书馆工作年限和工作业绩方面，作了更为具体更为详细的规定：

　　第十三条　省市立图书馆馆长须品格健全、才学优良且具有下列资格之一者

　　(一)图书馆专科学校或图书馆专修科毕业曾任图书馆职务一年以上著有成绩者

　　(二)师范学院教育学院或教育科系毕业曾任图书馆职务二年以上著有成绩者

　　(三)大学或其他专科学校毕业曾受图书馆专业训练并曾任图书馆职务三年以上著有成绩者

---

①　王振鸣：《图书馆法规文件汇编》，河北大学图书馆学系 1985 年版，第 7页。

（四）在学术上确有特殊贡献并对于图书馆学素有研究者

第十四条　省市立图书馆各部主任须品格健全其所任职务为其所擅长且具有下列资格之一者

（一）图书馆专科学校或图书馆专修科毕业者

（二）师范学院教育学院或教育科系毕业者

（三）大学或其他专科学校毕业曾受图书馆专业训练者

（四）中等学校毕业曾任图书馆职务三年以上者

第十五条　省市立图书馆干事须品格健全且具有下列资格之一者

（一）具有前条各款资格之一者

（二）中等学校毕业曾任教育职务二年以上者①

强调了图书馆的从业经历和中等学校以上学历要求。除了严格馆员的任职资格条件外，许多图书馆还制定了资格审定的相关内容，这说明图书馆员职业准入体制已经初步建立，图书馆员作为一个独立的专业群体得到广泛认同。

遗憾的是，由于战乱等因素影响，图书馆的职业准入机制本身还很不完善，特别是资格审定方面，没有专门的资格审定机构，负责审定的权限主要在于馆长或上级教育机关领导等个人手中，这在实际推行过程中，带有较强的主观性，人员任用不免失于偏颇。如从 1914 年夏到 1928 年秋，戴志骞在清华学校图书馆工作了 14 年。除去两度赴美留学的大约 3 年时间，戴志骞实际执掌清华学校图书馆的时间亦有 11 年之久。他是民国时期执掌清华学校图书馆时间最长之人，"将该馆从一个小小的图书室成功发展成为一个规模宏大、管理有序、服务上佳的现代

---

① 湖北省志《文艺志》编辑室编：《文艺志》资料选辑四"图书馆专辑"，河南省信阳市印刷厂 1984 年版，第 364 页。

化高校图书馆，其功绩之大不容忽略"①。但 1928 年 9 月 3 日，清华大学学生会发动"清校运动"，以"把持校务"②的罪名议决驱逐戴志骞等五人，戴志骞无奈辞职。1928 年 9 月 18 日，罗家伦就职国立清华大学校长，聘洪有丰为图书馆主任。罗家伦到校后，全力整顿校务，他认为清华的"职员人数过多，地位权利太大，如图书馆为十九人，注册部为十人，较国内任何大学，均几多至一倍"③。于是他大力裁员，仅二个月的时间，图书馆原工作人员原 19 名馆员先后有 11 人离馆，占总人数的 58%。大动荡之后的短短几年，清华图书馆主任频繁更换，三度无主任。到 1935 年 7 月洪有丰第二次离任后，国立清华大学改变以往由图书馆学专业学者任主任的做法，而聘用非图书馆专业著名教授任图书馆主任。这些教授的加入，保证了图书馆的购书质量，充足的购书经费，也使馆藏量逐年增加。但由此以后，清华图书馆专注于自身的建设，远离图书馆专业组织，馆员较少参加全国性的图书馆学术活动。"缺少了与同行的交流，缺少了站在全国高度了解图书馆发展趋向的机会，也缺少了深入研究图书馆学的氛围，客观上减缓了民国时期清华图书馆管理工作的发展步伐。"④

专业的图书馆人才也常因与行政领导意见不合而离职。皮高品在 1925 年文华大学图书科毕业后，被分配到天津南开中学校任图书馆主任兼英文教员。到职后，首先碰到的一个问题，就是中文书，尤其是线装书分类的问题。南开学校图书馆当时采用的是《杜威十进分类法》。皮高品认为用这个分类法不便于划分中文书，因此下决心要自编一本适

---

　　①　郑锦怀：《中国现代图书馆先驱戴志骞研究》，中国海洋大学出版社 2017 年版，第 201 页。

　　②　浦江清：《清华园日记　西行日记》（增补本），生活·读书·新知三联书店 1999 年版，第 14 页。

　　③　罗家伦：《整理校务之经过及计划》，清华大学校史研究室：《清华大学史料选编》第二卷上，清华大学出版社 1991 年版，第 7~9 页。

　　④　韦庆媛：《民国时期清华图书馆员的大动荡及启示》，《河南图书馆学刊》2019 年第 5 期。

合中国图书馆用的分类法。他利用闲暇时间阅读所能看懂的书，搜集整理资料，经常工作到夜晚十一二点钟。因和"教务主任意见不合，不到一年，被解聘离校"①。

沈祖荣在1933年调查了全国图书馆发展情况后说："在若干大学内，其校中当局，似常有干预图书馆本身行政之处。每有在他部不称职之人员，勉强安插于图书馆中工作者。此类人员，例为该校某重要人物或教授之亲戚故旧。于是图书馆馆长对于馆中职员遂无任免赏罚之权。能者不得用，无能者不得不用，其贻害馆务孰甚。又常有于图书馆馆长与主任上，另置教务长或其他教授以为太上馆长者。究其实彼对于图书馆工作一无所知，而图书馆执事者，乃遇事不得不禀承之，此有乖于事理为何如。通常图书馆管理原则，属于图书馆专门技术，其行政方面，应由图书馆主办人员执行之。关于图书馆之政策与规程，学校当局有时自应过问，但各图书馆执事者，不能称职时应撤去之，固属学校当局之权也。"②沈祖荣指出大学行政领导经常干预图书馆发展，一是将他部不称职人员安插进图书馆，馆长对职员无任免赏罚之权；二是于馆长之上另置太上馆长，这些做法都影响了图书馆的正常发展。他认为图书馆员的管理之权应该属于图书馆负责人，图书馆负责人不称职的则应由学校当局撤职。

二、待遇

薪俸是图书馆员待遇的核心问题。近代图书馆的经费支出主要包括三部分，一是薪俸、图书、杂支等三项，其中"薪水占百分之四十"③，薪俸是经费支出最重要的一项，因为"图书馆者，非图书有万能力，全

---

① 北京图书馆《文献》丛刊编辑部、吉林省图书馆学会会刊编辑部编：《中国当代社会科学家》第6辑，书目文献出版社1984年版，第80页。
② 沈祖荣：《沈祖荣集》，武汉大学出版社2016年版，第240页。
③ 俞爽迷编著：《图书馆学通论》，正中书局1936年版，第50页。

赖职员之运划耳，薪俸为维持费中最要之故以此"①，图书馆的发展不是靠图书数量，而是靠图书馆员的工作。

薪俸多少与"馆员之选任及于图书馆运用效果之良否甚有关系"②。"权利之重要者莫如薪水。服务馆中人员之生活所从出也。资格严，任务劳，朝到馆，夕出馆，无或可休息者，故酬劳不可薄"③，即图书馆员的工作辛苦，从业资格严格，薪俸应该合理，具体说来，"薪金表之规定，大有助于工作之稳健，使薪金以级而升，则人乐于服务而鲜他迁之思"④。即制定合理的薪俸标准和递增制度，可以保障图书馆员队伍的稳定。

（一）图书馆员薪俸的差别大，导致图书馆员队伍的不稳定

图书馆员薪俸实行等级差薪制，馆长、部主任和普通馆员之间待遇差别较大。1898 年 7 月 4 日，光绪正式下令批准设立京师大学堂，并通过了梁启超代拟的《京师大学堂章程》⑤，根据其规定，藏书楼设主管官员"提调"一人，月薪 50 两。提调下辖具体工作人员"供事"10 员，月薪 10 两，馆长比普通馆员待遇差别较大，收入比例为 5∶1。1909 年4 月，吉林图书馆设立。7 月 3 日"吉林提学司委任沈德华为图书馆采访员，每月薪水官银 40 两。12 日，吉林行省督抚等札委陈作彦为图书馆提调，每月薪水官银 150 两"⑥。馆长与普通馆员的收入比例接近4∶1。1911 年 4 月 20 日的《闽报》刊文《图书馆将次成立》，报道了福建

---

①　通俗教育研究会编译：《图书馆小识》，通俗教育研究会 1917 年版，第 22 页。

②　程伯群：《比较图书馆学》，世界书局 1935 年版，第 35 页。

③　马先阵、倪波编：《李小缘纪念文集》，南京大学出版社 1988 年版，第 159 页。

④　洪有丰：《图书馆组织与管理》，商务印书馆 1926 年版，第 4 页。

⑤　董方奎、陈夫义：《梁启超论教育》，三环出版社 2007 年版，第 31 页。

⑥　杨柏林主编：《吉林省图书馆百年馆庆纪念文集》，吉林人民出版社 2009 年版，第 188 页。

图书馆成立的消息："越山书院旧址现将改建图书馆，内设阅书室、办事室，其职务员绅，经提学司委派前安徽直隶州知州郑绅淑璋为监督，月支薪水八十两；平和县教谕吴曾祺为提调，月支薪水六十两；其余馆员月均支薪水三十两，以资办公云。"①馆长与普通馆员的收入比例为2∶1。其后，各个图书馆制定的薪俸标准，基本都是以职务为标准，实行等级差薪制，如1935年国立中山大学图书馆"职员薪金分五等每等分三级"②。根据规定，部主任支前三等薪金，90～240元；馆员支第三等、四等薪金，60～120元；事务员支第五等薪金，30～60元。职员每年举行一次加薪和减薪，由主任按照各职员成绩之优劣及服务之勤惰于原薪升级或降级，每次至多升一级。但馆员薪俸的差别太大，按照这种升级标准，需要15年时间，事务员才能拿到部主任的最高薪金。著名图书馆学家钱存训1932年年初到上海交大时，每月收入是80元；1933年9月升至95元；到1935年9月升至100元，直到离校。在当时图书馆员工中，他的月薪要远低于图书馆主任(260元)，而略高于一般办事员(最低40元)。③ 这是导致专业图书馆员经常更换单位的主要原因之一，如杜定友、钱亚新、严文郁等人在每个图书馆工作的时间平均为3～4年。

省市县公立图书馆所处的地域不同，馆员的薪水差别也很大，省立图书馆的待遇要高于县立图书馆员待遇。根据相关规定，如同时期福建省立图书馆馆长薪水为130～170元，县立图书馆馆长薪水为30～70元，二者最高差100元。江苏省省立图书馆的馆长薪水为60～120元，县立

---

① 郑智明主编：《福建省图书馆百年纪略：1911—2011》，鹭江出版社2011年版，第13页。

② 国立中山大学图书馆编：《国立中山大学图书馆概览》，国立中山大学图书馆1935年版，第17～19页。

③ 陈进主编：《圕·梦想之帆：上海交通大学图书馆120周年纪念文集》，上海交通大学出版社2016年版，第137页。

图书馆馆长的薪水为 20~45 元,①二者最高差 100 元。这种待遇差别,导致了基层图书馆留不住人,图书馆学专业人员大多集中在待遇相对较好的大学图书馆、省立图书馆等,如据施廷镛的儿子回忆,1927 年 7月,前东南大学教育系教授汪懋祖接任苏州中学校长,电约施廷镛接管沧浪亭图书馆,"父亲因中学图书馆规模小,待遇低,再陈鹤琴允在暑校结束后,介绍父亲主持南京市图书馆,故辞而未就"②。1933 年,位于四川营山县的晋康图书馆第二任馆长张鹏飞,因家庭负担重,且营山地处偏僻,交通闭塞,况馆长月薪较低(每月大洋十元),故到职三日即挂冠而去。③光绪三十一年(1905)元宵后,谭新嘉到浙江嘉兴嘉郡图书馆董理馆务兼编目员,该馆虽供给颇优,但"不开支薪水"④,当年11 月 30 日,他就辞职了。

　　中外图书馆员薪俸差别大。教会大学图书馆在中国近代图书馆发展中占有相当重要的地位,20 世纪二三十年代,许多外籍人士在教会大学图书馆担任馆员。这些馆员主要是传教士,他们的工资是由派他们来中国的基督教差会负责,基本上是按欧美的工资标准拨付,而中国的图书馆员工资则由各学校从大学学费收入中获得,就形成了同工不同酬的现象。如 1930 年,华南女子学院将工资分为三档,美国职员为 333 元,其他为 120 元,一般学士仅为 60 元。⑤这种待遇差别引起许多中国教职人员不满,1928 年,时任济南齐鲁大学图书馆主任的皮高品就因为

　　①　国立中山大学图书馆编:《国立中山大学图书馆概览》,国立中山大学图书馆 1935 年版,第 17~18 页。

　　②　施锐:《奋斗一生——纪念施廷镛先生》,南京大学出版社 2008 年版,第59 页。

　　③　政协四川省营山县委员会文史资料委员会编:《营山文史资料选辑》,1989年版,第 94 页。

　　④　李希泌、张椒华编:《中国古代藏书与近代图书馆史料(春秋至五四前后)》,中华书局 1982 年版,第 234 页。

　　⑤　孟雪梅:《近代中国教会大学图书馆研究》,国家图书出版社 2009 年版,第 182 页。

不满学校对中外教职员区别对待，愤而离职。①

（二）与同时期其他职业比，图书馆员的待遇属中等偏下

图书馆馆长或主任的待遇普遍低于教授，如 1918 年，李大钊担任北京大学图书馆馆长，他的月薪为 120 元，同时期的教授为 180～280 元，他比六级教授还低 60 元。② 杜定友在《大学图书馆问题》一文中，专门论及大学图书馆员的薪水："大学图书馆员薪水，比之公共图书馆馆员薪水为低，惟时间方面，亦较公共图书馆为短，假日较多，位置既较久，起居亦较安；薪水多少，应视其资格能力而定。惟至少应与各部职员同等。馆长在学校之地位，亦与各教授同，于学校各种特殊待遇，如养老金、告假等，亦得平等享受。"③主张馆长的待遇要与教授相同。

后来，这种差别有所减小，1929 年 11 月，施廷镛先生任清华大学图书馆事务员，负责中文图书编目和中文古籍采购工作，据他的家人回忆："从生活条件来看，我们虽不及教授的家庭，但也相差不远。"④虽然，这种差别有大有小，但一直存在，以至于著名图书馆学者沈祖荣慨叹："留学国外，研究一门时髦的科学，两三年后回国，就职机会较多，即使不能干阔差，至少可以充当个教授。每星期只有十几个钟头的课，待遇又优，声誉又显著。假使学图书馆学两三年后回国，得着一个馆长或主任的位置，所享受的，仍是一个职员待遇而已。"⑤1940 年 12 月，受抗日战争的影响，图书馆员的日子更加艰难，沈祖荣再次无奈感

---

① 陈明远：《文化人的经济生活》，文汇出版社 2005 年版，第 192 页。

② 陈明远：《文化人的经济生活》，文汇出版社 2005 年版，第 95 页。

③ 杜定友著，广东省立中山图书馆、中山大学图书馆编：《杜定友文集》第 20 册，广东教育出版社 2012 年版，第 217 页。

④ 施锐：《奋斗一生——纪念施廷镛先生》，南京大学出版社 2008 年版，第 58 页。

⑤ 沈祖荣著，丁道凡搜集编注：《中国图书馆界先驱沈祖荣先生文集（1918—1944 年）》，杭州大学出版社 1991 年版，第 188 页。

慨："优秀图书馆员的薪给不如资源委员会的门房。"①合众图书馆馆长顾廷龙亦有同感，"聘一馆员，薪水若干，不及公务员，几人之数，又将若干"②。

有知识的中层分子，包括银行、商号、机关、外资企业等行业的中高级从业人员，其工资收入都较为稳定。例如，20 世纪 30 年代，天津海河工程局 50% 职员工资为每月 20~80 元，60% 以上的高级职员工资为 200~800 元。③ 与他们相比，图书馆馆长的薪俸要少得多，1928 年，胡庆生之所以辞去文华大学图书科主任职务就任上海银行经理，一个重要原因就是"薪金高出文华一倍以上"④。曾担任过清华大学图书馆和中央大学图书馆馆长的戴志骞，1931 年后也到中国银行任职。10 年后，严文郁在西南联大担任图书馆主任，为贴补家用，在银行兼职，也动过改行的念头，联大校委蒋梦麟先生在劝阻他时，就曾担忧地说过："银行待遇太好，必如戴先生一去不复返。"⑤1930 年，梁实秋偕全家到青岛，当上了国立青岛大学外文系主任兼图书馆馆长，月薪 400 元。梁实秋晚年回忆，到青岛后，赁屋于鱼山路 7 号（现鱼山路 33 号），"房主王君乃铁路局职员，以其薄薪多年积蓄成此小筑"⑥。

普通的图书馆员的经济收入与待遇则处于教育系统人员的中下水

①　沈从文著，彰军编：《沈从文作品精选》，广西师范大学出版社 1994 年版，第 176 页。

②　上海图书馆编：《顾廷龙先生纪念集》，上海科学技术文献出版社 2014 年版，第 49 页。

③　何一民：《近代中国城市发展与社会变迁：1840—1949 年》，科学出版社 2004 年版，第 150 页。

④　程焕文：《论图书馆学宗师沈祖荣先生与胡庆生先生的关系——〈退出图书馆界的名人〉纠谬》，《图书馆》2001 年第 5 期。

⑤　严文郁：《国立罗斯福图书馆筹备纪实》，严文郁先生八秩华诞庆祝委员会编：《严文郁先生图书馆学论文集》，台湾辅仁大学图书馆系 1983 年版，第 96 页。

⑥　李明：《青岛往事：从德国租借地到八大关，重组的城市影像》，北方文艺出版社 2017 年版，第 264 页。

平，比小学教师和小职员略微强些。[1] 与生活在社会底层的工人比，他们的收入则要高得多。据统计，20 世纪 30 年代，在生活水平较高的上海，工人每月收入在 20 元以下的占总数的 80%，[2] 而据 1930 年的国立中山大学图书馆规定，部主任月薪 90~240 元，馆员月薪 60~120 元，事务员月薪 30~60 元，[3] 起薪就是 30 元。

（三）与同时期当地生活比，普通图书馆员的生活水平在一般家庭之上

20 年代初，北京生活便宜，一个小家庭的用费，每月大洋几十元即可维持。[4] 毛泽东于 1918 年 9 月在北京大学图书馆任书记，每月工资只有八块大洋。但这个工作对毛泽东来说还是相当称心的，他给斯诺说过："给了我图书馆助理员的工作，工资不低，每月八块钱。"[5]1920 年顾颉刚担任北大图书馆员，月薪 50 元，又帮胡适教授编书，每月补贴 30 元。这份工作令顾颉刚分外开心，在给妻子信中他写道："我想到我最适宜的事情，便是图书馆。"这种惬意不仅来自对图书馆工作的热爱，更重要的是收入能满足生活需要。但是，这一时期受经济发展影响，各单位欠薪严重，收入不是很稳定。1926 年 10 月，北大图书馆职员就以积欠过巨，生活艰难，向该校代理校长索薪。[6] 据时任京师图书

---

① 王小会：《清末和民国时期图书馆人事制度考略——民国图书馆相关法规研究》，《大学图书馆学报》2012 年第 2 期。

② 陈明远：《文化人的经济生活》，文汇出版社 2005 年版，第 520 页。

③ 国立中山大学图书馆编：《国立中山大学图书馆概览》，国立中山大学图书馆 1935 年版，第 17~19 页。

④ 国立中山大学图书馆编：《国立中山大学图书馆概览》，国立中山大学图书馆 1935 年版，第 101 页。

⑤ 埃德加·斯诺著，董乐山译：《西行漫记》，生活·读书·新知三联书店 1979 年版，第 521 页。

⑥ 埃德加·斯诺著，董乐山译：《西行漫记》，生活·读书·新知三联书店 1979 年版，第 521 页。

馆员的谭新嘉自订的年谱《梦怀录》①记载，由于拖欠薪水，1924 年，全年领薪 400 元，平均每月 33 元，1925 年，全年领薪 500 元，平均每月 42 元，仅能维持生活。有些图书馆为节省经费，采用临时"于馆员之外，临时招致精于抄写者，来馆抄录。惟不支薪水，只按所缮字数，给予酬金"②的办法。

到 20 世纪 30 年代，北平一户普通人家每月生活费平均只需要 30 银元左右。③ 根据 1935 年 2 月的北京大学核发薪金清册，图书馆编纂员张允亮发 150 元、吴鸿志发 140 元，其他 9 个馆员月薪 55～100 元，17 个书记月薪 20～43 元。④

1936 年杭州的物价为：米一石（160 斤）10 元，猪肉 0.3 元一斤。据查浙江图书馆档案，1936 年时任馆长陈训慈的月薪为 300 银元，部主任的月薪为 100～130 元，干事为 55～85 元，助理员为 24～65 元。⑤ 最后一档是练习员，月薪 14～18 元。以人数最多的助理员为例，取其工资中间值 45 元计，可购米 720 斤，或买猪肉 150 斤，或买河虾 90 斤（0.5 元/斤）。

（四）图书馆员的薪金受制于地方经济和时局变化极不稳定

公立图书馆往往依赖政府财政拨款，许多时候地方经费困难，办馆条件非常简陋，馆员薪水稀薄，如曾任广州方言学堂监学、永嘉县教育会会长的王毓英，1919 年至 1924 年担任浙江温州籀园图书馆的馆长期

---

① 谭新嘉：《梦怀录》，书目文献出版社 1982 年版，第 236～242 页。

② 柳诒徵著，杨共乐、张昭军主编：《柳诒徵文集》第 3 卷，商务印书馆 2018 年版，第 479 页。

③ 国立中山大学图书馆编：《国立中山大学图书馆概览》，国立中山大学图书馆 1935 年版，第 159 页。

④ 埃德加·斯诺著，董乐山译：《西行漫记》，生活·读书·新知三联书店 1979 年版，第 346～348 页。

⑤ 袁逸：《也说民国图书馆员的薪水》，《图书馆报》，2011 年 8 月 19 日，第 A07 版。

间，图书馆仅有一名工作人员，其常年经费主要来自原府学田租及戏捐，每年只有"馆长夫马费（即车马费）96元（每月8元），馆员兼文牍144元（每月12元），门房60元（每月5元），馆夫（杂勤）60元（每月5元），办公杂费并油茶炭等项120元（每月10），合计480元"。可见当时该馆馆长是一个不支薪水的义务岗位，馆员的薪水也很低。大同图书馆馆址宏敞，图书充足，组织完善。"唯惜本馆经费全无来源，现在维持的经费，全移拨于大同学校校董会。所以馆内难有管理员和干事，更无半个工人。我实难负干事之名，因为除尽干事之职外，又要服工人之务，并且待遇非常微薄。每月的薪水，除精光三元法币外，无半文津贴。幸而处于这个穷乡僻壤的地方，如果处于交通便利、繁华喧闹的市镇中，恐怕这三元的薪水只能供洗衣、理发暨杂。"[1]

在政局动荡时期，馆员的收入更容易受到影响，如山东图书馆在"张宗昌之在鲁也，积欠教育经费，动辄数月，偶尔发放数成，率为三四折之军用票及省银行票。本馆员司，其每月薪金最高之馆长四十元，折扣仅得十数元，衣食尚不能自给，他更可知，至是亦并现状不能维持矣"。1925年7月至1928年5月，张宗昌主持山东政局，图书馆的经费大打折扣，馆长薪金都不能满足生活需要，普通馆员的生活更是艰难。

1945年，由于通货膨胀，广东省立图书馆"每月薪水要两三人拿手提袋去银行排队，其他人在馆内等着不敢走开一步，领款人拿到钱（国币）赶快跑回来，立刻分了钱拿去'剃刀门楣'兑换银元或港币，否则第二天就会少两三成"[2]。

---

① 唐吉珍：《图书馆干事》，董志渊编：《民国小学生作文》，首都经济贸易大学出版社2011年版，第160页。

② 广东省立中山图书馆编：《情书：致中山图书馆》，广东教育出版社2012年版，第174页。

私立图书馆的经费更是不稳定，如 1939 年，叶景葵、张元济创办合众图书馆，办馆过程中经费一直是最大的问题。虽然聘请了顾廷龙主持日常馆务工作和编目、管理，可谓得人，但开创时筹措的经费，经不起恶性通货膨胀的吞噬，"工作人员发不出薪水，时常面临断炊之虞"①。主办人之一叶景葵凭他浙江兴业银行董事长的身份，向银行透支了一点经费，1949 年春，叶景葵病逝后，这点经费也没有着落了。

(五)在民族大义面前，许多图书馆员往往不计薪水

1932 年，柘城县立图书馆的经费情况依然窘迫。这一年，省督学祁晋卿到柘城视察，对图书馆的印象是："本年度仅支开办费一百元，无常年经费"。然而，祁晋卿对图书馆馆长牛养真却给予了极高的评价。他说，牛养真馆长"对于图书馆事业，甚为热心，惨淡经营，修理井然，甘愿尽义务而不支薪，殊属难得"。他还说，由于这位馆长的热心和负责，在经费匮乏的情况下，竟使图书馆"琳琅满架，颇有可观"，藏书"已达三千二百五十六册"。②

在各种变乱时期，许多图书馆员往往表现出视图书为生命的爱国精神，为保护图书不计薪水。如 1930 年山东成为军阀混战的主战场，晋军攻入济南，6 月 26 日，省政府移到青岛，时任山东省图书馆馆长的王献唐考虑"是时风声鹤唳，本馆为全省图书总汇，又多贵重物品，奸人觊觎危机四伏。设余亦随同赴青，无人负责，于变乱纷扰之时，有疏虞，又何以对山东民众？再四筹思，乃决意留馆，力之所及，决为山东全省保护此一线书脉"。在他的感召下，许多图书馆员留下与他一起坚守图书。尽管由于当时的经济状况，"凡欲留馆者，任何人暂时不能支

---

① 上海图书馆编：《我与上海图书馆》，上海科学技术文献出版社 2002 年版，第 18 页。

② 陶善耕：《旧时河南县级图书馆寻踪"五陋居"札记》，吉林文史出版社 2009 年版，第 140 页。

薪，同人亦无异词。继召全体工友，复申前意，工友皆情愿不受工资，与余共此甘苦"①。众人还是选择不计私利，保护图书。在日本侵华后，山东图书馆的古籍和文物不得不南迁四川，在十几年的播迁过程中，王献唐不得不到武汉大学任教，以他一人所得薪金充作三人生活费，艰难度日，甚至看护图书的工人李义贵有时不得不为人帮工或摆地摊。② 正是他们这种为保护图书不计报酬的精神，才使得山东的文化精华得以保全。

　　总之，作为一个独特的群体，近代图书馆员就是为图书馆的读者服务以谋生活的人。为满足近代图书馆进一步开放和服务拓展的需要，图书馆员由兼职到专任，由"硕学通儒"到"科班出身"，与同时期的其他职业和当地生活比较可知，他们收入尚可，属中等偏下，生活水平在一般家庭之上。图书馆员的薪金受制于地方经济和时局变化极不稳定，在民族大义面前，许多图书馆员往往不计薪水。

第三节　博物馆人群体与近代公共文化秩序构建
——以山东金石保存所为中心的考察

　　博物馆人泛指一切从事、关注或支持博物馆理论或实践活动的人。20世纪上半叶，以罗正钧、王献唐为核心的两代博物馆人群体，面对千古未有之变局，依托山东金石保存所，致力于山东文物的公有、公藏、保护、研究与展示，逐渐推动山东金石保存所由文物收藏机构向近代公共文化空间发展，使其成为山东近代文化建构的重要内容，同时博物馆人自身也发生着蜕变和转型。

---

　　① 《山东省文化艺术志资料汇编》第2辑，山东省文化厅《文化艺术志》编辑办公室，1984年，第271页。
　　② 魏奕雄：《抗日乐山》，四川省乐山市档案馆编印，2015年，第151页。

1840 年第一次鸦片战争后，在西方文化冲击及整个社会背景发生巨变的条件下，过去在单一经济结构、封闭社会环境下发展起来的传统文化，被迫吸收并增加新的异质文化要素，开始迈向近代文化转型的大变动时期，其中博物馆的移植和发展就是我国近代文化建构的重要内容之一。

山东金石保存所是成立较早且存续到新中国的少数公立省级博物馆机构之一，该所的发展在中国近代文化建构中极具代表性。1909 年 12 月 16 日，附设于山东图书馆的山东金石保存所在济南建成（关于山东图书馆见于本书第四章第二节）。1950 年 12 月 25 日，在所藏文物移交山东古代文物管理委员会收藏后，山东金石保存所完成使命。在山东金石保存所近半个世纪的发展历程中，先后有许多博物馆人对其发展产生过重要影响。

一、近代山东博物馆人群体的来源与构成

所谓博物馆人是指那些从事或支持博物馆事业发展的人，既包括博物馆机构专职工作人员，也包括热心支持博物馆事业的社会人士。根据《山东省图书馆志》①、《山东省图书馆馆史资料选编》②，以及相关档案、家谱、文集等资料的记载，以对山东金石保存所发展产生过较大影响为标准，选取了 32 位代表人物进行重点研究。考察每位人物的年龄，籍贯，对山东金石保存所产生影响时的教育经历、出国经历，所任职务及时间等要素，并以他们对山东金石保存所产生影响的时间先后为序形成表 3-4：

---

① 王运堂主编，王文刚等撰稿，《山东省图书馆》编委会编：《山东省图书馆志》，中华书局 2004 年版。

② 山东省图书馆编：《山东省图书馆馆史资料选编》上，齐鲁书社 2015 年版。

表3-4　　山东博物馆人群体来源与构成一览表

序号	姓名	生卒年月	籍贯	教育经历	出国经历	时任职务	任职时间	主要影响
1	宋恕	1862—1910	浙江温州	贡生	1903年5到11月，到日本考察	山东学务处议员兼文案	1905.09—1908.05	提出在山东建博物馆的第一人
2	袁树勋	1847—1915	湖南湘潭			山东巡抚	1909.02—1909.05	上书请建图书馆并附设金石保存所，获准后全力支持建馆
3	罗正钧	1855—1919	湖南湘潭	举人	1902年到日本考察学制	山东提学使兼任金石保存所提调	1909.02—1910.10	主持创办山东金石保存所
4	孙宝琦	1867—1931	浙江杭州	荫生	先后出访或出使法、英等国	山东巡抚	1909.05—1911	支持建馆，上书保护海源阁藏书
5	姚鹏图	1872—1921	江苏太仓	举人，曾就读南菁书院	1903年到日本参加大阪博览会；1906年随载泽出访九国	山东省行政公署秘书兼金石保存所帮办	1909—？	到浙江天一阁考察，参照此阁主持建设山东金石保存所馆舍，并为该馆积极收集藏品
6	孙维墅	1861—1921	山东济宁	廪生	其父曾任出使日本大臣参赞官	山东省行政公署秘书兼金石保存所帮办	1909—？	搜访图书文物扩充馆藏

续表

序号	姓名	生卒年月	籍贯	教育经历	出国经历	时任职务	任职时间	主要影响
7	张百城	不详	安徽歙县	孝廉		山东金石保存所坐办	1910.1—1910.7	维持山东金石保存所运行
8	陈荣昌	1860—1935	云南昆明	进士	1905年赴日考察	山东提学使兼金石保存所提调	1910—1911	在山东金石保存所内建博物馆
9	保厘东	不详	江苏南通	廪贡生、曾就读南菁书院		山东金石保存所坐办	1910.7—1911.10	建博物馆，编辑《山东省图书馆辛亥年藏书目录》
10	王寿彭	1874—1929	山东潍县	状元	1903年到日本考察政治教育	教育厅厅长兼馆长	1913.9—1914.3	扩充馆藏
11	夏继泉	1884—1965	山东邹城	进士		岱北道观察使	1913	将沽化古刹经典送金石保存所
12	刘宝泰	1875—1932	江苏如东	熟读诗书		山东行政公署主任兼馆长	1914.3—1917.10	扩增馆藏，主持编辑金书画清册、藏书目录
13	袁绍昂	不详	江苏南通	拔贡、曾就读南菁书院		帮办	刘宝泰任职内	编辑《山东省图书馆重编书目》

续表

序号	姓名	生卒年月	籍贯	教育经历	出国经历	时任职务	任职时间	主要影响
14	庄陔兰	1870—1946	山东莒县	进士	1906—1908年留学日本军政大学	馆长	1917.10—?	扩充馆藏
15	陈名豫	1883—?	山东滕县	秀才，山东优级师范		馆长	1918年后	维持运行
16	赵文运	1884—1921	山东胶州	举人		馆长	?—1920.2	维持运行
17	丁麟年	1870—1930	山东日照	举人		馆长，兼文牍兼金石员	1920.2—1929	扩充馆藏，承办山东历史博物博览会
18	何思源	1896—1982	山东菏泽	北京大学	留学欧美	山东省教育厅长	1928—1944	为该馆提供全面支持
19	王献唐	1896—1960	山东日照	青岛特别高等专门学校及礼贤书院		馆长	1929.8—1948.9	扩建馆舍、扩充馆藏、研究馆藏、开放馆藏等
20	牟祥农	1905—	山东日照	青岛大学		特藏部主任	1929—1937	扩充馆藏，参与考古

续表

序号	姓名	生卒年月	籍贯	教育经历	出国经历	时任职务	任职时间	主要影响
21	董井	1894—1946	山东邹县	山东高等学堂		历任事务员、编藏部主任	1929—?	研究、整理馆藏
22	丁惟汾	1874—1954	山东日照	明治大学	留学日本	山东省政府委员、国民党中央秘书长等，兼图书馆设计委员会委员	1929—1949	协助王献唐扩充馆藏
23	栾调甫	1889—1972	山东蓬莱	自学成材		齐鲁大学教授图书馆设计委员会委员	1929—1949	协助王献唐扩充馆藏
24	屈万里	1907—1979	山东鱼台	东鲁中学肄业		编藏部主任	1932.1—1940.12	研究馆藏、协助王献唐南迁文物
25	李义贵	1906—1989	山东济南	爱美中学		工友、助理干事	1932—1950	协助王献唐南迁文物
26	傅斯年	1896—1950	山东聊城	北京大学	留学英德等国	中央研究院史语所所长	1930—1949	协助扩充馆藏、协助文物南迁
27	邢蓝田	1898—?	河北文安	直隶法政学校		济南市财政局局长	1934—1936	扩充馆藏、六次往访收集马国翰玉函山房的金石图籍

续表

序号	姓名	生卒年月	籍贯	教育经历	出国经历	时任职务	任职时间	主要影响
28	孔德成	1920—2008	山东曲阜	家学，师从王寿彭等		孔子第77代孙，袭封31代衍圣公	1937—1948	为山东南迁文物提供保存处所
29	尹莘农	1894—1973	山东日照	上海同济医工专门学校		山东省立医学专科学校校长，兼附属医院院长	1937—1949	协助王献唐南迁文物
30	辛铸九	1880—1965	山东章丘	秀才，县优级师范		馆长	1939—1945	整理馆藏图书和碑刻，与苗兰亭、张蔚斋联合捐款购买海源阁藏书
31	罗复唐	1890—?	山东桓台	山东省立第一师范高师部文学教育专修科		代馆长	1945—1948	整理、扩充馆藏，维持运行
32	路大荒	1895—1972	山东淄博	山东法政专门学校		研究辅导部主任，副馆长	1945—1950	编撰《海源阁善本书选志》

由表 3-4 可见，以 1929 年为界，山东博物馆人群体来源与构成呈现出明显阶段性：

一是在 1909 年至 1929 年期间对金石保存所产生较大影响的 17 人中，大多出生于 1860—1884 年，来自山东省外的有 10 人，有传统功名的 13 人，曾出国到日本的有 7 人，馆内人员多是兼职。

二是 1929—1949 年对金石保存所产生较大影响的 15 人中，大多出生于 1894—1907 年，来自山东省外的只有 1 人，接受过新学教育的有10 人，2 人有留学欧美的经历，馆内人员多专职。

按照对山东金石保存所产生影响的时间先后，我们分别将其称为第一代博物馆人群体和第二代博物馆人群体。两代博物馆人群体的来源与构成不同，对博物馆事业产生的影响势必不同。

二、第一代博物馆人群体与山东金石保存所

(一) 罗正钧是第一代博物馆人群体的核心人物

一是因为罗正钧是山东金石保存所的奠基人。1909 年年初，罗正钧时任山东提学使，他在巡抚袁树勋的支持下建成山东省图书馆附设金石保存所，从建馆舍到收集图书文物，都由他亲自经营挈划。他还制定了《山东图书馆附设金石保存所暂行章程》(简称《附设章程》)，为山东境内金石等文物的采访、储藏方法和范围等制定了具体规则。1931 年，时任馆长王献唐在回顾该馆工作时指出："时湖南罗顺循（正钧）先生，以提学使兼充本馆提调。关于房屋之建筑，图书之购藏，金石之搜集，悉由罗君主持。其幕客太仓姚柳屏（鹏图），日夜襄理此事，为功尤伟。今就本馆当日一切施设，在见其惨淡经营之匠心，十数年来之根基，完全由此时树立，而亦为本馆最可纪念之时期。"[1]时任该馆编藏部主任的

---

① 王献唐：《一年来本馆工作之回顾》，《山东省立图书馆季刊》1931 年第 1集第 1 期。

屈万里也曾感叹道："今日所以有此鸿规者，实奠基于罗氏也。"①

二是以罗正钧为中心，其他博物馆人之间存在着密切的地缘、学缘或僚属关系。如山东金石保存所建立时，时任巡抚袁树勋是罗正钧同乡，继任巡抚孙宝琦曾与罗正钧同为袁世凯僚属。1894年，罗正钧得时任湖南巡抚陈宝箴保荐，赴直隶（今河北）任知县，"先后任抚宁、定兴、邢台等县知县，天津知府"，在保定府知府任内，创办蒙学数十所，时为全国之冠"。光绪二十九年（1903），直隶总督袁世凯奏立学校司，电调罗正钧办学，罗正钧上言："教育贵普及，而以中小学堂为本，然必先造就师资，而后中小学能刻期举办。"对此，钱基博评价道："中国之有师范学堂，自直隶始，而直隶之办师范学堂，其议发自正钧。""自创设师范学堂，日就月将，四年而全省之中小学堂如期成立。风声所播，于是山东、河南两省人士，胥以直隶办学，知所先后，成效最速，可为法式，请选派俊秀，附学师范，以资观摩而开风气，则正钧之以也。"②因在直隶办学有功，罗正钧受到袁世凯的推荐，得到破格任用，先后出任天津知府、保定府知府兼管全省学务。孙宝琦于光绪二十六年（1900）以后，曾任直隶候补道，为直隶总督袁世凯所赏识。"光绪二十七年（1901），袁世凯称赞他'才器开朗，奋发有为'，'堪称干济之材'，并大力保荐，嗣后奉旨军机处记，与袁深相结纳。"③

具体担任山东金石保存所建设任务的姚鹏图、孙维壁等人既是罗正钧的僚属，又经常与罗正钧一起鉴赏文物，如为保护山东嘉祥的汉画像石，罗正钧与姚鹏图"一起集资"帮助嘉祥县地方官吴蔚年于武梁祠临近建起了一座新保管室，并把那些散放在地上的画像石搬进了新址。④

---

① 屈万里：《载书播迁记》，《春秋》2008年第6期。
② 钱基博：《近百年湖南学风》，岳麓书社2010年版，第79页。
③ 王志民主编：《山东重要历史人物》第4卷，山东人民出版社2009年版，第332页。
④ 孙青松、贺福顺主编：《嘉祥汉画像石选》，香港唯美出版公司2005年版，第113页。

姚鹏图(1872—1921)，字纯子，号柳屏，又号古风，镇洋县人。"少聪慧绝伦，每日读书百余行，背诵无遗"，与陆增炜有太仓"二才子"之称。太仓老辈则称其文"文法灵警、词华茂美"。光绪十七年(1891)辛卯科乡试中举，年才二十。屡应会试不第，于戊戌(1898)大挑一等，用知县分发山东，然到济南后，久未得差，甚不得志。曾以随员身份被派赴日本参观考察，写成竹枝词《扶桑百八吟》108首。姚后在山东历署邹县、沾化、聊城等县。清末，山东省建图书馆，姚鹏图作为山东提学使兼图书馆提调罗正钧的幕僚，日夜襄理此事，为功尤伟。入民国，任山东巡按使内务科长，当是时，武人掌权，姚怏怏不得志，弃官去。后入京，充国务总理钱能训秘书，任内务部礼俗司司长。遽以疾殁于京寓。① 山东图书馆是座园林式的图书馆，起名遐园。遐园修建之前，姚鹏图即受罗正钧派遣，赴浙江宁波考察明代侍郎范钦的天一阁藏书楼。天一阁之名取元代文学家揭文安《天一池记》以水制火的意思，建筑物间水绕溪转，院中叠石为山，既可防火，又宜观赏。他学到了天一阁的精华所在，又从本馆的地理环境出发，几易其稿，制定出比较理想的建筑方案。他命人在园内开凿一条玉带河，引入大明湖水。主体建筑有海岳楼、宏雅阁、读书堂等，还有用于金石保存的碑龛、金丝楠、汉画堂等。亭阁楼台，溪流荷塘，建筑间都有廊厦连接，雨雪不虑。该馆建成后，荣成孙葆田撰《山东创建图书馆记》，姚鹏图书丹，立碑以纪。而姚鹏图又与保厘东、袁绍昂、刘宝泰同是江苏同乡，其中姚鹏图、保厘东、袁绍昂还是南菁书院的同窗。②

(二) 第一代博物馆人群体建成山东金石保存所

第一代博物馆人群体都是士大夫出身，早年受过系统、良好的国学训练，大多擅长写作、书法、绘画等，且热衷于收藏鉴赏各类金石器

---

① 杨培明主编：《南菁书院志》，上海书店出版社2015年版，第567页。
② 杨培明主编：《南菁书院志》，上海书店出版社2015年版，第840~843页。

物，这"既是京师中士林风尚所趋，也是士大夫间交游雅集的重要方式"①，如姚鹏图的碑版收藏之富，考鉴之精。姚鹏图性旷达，雅好鉴藏金石，尤喜碑刻。其《己酉（1909）除夕咏物四首》题记曾说："比年历下度岁，除夕购必书帖一种，视所寡有以纪迎年，岁有所获，往往可喜。今年得四种，秉烛摩挲，爰成分咏。"②其碑版收藏之富，考鉴之精，时称"济垣士林，无出其右"③。他著有《金石学录续补》，传世善本碑帖画作中多见其题跋，王羲之的《澄清堂帖》、韩侂胄的《群玉堂帖》等均有他的观款和题跋。明末清初太仓诗人、书画家吴伟业（梅村）之《晚春雨霁》图，也有他的题跋："丁巳（1917）春暮，邑后学姚鹏图敬观于济南珍珠泉上，题名卷尾。"④1907 年 2 月 19 日，宋恕与老友欧阳柱、陈诗、狄葆贤、张元济等聚首倾谈，狄葆贤就赠他唐碑数种。⑤ 宋恕自 1896 年 4 月 6 日，在上海格致书院认识谭嗣同后，来往密切，相互设宴招饮，多次促膝畅谈，还曾同去参观博物院。⑥

作为中华民族古代文明重要发祥地和最早生息繁衍的地区⑦，"山东乃圣人桑梓之邦，为我国数千年文明所自出"⑧，尤其是传统金石学重点关注的汉魏碑刻在山东地区所存最多，清代叶昌炽曾云："海内真秦碑仅二石，一在泰山绝顶，一在诸城，皆山左也。典午一朝皆短碣，

---

① 李飞：《陶斋博物馆与晚清金石文化转型》，《中国国家博物馆馆刊》2019年第 1 期。

② 魏敬群：《姚鹏图与山东图书馆的往事》，《济南时报》2012 年 1 月 10 日，第 B06 版。

③ 谢兆有、刘勇、王毅编著：《山东书画家汇传》，中国文联出版社 2003 年版，第 205 页。

④ 魏敬群：《姚鹏图与山东图书馆的往事》，《济南时报》，2012 年 1 月 10 日，第 B06 版。

⑤ 陈镇波：《宋恕评传》，浙江人民出版社 2010 年版，第 340 页。

⑥ 金丹霞、潘虹主编：《温州百年文化星座》，浙江摄影出版社 2013 年版，第 34 页。

⑦ 聂立申：《金代泰山名士稽考》，吉林大学出版社 2015 年版，第 3 页。

⑧ 山东省图书馆编：《山东省图书馆馆史资料选编》上，齐鲁书社 2015 年版，第 1 页。

惟任城孙夫人碑在新泰，明威将军郭休碑出历下，与中州太公望表鼎足为三，未闻有第四丰碑也。汉隶以韩敕、史晨为第一，而在曲阜；北书以郑文公上下碑为第一，在掖县；画像以武梁祠堂为第一，而在嘉祥之紫云山；寻览汉石，存曲阜、济宁、嘉祥三邑。磐宇内所有，未足以尚之。观乎海者难为水，此其海若欤。故欲访唐碑当入秦，欲访先秦汉魏诸碑，当游齐鲁。"①山东本土也先后涌现出王俅、刘跂、赵明诚、李清照、阮元、黄易、陈介祺、高鸿裁等许多著名的金石收藏家及一大批金石学著作。如陈介祺（1813—1884），山东潍县（今山东潍坊）人。道光十五年（1835）中举人，道光二十五年（1845）中进士。此后10年间，一直供职翰林院，官至翰林院编修。他酷爱金石文字的搜集与考证，铜器、玺印、石刻、陶器砖瓦、造像等无不搜集。曾向当时著名学者阮元求教质疑，并与何绍基、吴式芬、李方亦等许多金石学者互相切磋。他不惜巨资搜集文物，仅三代、秦汉古印一项，就有7000余方。道光三十年（1850），他在家乡潍县城内旧居建成"万印楼"一幢。精于鉴赏，尤擅墨拓技艺，其手拓铜器、陶、玺、石刻等拓片享有盛名。所藏殷周秦汉吉金即达数百件，其中像"左关釜"、"左关锸"、战国齐量、秦汉铜镜以及东汉新莽铜尺等，都是稀世珍品。而最著名者为"毛公鼎"，上铸金文近500字，公推天下金器之冠。他家的藏器墨本后由顺德邓实汇印成《簠斋吉金录》8卷名世，共389器，是他家藏器中的精品。除吉金外，陈家还藏有三代陶器数百件，周印百数十件，汉魏印万余件，秦诏版十余件，魏造像数百区，金石器物之丰，为"从来赏鉴家所未有也"。陈介祺不仅收藏丰富，而且考释精审。他每得一器一物，必察其渊源，考其价值，解奇释疑，一丝不苟。著有《簠斋传古别录》、《簠斋藏古目》、《簠斋藏古册目并题记》、《簠斋藏镜全目钞本》、《簠斋吉金录》、《十钟山房印举》、《簠斋藏古玉印谱》、《封泥考略》（与吴式芬合

① （清）叶昌炽撰，王其校点：《语石》，辽宁教育出版社1998年版，第34页。

辑)等。

高鸿裁(1852—1918),字翰生,一作翰声。山东潍县(今潍坊)潍城区西关人。其父庆龄酷爱金石、古印,集有"齐鲁古印捃"。受家庭熏陶,自幼胸襟旷迈,不屑世俗利禄之学,早年出游京师,曾聘其为史馆编修,不久便辞去。好古文,嗜金石,既长益笃。曾得于濂芳所藏汉、魏古印,集《齐鲁古印捃补》1卷。高鸿裁收藏多古印及古砖瓦。晚年,集两世所藏,钤为《印邮》行世。又同王石经等人各出所藏精品,辑为《古印偶存》。后因家道中落经济乏力,高鸿裁转而专心古砖瓦收藏与研究。光绪十三年(1887),从河南得汉时祠壁一砖,共12字,小篆体,曰:"海内皆臣,岁登成熟,道无饥人"①,经考证是为汉砖,遂著《上陶室砖瓦文捃》12册。他精研汉学,且好藏书,先世即有藏书,他更留心于史籍和地方文献,凡奇编秘函、宋雕元刻,不惜巨资予以搜罗。凡宋元版本及秘抄禁书均刻意搜求,达3万卷。

丰富的金石资源和重视金石的传统更是激发了山东第一代博物馆人收藏鉴赏金石的热情。但第一代博物馆人处在"晚清"这一特殊的历史时期,朝纲不振,国家式微,此时"山东金石诸家之著录甚多,代远年湮,其残坏迁徙者,指不胜屈。稽之旧录,往往不符,加以愚民无知,奸侩牟利,近颇有流入外国者。若再置之不问,不但旧物之废弃日甚,亦奚以免国无人焉之讥,是以保存,当此时代,尤不可缓"②。山东金石一方面由于缺乏有效保护而不断废弃,另一方面外国列强不断劫掠盗买,尤其是日本人的觊觎,使不少金石文物流散国外,保护文物的任务不容待缓。如高鸿裁"晚年生活固顿,所藏之物陆续售出"③,罕世之汉

---

① 王志民主编:《山东重要历史人物》第4卷,山东人民出版社2009年版,第300页。

② 山东省图书馆编:《山东省图书馆馆史资料选编》上,齐鲁书社2015年版,第266页。

③ 王志民主编:《山东重要历史人物》第4卷,山东人民出版社2009年版,第300页。

砖被日本人秘藏盗运出国。嘉祥武氏祠画像石，位于今山东省济宁市嘉祥县纸坊镇武翟山村，画像石所在的武氏祠是东汉时期的祠堂（及墓地），为全石结构建筑。武氏祠画像石是迄今发现规模最大保存最完整的汉代画像石群遗存。武氏祠中有四个石室，即"武梁祠"、"武开明祠"（武梁之弟）、"武班祠"（武开明长子）和"武容祠"（武开明次子），石质墙面上以剔地的方式绘制出层次丰富的画面，代表性题材内容有老子见孔子、荆轲刺秦王等，另有大量忠孝节义的题材。20世纪初，法国的沙畹、色伽兰和日本的关野贞等，分别调查了山东、河南、四川等地的汉代石祠、石阙、崖墓及其画像，并运用照相、测量、绘图等近代考古方法进行了记录。日本大村西崖的《支那美术史·雕塑篇》则以照片方式著录了许多汉画像石与拓片资料。关野贞于1916年出土了《支那山东省汉代坟墓的表饰》一书。该书著录了大量汉代山东画像石图像，包括孝堂山、武梁祠、晋阳山慈云寺、两城山、济南府金石保存所所藏画像石、日本东京帝国大学及帝室博物馆所藏画像石等，内容非常丰富。关野贞还对武梁祠、孝堂山的汉画遗址进行了实地测量，[①] 觊觎之心昭然若揭。罗正钧发出"吾国艺人之瑰宝，何可为外人有"[②]的呼吁，宋恕借古喻今，在《历下杂事诗》中写道："一代词宗李易安，晚悲文物保存难。过江十五车都尽，更忆青州泪不干。"[③]反映了面对山东金石的不断废弃及外流，仅靠个人收藏无力挽救这一颓势，为此他们忧心如焚。孙维鐅在致友人的信中写道："国学以文字为托始，文字以金石为后亡，藉此搜讨丛残，略存梗概。惟事当创始，诸待扩张，而渊海宏

---

① 武汉大学中国高校哲学社会科学发展与评价研究中心组编：《海外人文社会科学发展年度报告·2015》，武汉大学出版社2015年版，第654页。

② 钱基博：《近百年湖南学风：经学通志》，湖南师范大学出版社2018年版，第70页。

③ 孙克强、裴哲编著：《论词绝句二千首》下，南开大学出版社2014年版，第671页。

深，搜求未备。"①感叹金石收藏事业任重道远。姚鹏图写诗："莫笑生涯似蠹鱼，中原文献日凋疏。寂寥觞咏思前辈，点缀湖山待著书"，抒发其深知文化传承的使命感。

加强金石保护的强烈需求促使第一代博物馆人急于寻求解决方案，随着西学东渐，特别是他们大多曾经到日本进行过考察，对国外大量存在的博物馆性质机构有一定了解，如 1900 年 3 月 20 日，姚鹏图曾在写给汪康年的信中说："弟从日本归，乃知中国恶果种种，皆缘无教化三字，积累而成。"②1905 年，宋恕就向当时的巡抚杨士骧提出在大明湖建公园，并在公园里"建设图书馆，博物馆"等机构的建议。③

1905 年 12 月广智院第一期工程 2400 平方米房舍在济南竣工，定名济南广智院，英国浸礼会教士怀恩光任院长。该馆是外国教会在中国兴办的最早的博物馆之一。广智院前身是由怀恩光创办的青州博物堂，清光绪三十年（1904），怀恩光在济南征地 2 万平方米，建造新堂，将青州博物堂的设备、人员及保藏品大部迁入。翌年 12 月，1910 年广智院全部完工。广智院的主体结构是一个大展厅，展厅分展览室和讲道所两部分，面积 468 平方米。展览室高约 16 米，宽 40 米，进深约 46 米。建筑群的室内空间开阔敞朗，通顺紧凑，充分利用自然通风采光的条件。讲道所设在展室后，内有长椅，可容纳三百多人，是集中对参观者讲道的地方。广智院是一所综合性的博物馆，以展览形式展示西方近代科学与文明。陈列品在太平洋战争前包括动物、植物、矿物、天文、地理、机工、卫生、生理、农产、文教、艺术、历史、古物 13 个门类。采用展橱、镜框、挂图等方式陈列。展品万余件，分二千余组，融知识性、趣味性、形象性为一体，常年开放。广智院的开放，在当时济南产

---

① 王绍曾、沙嘉孙：《山东藏书家史略》，山东大学出版社 1992 年版，第 315 页。

② 上海图书馆编：《汪康年师友书札》第二册，上海书店出版社 2017 年版，第 1145 页。

③ 胡珠生：《宋恕集》，中华书局 1993 年版，第 413 页。

生较大社会影响。

1905 年 12 月，杨士骧带领一批官僚参加了开幕典礼并在展览室的大门前合影留念，① 这张相片被怀恩光放大高挂院内，作为重要展品之一，并制成锌版在国内外报纸杂志上刊登，以扩大宣传。1906 年广智院的第二部分建成，当时的山东巡抚吴廷斌又带着文武官员前来参观。翌年吴廷斌又借广智院接见在山东的全体传教士。广智院这样隆重开幕之后，前来参观的人数与年俱增。在广智院入口处，装有一个可以自动计数的转轴，每进一人推动转轴，就自动拨了一齿，这样便可以记下每日进来参观的人数。据怀恩光的报告上记载，"1909 年全年参观者215055 人次，其中官员 1085，学生 43477，（来济南烧香的）香客19346，图书馆与阅览室读者 37966，官太太 552，其他妇女 13645，士兵 11480，其他的参观者则来自民间各个阶级"②。

这样一个近代意义的博物馆直接给山东社会建设博物馆提供了模板，但可惜杨士骧很快调离山东，宋恕等人的设想未能实行。

随着学部学务官制"经理印刷并管图书馆、博物馆等事务"③等相关规定的进一步明确，光绪三十四年（1908），湖南罗正钧任山东提学使，特请巡使者奏立案，详述在山东创办图书馆的可能性、必要性和紧迫性。宣统元年（1909）1 月 25 日，山东巡抚袁树勋上《奏东省创设图书馆并附设金石保存所以开民智而保国粹折》。2 月 20 日，批"学部知道"。3 月 20 日，山东于学务经费节存之款，拨银两万两为建筑费，由罗正钧亲自主持开工兴建图书馆。"皇帝嗣服之元年夏，山东提学使罗正钧钦遵明诏，兴学造士，乃创建图书馆于省城旧贡院之隙地，附设山东金

---

① 中国人民政治协商会议山东省济南市委员会文史资料研究委员会编：《济南文史资料选辑》第 4 辑，1984 年，第 172 页。

② 中国人民政治协商会议山东省济南市委员会文史资料研究委员会编：《济南文史资料选辑》第 4 辑，1984 年，第 173 页。

③ 陈元晖主编，高时良、黄仁贤编，中国近代教育史资料汇编：《洋务运动时期教育》，上海教育出版社 2007 年版，第 841~842 页。

石保存所。其地面山背湖，方广二十有六丈。为楼十二楹，前列广厅，以为藏书及阅书之室。"①"十二月十六日落成。抚宪题写馆名：'山东图书馆'。"②

该馆在大明湖西南隅，仿浙江宁波范氏"天一阁"旧制，"背湖面山，颇饶形胜。建筑亦含公园性质，借以怡说学者心神。正中曰海岳楼，上下六十间，为储藏图书之所。前为宏雅阁十六间，以储藏古物及教育用品"③。初创伊始即传盛名，有"南阁(天一阁)北园(遐园)"之美誉。

罗正钧等人之所以能成功建立金石保存所，除了爱国热情、职责所在、有宋恕等人的设想基础外，还与他们的理念和阅历密切相关。罗正钧、袁树勋、姚鹏图、保厘东、袁绍昂、刘宝泰等人分别来自湖南、江苏、安徽、浙江等江南省份，都是在家乡接受了传统教育，并深受"明清之际思想家王夫之、黄宗羲、顾炎武等为代表的江南士风的影响，江南的士大夫在宋明以后就逐渐眼光向下，以治事、救世为急务"④，大力提倡经世致用。如核心人物罗正钧曾师从郭嵩焘，与张元济、汪康年等相熟。到山东之前，他先后在湖南、直隶等省负责教育工作，对推动湖南选派留学生，河北开创师范教育等都切实作出贡献，张之洞称之为"品高学博"⑤，后人视其为湘人"进德修业"的代表⑥。罗正钧对当时已

---

① 《山东省文化艺术志资料汇编》第2辑，山东省文化厅《文化艺术志》编辑办公室，1984年，第247页。
② 《山东省文化艺术志资料汇编》第2辑，山东省文化厅《文化艺术志》编辑办公室，1984年，第249页。
③ 《山东省文化艺术志资料汇编》第2辑，山东省文化厅《文化艺术志》编辑办公室，1984年，第249页。
④ 许纪霖：《近代中国的公共领域：形态、功能与自我理解——以上海为例》，《史林》2003年第2期。
⑤ 苑书义、孙华峰、李秉新主编，秦进才常务副主编，吕苏生、徐俊元、孙广权副主编：《张之洞全集》第8册，河北人民出版社1998年版，第6814页。
⑥ 钱基博著，刘梦溪主编，傅道彬编校：《中国现代学术经典·钱基博卷》，河北教育出版社1996年版，第630页。

经出现的湖南图书馆兼博物馆、河北博物院、南通博物苑等博物馆性质的机构都有所了解，因而在山东给学部求设立图书馆附设金石保存所的上书中指出："比年，直、宁、湘、鄂各省已先后效力，规模有启。"①来自南通的保厘东、袁绍昂、刘宝泰等人成长于乡土社会，并把"对于根源的保卫和培养时常看成一种责任"②。1905 年 12 月，张謇开始建设南通博物苑。他们对家乡出现的这件属全国首创的大事应当极为关注，因此在山东上学部的奏折中出现的"东西列邦，莫不竞设图书馆、博物院，高楼广场，纵人观览"③，与张謇在《上南皮相国请设博览馆议》中提到的"大而都畿，小而州府，莫不高阁广场，罗列物品，古今咸备，纵人观览"④等内容如出一辙。1903 年，姚鹏图被山东巡抚署派到大阪参加日本第五届内国博览会，在日本逗留四个月。他在博览会的美术馆看到了日本遣唐使的图画，又在东京博物馆看到了遣唐使佩戴的银鱼袋，有感而发，写下了："一幅画图遣唐使，衣冠文物识依稀。流传尚有银鱼袋，当日官家可赐绯。"⑤看到了伊能忠敬的遗著《全国实测录》《江户实测》等书，感慨到"盖吾国徐松、魏源其人种苗者，彼今粒食矣"。他看到八国联军入北京图，悬挂于会场之前。不禁哀叹"此图当遍悬我国中，如法兰西故事也"。姚鹏图在日本所见，引发了他关于藏品收集、博物馆功能的思考，并触发了回国建馆的冲动。

可见，经世致用的理念坚定了罗正钧等人在山东建设博物馆的决心，相关阅历又为他们提供了信心和借鉴。

---

①　山东省图书馆编：《山东省图书馆馆史资料选编》上，齐鲁书社 2015 年版，第 1 页。

②　费孝通：《乡土中国·生育制度·乡土重建》，商务印书馆 2015 年版，第 403 页。

③　山东省图书馆编：《山东省图书馆馆史资料选编》上，齐鲁书社 2015 年版，第 1 页。

④　李淑萍、宋伯胤选注：《博物馆历史文选》，陕西人民出版社 2000 年版，第 11 页。

⑤　陈道华、姚鹏图：《日京竹枝词·扶桑百八吟》，岳麓书社 2016 年版，第 63 页。

据第一次教育年鉴统计①，当时全国仅有陕西、山西、云南、广西等省与山东同年建立省级公立博物馆性质机构。山东成为较早建立公立博物馆机构的省份，与罗正钧等博物馆人的努力是分不开的。

(三)第一代博物馆人群体与山东金石保存所的发展

1. 设立山东金石保存所后开展的一系列工作

(1)开始系统整理以金石为代表的山东文物。

一方面，对于馆藏的古物进行整理。保厘东、袁绍昂先后两次编辑馆藏书目。王寿彭任馆长时期，又着人编辑了馆藏金石目录。一方面，第一代博物馆人群体利用手中掌握的行政权力，颁布《山东图书馆附设金石保存所暂行章程》：

> 第一章　保存主义
>
> 文明之国于古物无不保存。盖观制造文质之变迁，即可验人群进化之次序。而金石文字，尤为古人精神之所寄，历代制作之所遗，证经证史裨益宏多，较之寻常古物尤有关涉。山东为文明旧邦，金石之富冠于他省，是保存较他省为尤亟。
>
> 山东金石诸家之著录甚多，代远年湮，其残坏迁徙者，指不胜屈。稽之旧录，往往不符。加以愚民无知，奸侩牟利，近颇有流入外国者。若再置之不问，不但旧物之废弃日甚，亦奚以免国无人焉之讥，是以保存，当此时代，尤不可缓。
>
> 山东为圣人桑梓之乡，又为南巡跸路所经，列圣宸翰迭蒙颁赐，恭遇御制御书碑文，允宜敬谨摹藏，以著尊王之义。
>
> 山东金石，汉魏最盛，隋唐以来留遗亦多。本所拟始自秦汉、迄于宋元，所有各州县金石，分别设法保存。即断折残缺，如系真

---

① 教育部编:《第一次中国教育年鉴·乙编》下，开明书店1934年版，第567~580页。

迹，本所概予购藏。至有明诸碑，时代较近，惟条存其目，饬属一律护惜。山东大宗金石，曲阜圣庙所存济宁学宫所藏，均有人守护。掖县平度州之云峰、天柱山，泰安之泰山、徂徕山，邹县四山，宁阳水牛山，诸摩崖无虞散失。外如肥城孝堂山、嘉祥武梁祠、金乡朱鲔墓室各处，业经本所次第整理，每年由总理派本所委员，会同地方官，阅视一次。各属金石，通饬查明后，每届年终由地方官查点禀报一次。

第二章　采访章程

金石妙迹，皆散见于各州县。今拟采访之法，分为二类：

一、州县旧志、诸家旧录所已载者；

一、新出土之金石，未见著录者；

已见著录之金石，流传迁徙，今昔情形不同，暂据下开诸书为采访之底本：

一、《山左金石志》；

二、《山右考古录》；

三、《金石萃编》；

四、《金石续编》；

五、《寰宇访碑录》；

六、《寰宇访碑续录》；

七、各州县志书；

八、《山左碑目》；

九、《山左访碑录》；

十、诸家题跋之有关于金石者，详于碑地考证者。

已见著录之金石，檄行各州县详查，报司存案。札粘单开列该属境内所有之金石品名，每种拓正副本各一份送存本所。其昔有今亡者，饬于单内注明遗失缘由；其昔亡今有者，仍由各州县拓送，无得遗漏。

各州县境内之金石，其向在公中储存者，无难拓取其有私家收藏之金石，亦应逐一罗致。士绅既能好古，必能维持公益，似无靳而不予之理。惟纸墨拓工宜偿以相当之价值，其不愿受值者为赠送品，于目录注明赠送人之姓名。

本所于名誉员中专延数人为采访员，无定额，不支薪水，必求笃耆金石、性行笃雅、深明义例之人当之。

采访员访有私家所藏金石可以购买者，即开明索价若干，将拓本先寄本所，呈由总理核定应否购买，再议价购致。

采访员遇有公家物之未经保护者以及无主之物，即应知会地方官衙门，送各学明伦堂安置，并将拓本寄本所转呈总理鉴核，以定是否即存各学或运至本所收藏。

本所所有延定各采访员，即开列姓氏衔名，由总理檄行各州县备案，以便遇事商办，而免冒充。其所采金石应运送本所者，物价并运费均核实报由本所支领。

本所随时雇用拓碑人一二名，以便摹拓僻地金石，辅各牧令所不逮，计程论件给予相当之工价，不得稍有浮费。

本所已经收藏之金石，及采访各处金石未经前人著录者，随时考证，分别记录，以便异日编辑，补前贤所未备。

本所于图书馆经费项下，每年酌拨若干为采访拓购之费。

第三章　储藏规则

本所储藏山东金石，即附设于图书馆之内，为屋凡三十有二楹，俟所得既富，再行扩充。

本所收藏之金石，区为三类：

一、原物(凡新出土之品及人家出售或公物无人护惜者，皆收嗽之)；

二、旧拓本；

三、新拓本。

储藏原物之种别，区为二类：

一、金类(银铁之属附之)；

二、石类(砖瓦凡陶器之属附之)。

储藏拓本之种别,区为六类。每类之中,各以时代次其先后:

一、铜器拓本(钟鼎、玺印、镜鉴、泉刀、戈戢、杂器);

二、碑碣拓本;

三、蕙志拓本;

四、画象造象拓本;

五、杂刻拓本(砖瓦集帖之类皆入杂刻);

六、覆刻拓本(如城武庙堂碑及闵氏庙堂碑纂言之类)。

储藏原物。每金石品类运至本所,由书记登录于册,坐办委员督令司役妥贴安置,遇有风雨燥湿,随时加意护视。本所所藏金石,每年定期拓一次或两次。每次拓有若干纸,具报存案,分别估定价目。虽本所员司,不得任意拓取持赠,以防毁坏,而昭郑重。

储藏拓本。用坚致之纸制封筒,以工部营造尺长一尺二寸、宽八寸为率。每拓本一种,装一封筒,以便易于抽阅。封筒正面列表。印以乌栏,照下开各条,按格填注:

一、时代及字体(如周秦汉魏、篆隶真行之别);

二、碑名(人姓名、书撰人姓名,皆注于碑名之下);

三、年月;

四、高广尺寸分(依工部营造尺);

五、行数、字数(碑若干行,行若千字,宜详记之);

六、题额存否(墓志即著盖之存否);

七、阴侧有无;

八、现在何地;

九、记要(旧拓著未缺之字,新出记搜获之由,其有官绅赠送之品,则详其姓氏爵里);

十、考证(考证金石之文,繁简无定。简者,即附载于第九条记要之下繁者,别纸细书,装入封筒之内)。

拓本折叠,非有目录,最难检查。每年年终宜编新目次,以时

代次其先后，并本年所得金石原物，分别具报总理存案，俟搜集略
备，另编志录。

本所收藏古碑石，略记颠末，刻于碑尾。拓本则于纸尾盖用小
印，文曰"山东金石保存所藏"八字，以昭信守，而防遗失。

阅览及赔偿之法，悉照图书馆现行章程办理。

(录自《山东图书馆章程》原件存山东省图书馆)①

该章程确立了山东金石保存所为法定的山东文物保存机构，并从保
存的范围、采访的内容、收藏的类别及方法等都作了详细规定。据此对
省内文物分别进行有效管理：或着令由山东金石保存所直接收藏，如
《附设章程》规定："凡新出土之品及人家出售或公物无人护惜者，皆收
藏之"②，明确了新出土文物、出售及无主文物的归属；或着令地方官
妥善保管，如 1910 年，罗正钧命泰安县知县俞庆澜将秦李斯刻石建小
亭保护，保存到岱庙；或会同地方系统整理文物，并定期检查，如：
"掖县平度州之云峰、天柱山，泰安之泰山、徂徕山，邹县四山，宁阳
水牛山，诸摩崖无虞散失。外如肥城孝堂山、嘉祥武梁祠、金乡朱鲔墓
室各处，业经本所次第整理，每年由总理派本所委员，会同地方官，阅
视一次。各属金石，通饬查明后，每届年终由地方官查点禀报一次"③。
1909 年、1916 年，由山东金石保存所主持先后两次对山东境内古物、
古迹进行了普查，这两次普查分别是按照当时清政府的内阁民政部、民
国教育部的要求进行的，并将普查的结果及时上报中央，山东是当时国

---

① 《山东省文化艺术志资料汇编》第 2 辑，山东省文化厅《文化艺术志》编辑
办公室，1984 年，第 267 页。

② 山东省图书馆编：《山东省图书馆馆史资料选编》上，齐鲁书社 2015 年版，
第 268 页。

③ 山东省图书馆编：《山东省图书馆馆史资料选编》上，齐鲁书社 2015 年版，
第 266 页。

内完成普查任务的寥寥数省之一。①

山东金石保存所作为法定文物保存机构地位的确立，使山东在严峻的文物保护形势下占据一定主动，对保护山东文物发挥了重要作用。如当日本购买的汉画像石过境济南时，罗正钧"以此石为吾国古物，出赀购留之，而薄惩出售之人"②，将画像石购买下来并收藏在山东金石保存所，还惩罚出售之人以惩前毖后。相邻的文物大省河南，直到20世纪30年代才成立河南省博物馆，这种法定古物保存机构的缺乏，导致河南之前多次出现文物归属的纠纷。③

王献唐尤其肯定了罗正钧等人在古物保护方面发挥的作用。1932年6月，时任山东省图书馆馆长王献唐在《山东民众教育月刊》第三卷第六期发表《山东三年来文化事业的一部分——考古与存古》一文，指出："清乾嘉以来的山东古物公共保存运动分为三个阶段：第一阶段为清乾嘉时代，以阮元《山左金石志》、翁方纲为代表；第二阶段为清朝末年，以山东提学使湖南罗正钧在幕客姚柳屏协助下成立山东金石保存所之活动为代表。宣统元年(1909)，山东图书馆成立，湖南罗正钧(顺循)以提学使兼图书馆提调，在幕僚姚鹏图(柳屏)协助下成立'山东金石保存所'，征集汉魏六朝石刻40多种，以及藩库旧存的所有磁器、铜器，编成《山东古迹调查表》，略云：'宣统元年，山东图书馆成立，湖南罗顺循以提学使兼图书馆提调。当时有一位好学的幕客，叫做姚柳屏，帮助着罗先生，作了许多事业。第一步先在图书馆，成立了山东金石保存所。第二步，便以提学使的威权，到各县搜罗。汉魏六朝石刻，先后得到了四十多种，并将藩库旧存的磁器、铜器，一网打尽，送到图书馆去。同时各县古物，有过于笨重不能运馆的。便想法调查保护。最

---

①　江琳：《从"文物保护"到"文化保护"：近代中国文物保护的制度与实践研究：1840—1949》，新华出版社2015年版，第103~105页。

②　傅惜华、陈志农编：《山东汉画像石汇编》，山东画报出版社2012年版，第197页。

③　徐玲：《河南古迹研究会与河南博物馆》，《中原文物》2007年第12期。

后也出了一部结账式的著作——《山东古迹调查表》。'"①肯定了罗正钧
等人建馆收藏古物、征集古物、建立古物保护规范等山东古物保护工作
方面的奠基作用。

（2）对外传播齐鲁文化。

山东金石保存所作为山东图书馆附设机构，随同其一起对外开放，
并根据普通民众需求，分别印制游览券和阅书券，"红色纸为阅书符，
游览券系用白色纸，每券收铜元二枚"②，以便区别，而易认明。尤其
是游览券的发放方便了民众对馆藏金石的了解。该所还面向社会发行馆
藏碑刻的拓本，许多著名学者的收藏、研究轨迹中，都有山东金石保存
所拓本的相关记录。如罗振玉记载："山东金石保存所，有光和六年张
表造虎石刻，亦近三十余年出土。"③鲁迅记载："上午……汪书堂代买
山东金石保存所藏石拓本全分来，计百十七枚，共直银十元。"④在现有
的鲁迅零星手迹中，存有一本鲁迅当年请人收集汉画象所开列的目录小
册子。上面列有山东济南、曲阜、兰山、嘉祥、金乡等 14 处及"金石
保存所收藏汉画象石的情况，在山东金石保存所收藏的汉画象石的目录
上，还注明了报教育部的藏品号"⑤。

1922 年，该所随同山东图书馆一起承办了山东历史博物展览会，
进一步展示了馆藏的大量文物。山东历史博物展览会是山东教育厅及其
所辖各机关学校，发起并组织的一次公共展览活动，以"地濒明湖、夙
称济南胜境"的山东省图书馆为会场，陈列物品计分七个门类，即历史
门、地理门、古物门、教育门、社会风俗门、工商门、农业门。7 月

---

① 李勇慧：《王献唐著述考》，山东教育出版社 2014 年版，第 324 页。
② 《山东省文化艺术志资料汇编》第 2 辑，山东省文化厅《文化艺术志》编辑
办公室，1984 年，第 254 页。
③ 罗振玉著，罗继祖主编：《罗振玉学术论著集》第 3 集，上海古籍出版社
2010 年版，第 204 页。
④ 朱正：《鲁迅研究文丛》第 3 辑，湖南人民出版社 1981 年版，第 295 页。
⑤ 北京鲁迅博物研究室编：《鲁迅研究资料·24》，中国文联出版公司 1991
年版，第 216 页。

5—26 日省教育厅主办的"山东历史博物展览会"在山东省立图书馆开幕，中华教育改进社主任干事陶行知，理事蔡元培、梁启超等到会祝贺并分别参观展览。

（3）对外传播文物保存博物馆化的理念。

《附设章程》规定："本所拟始自秦汉、讫于宋元，所有各州县金石，分别设法保存。"①强调了其用近代机构保存传统文化的职能，随着该章程颁行全省，传播了文物保存博物馆化的理念。在此影响下，1910年，泰安地方士绅将绝命于泰山的维新志士绝命书送交省图书馆附金石保存所，以"使人阅看，以资观感，实为德便"②。1913 年，岱北道观察使夏继泉将沾化古庙收藏的佛教经典 1872 册送交金石保存所保存。

（4）对外传播科技文化。

宣统二年（1910）昆明人陈荣昌继罗正钧任山东学使，聘保厘东担任第二任坐办。2 月 6 日，保厘东于馆西偏北建筑博物馆。10 月，博物馆落成。"购置博物标本、理化器械及各种动物分别布置陈列。"③标本、器械及动物的展示传播了科学文化，开阔了民众视野。

2. 山东金石保存所虽属开创之先但发展缓慢

第一代博物馆人群体中，在山东金石保存所的工作大多数是兼职。1909 年年底公布的《山东图书馆章程》明确规定："现任提学使为本馆之总理，凡馆中一应事宜，皆秉承总理之可否而行……派协理二员，择公所科长兼任，不另支薪水。"④当时第一任总理是由时任提学使罗正钧兼任，姚鹏图、孙家璧等人也都是兼职。人员的更替也十分频繁，如

---

① 山东省图书馆编：《山东省图书馆馆史资料选编》上，齐鲁书社 2015 年版，第 266 页。

② 王运堂主编，王文刚等撰稿，《山东省图书馆》编委会编：《山东省图书馆志》，中华书局 2004 年版，第 43 页。

③ 赵炳武主编：《山东省公共图书馆发展简史》，中国文联出版社 2005 年版，第 2 页。

④ 山东省图书馆编：《山东省图书馆馆史资料选编》上，齐鲁书社 2015 年版，第 266 页。

"1912年因政局变革，本馆坐办一职朝委夕替，一年之间更易五次"①。1917年10月至1920年2月，两年半时间，就有庄陔兰、陈名豫、赵文运三人先后兼任馆长。

这种状况与当时缺乏博物馆专业化人才，山东局势不稳有关，但主要与时人对金石保存所的认同有关。他们没有充分认识到该机构在保存和传承优秀传统文化的重要性和优势，另外，博物馆人自身还忙于私人收藏，而且这些私人藏品大多未得善终。如姚鹏图去世之后，他收藏的碑帖、书画散落四方。陈名豫的藏书在1938年3月，被日本人掳去。罗正钧的孙子罗传承小时候看见过祖父所珍藏字画，可惜均毁于兵燹。②

在这些因素综合影响下，山东文博事业20世纪30年代前在全国虽属开创之先，但发展缓慢。

三、第二代博物馆人群体与山东金石保存所

（一）王献唐是第二代博物馆人群体的核心人物

一是因为王献唐在任时间长，所作贡献大。从1929年8月2日始，他主持山东省金石保存所的工作长达20年，是在任时间最长的馆长。在任期间，他着意搜集文物、典籍，扩充馆藏和研究馆藏，并在抗战时期设法保存了山东文物的精华。③

二是在他担任馆长主持工作期间，相关博物馆人都与他有着密切的朋友、僚属或地缘关系。据研究王献唐生前保持通信联系的师友就将近

①　王运堂主编，王文刚等撰稿，《山东省图书馆》编委会编：《山东省图书馆志》，中华书局2004年版，第43页。
②　赵志超：《罗正钧行述》，政协湘潭县委员会文史资料研究委员会：《湘潭县文史》第5辑，1990年，第250页。
③　李勇慧：《王献唐著述考》，山东教育出版社2014年版，第358页。

300 人，① 他的交往范围已经打破了济南地域限制，扩大到全国各地。他们中许多人因共同对山东发展尤其是博物馆事业的关注而交往，如1929 年 9 月 13 日，傅斯年在写给王献唐的信中说："弟受省费资助留学六年有余，义应有心报之"②，表明傅斯年深怀回报家乡的拳拳之心而与王献唐交往，尤其是在山东文物南迁之后，傅斯年为解决王献唐经费困难，几经努力让王献唐成为管理中英庚款董事会第一届协助科学工作人员，而且每次见面都给王献唐送米、送面、送衣等。孔子第七十二代传人孔德成，在抗战期间，全力支持山东金石保存所的部分文物保存在孔府。馆内职员屈万里、李义贵追随王献唐，颠沛流离，共同完成山东文物南迁，成功地为齐鲁存兹文脉。当时王献唐与全国各地金石收藏互通有无，他的金石学著作《寒金冷石文字》五函二十四册、《寒金冷石文字补编》一册，是学术界久闻其名而未能得见的有关金石文物资料拓片之汇编。这些拓片来源不一，多为友朋赠与。册内多为陈邦怀（保之）、丁稼民（锡田）、柯燕黔（昌泗）、周季木（进）、商承祚（锡永）、潘景郑（承弼）、陈绳夫（准）、张希鲁（连霖）、关伯益、赵揖武、姚贵唠、李万青、庄重舒、孙海屏等民国时期我国知名的金石收藏家所藏，册内还保留了他们的书信和跋语，是王献唐交往之广的有力见证。

（二）第二代博物馆人群体与山东金石保存所的发展（1937年前）

1. 将山东金石保存所建成山东文物研究中心

随着藏品的日益丰富，在王献唐带领下，相关人员逐步展开研究，并编辑出版刊物《山东图书馆季刊》，在此刊登大量有关馆藏文物研究的文章，如王献唐的《汉画石刻忆录》、董井的《山东省立图书馆金石

---

① 安可荇、王书林手稿整理，杜泽逊编校整理：《王献唐师友书札》上，青岛出版社 2009 年版，第 2 页。

② 石兴泽：《傅斯年别传》，中国社会出版社 2005 年版，第 331 页。

志》《馆藏新出汉画像石刻考释》《佛金山馆秦汉碑跋》等。同时还出版了
《齐鲁陶文》《金石名家考略》《汉魏石经残字叙录》《海岳楼藏印甲集》等
专著，系统整理研究了山东以金石为代表的文物。

2. 将山东金石保存所建成近代公共文化空间

第一，举办文物展览，以金石文物为媒介，使山东金石保存所成为
"友朋讲习之地"①。

1930 年 1 月 9 日，经省政府批准，金石保存所随同图书馆全面免
费开放，进一步为公众交流提供了有利条件。

王献唐任馆长时期，藏品大幅增加，李文藻、许瀚、陈介祺、马国
翰、高鸿裁等著名收藏家的收藏都先后纳入馆中，在此基础上文物展示
场所较前也有很大改变与增加。原馆只有"海岳楼"和"碑龛"展出金石
文物，经其改造后，增加了博艺堂、汉画堂、罗泉楼等场所。在展示文
物的同时，为发挥山东金石保存所与山东图书馆二位一体的优势，"实
行读书与实物资料对照研究计划"②，如在"罗泉楼"内展出钱币书籍，
备有阅览桌，读者可以同时就书籍泉币，两相对证研究。他们还特地邀
请于右任、黄侃等学者名流题写"汉画堂""罗泉楼"匾额和楹联，增加
展览的影响力。

1918 年，高鸿裁去世后，家道中落，潍县又迭经兵燹，家计渐趋
拮据，其藏品随时有散出可能。王献唐未雨绸缪，于 1931 年 4 月 15 日
亲赴潍县，约同当地文化名人丁稼民，"早六时起，与稼民驾车出
游。……晚饭后，高翰生之孙持翰生先生《历代志铭征存目录》上下二
卷二册底本，略检阅一过，其家藏墓志千五百余种，砖瓦甚多，有《上
陶室砖瓦文捃》，闻欲出售，拟为本馆购藏之也。潍县陈氏以收藏金石
名海内，高、郭二家度不能胜，高则别收砖瓦、墓志；郭则收古铜印，

---

① 山东省图书馆编：《山东省图书馆馆史资料选编》上，齐鲁书社 2015 年版，
第 106 页。

② 山东省图书馆编：《山东省图书馆馆史资料选编》上，齐鲁书社 2015 年版，
第 32 页。

盖欲另开生面也"①。与高氏后人洽谈购藏事宜。然而不到一月，高氏竟将其以 1600 元售与日本人大田。大田购妥后，即择其中特品 20 字秦砖 2 方，选道回国。将其他砖瓦装载 7 大箱，伪称玉器及石料，于 5 月 18 日由潍县运至青岛，再从青岛车站外运时被查出。5 月 20 日王献唐得知消息后，立即由图书馆发加急公函致青岛市政府、胶济铁路管理局以及青岛社会局、教育局等相关机关，请依《古物保存法》扣留。函文：

> 径启者。潍县高氏所藏大批砖瓦，为全国陶类中之唯一国宝，已有专书名《上陶室砖瓦文捃》著声学术界。项闻某国人盗买来青，行将出事关全民族之陶器文化，未敢缄默，敬请查照国府颁定之《古物保存法》予以扣留，归公保存，无任感盼。此启。山东省立图书馆启。②

王献唐的紧急呼吁，遂引起各方注意，教育厅派员赴青岛，并电呈南京教育部请示，旋得教育部电示：派员将全部砖瓦没收，押运回济南妥善保存。后经多方协调，排除日本阻挠，始于 6 月 14 日将全部砖瓦运至济南。16 日，省政府及教育厅派员会同王献唐启封点验，当即发交省立图书馆附设之"山东金石保存所"妥为保存。此次没收之潍县高氏所藏秦汉砖瓦，共计 527 件，其中瓦当类 270 件，砖类 203 件，杂类 52 件，石类 2 件。

此次事件后，为唤起国人保存国粹的爱国意识，王献唐特举办"秦汉砖瓦展览会"和"善本图书展览会"，并通过《申报》对外发布展览信息，还编辑出版《砖瓦图书为什么要开会展览？》的展览说明与展品目录，赠送给参观者，呼吁大家："要明了现在自己文化的危机和帝国主义者文化侵略的阴谋"，号召全社会"要共同努力，为自己中华民族的

---

① 王献唐：《顾黄书寮日记》（1931 年 4 月 15 日），未刊稿。
② 李勇慧：《一代传人王献唐》，山东教育出版社 2012 年版，第 331 页。

文化图生存、谋发展"。① 因其用心之良苦、策划之精密,该展览第一日参观者就达数万人。② 1931 年春,韩复榘令省府将濒临危境的掖县福庆禅院所藏明版《大藏经》运至山东省图书馆整理保管。

丰富的藏品和开放的展览吸引了国内许多学者为此进行交流。傅增湘、董作宾、吕振羽、梁思成、林徽因、顾颉刚等著名学者先后慕名而至,观后赞赏有加,意犹未尽。王献唐请傅增湘为新建馆舍书写了题名,并以馆内金石拓本相谢。傅增湘在 1936 年 4 月 9 日给王献唐的信中写道:"贵馆隋唐墓志当有藏石,祈录目见示为幸"③,请王献唐再让他看看馆藏隋唐墓志的石刻目录。同年 8 月,云南文化名人张希鲁刚到济南,就被当时山东省建设厅厅长张幼山介绍来馆参观,"先到博物陈列室,中以古物占第一,嘉祥县和滕县的汉画石刻,特辟专室陈列。各石依窗用玻璃嵌着,拓本悬之于上。吾观其刻镂之精,洵为古画之冠。所谓'国宝',此亦其一。中部陈列历代古泉,用木片镶着,题跋刻于上,极古雅可观。馆员先生说:'此为辑玉函山房辑逸书马国翰之遗物。'观毕又到对面一室看晋唐各代的碑碣造像,数量丰富,除曲阜外,亦罕其匹。书画陈列室,名家作品,更是美不胜收。字有刘石庵、郑板桥等,画有王石谷各家"④。后又就海源阁藏书、唐人写经卷子等话题与王献唐畅谈两个小时才肯离去。此前张希鲁已云游多处名胜古迹,但他在游记中不吝笔墨,对山东金石保存所的古物连连赞许。

第二,将山东金石保存所建成山东与全国文化机构联系的枢纽。

1930 年 11 月,为做好龙山镇城子崖遗址的发掘及以后山东地区的考古工作,协调中央学术单位与地方的关系,中央研究院与山东省政府

---

① 王献唐:《砖瓦图书为什么要开会展览?》,山东省立图书馆排印本,1931年版,第 8~27 页。

② 《山东砖瓦图书展览会第一日参观者数万人》,《申报》,1931 年 7 月 24日。

③ 傅增湘:《藏园游记·游山东灵岩日记》,印刷工业出版社 1995 年版,第167 页。

④ 张希鲁:《西楼文选》,昭通地区行署文化局,1985 年,第 276~277 页。

协商，合组山东古迹研究会，王献唐担任秘书。山东古迹研究会是山东省第一个考古发掘研究机构，在以后城子崖、日照等地的考古活动、发掘所得古物的保存及办公地点等方面，王献唐所在的山东金石保存所都积极参与并提供方便，[①] 如牟祥农曾参与滕县安上村遗址和曹王墓考古及邹、滕、薛故城调查等，还撰写了专著《曹王墓明物研究》。

1935 年，山东金石保存所加入中国博物馆协会，成为博物馆会员单位，王献唐本人成为个人会员，1936 年参与筹办并参加了在青岛举办的第一次年会，[②] 加强了山东金石保存所与国内博物馆界的交流与合作。

（三）第二代博物馆人群体保护齐鲁文化精华（1937—1950）

由表 3-4 可知，第二代博物馆人在幼年都曾接受一定的儒学教育，后来又都接受了新式教育。他们多为山东本地人，馆内人员多专任，管理队伍较为稳定，因此第二代博物馆人群体在上一代人的基础上，使山东金石保存所有了较大发展，在国内居于较高水平，时人感叹"此齐鲁间珍物，他省不敢望也"[③]。但由于日军的侵华战争，山东金石保存所的正常发展被迫中断，博物馆人的主要任务转变为保护齐鲁文化精华。

一方面，1937 年 10 月，王献唐带领部分人员整理了山东图书馆及金石保存所所藏图书文物的精华，装了十大巨箱。不惜卖掉自己的藏收，筹措经费，将文物先运到曲阜孔府，又辗转 7000 多里运到四川乐山，历时 12 年，其间多次面临敌机轰炸，盗匪抢劫，他们坚守"这是

---

① 魏敬群：《傅斯年、王献唐与山东古迹研究会》，《春秋》2017 年第 3 期。
② 山东省文化厅史志办公室，青岛市文化局史志办公室：《山东省文化艺术志资料汇编》第 22 辑，青岛市《文化志》资料专辑，1990 年，第 408~409 页。
③ 傅增湘：《藏园游记·游山东灵岩日记》，印刷工业出版社 1995 年版，第 270 页。

山东文献精华，若有不测，何以对齐鲁父老"①的信念在侧，终于在抗战胜利后将所有南迁图书文物完整无损地运回济南。著名学者赵俪生赞曰："这是献唐先生在中国文物史上，特别是山东文物、文献史上，永远抹不掉的一份功劳。"②

另一方面，1937年12月，日军侵占济南，该馆惨遭抢掠焚烧，建筑、设备、馆藏都遭到了严重损失。留守在济南的博物馆人惨淡经营，艰难维持着山东金石保存所的门面，同时积极抢救齐鲁文化精品。1942年，时任馆长的辛铸九听闻海源阁后人杨承训要把藏书卖给日本人的消息，急忙联络苗兰亭、张蔚斋等社会名流募集300万巨款，屡经波折，终于把藏书买下。这批藏书包括善本590种、9802册，抗战胜利后，全部捐赠省图书馆附设金石保存所。③

四、博物馆人群体与近代文化建构

由博物馆人群体和山东金石保存所的发展可知，以知识分子为来源的博物馆人群体建设博物馆的活动是推动近代文化建构的强大动力及内容。

在新旧转折的过渡时代，山东金石保存所的博物馆人群体筚路蓝缕，致力于藏品的征集、保护、研究和展示，传承和保护了齐鲁文化的精髓，沉重打击了外国侵略者的觊觎之心，逐步打破了文物私人收藏的封闭空间，传播了文物公有公藏公用的先进公共理念，将山东金石保存所由古物的收藏机构逐渐建设成近代公共文化空间，从而使其成为近代文化构建的重要内容。

在建设博物馆的过程中，博物馆人自身和博物馆一起成为社会转型

---

① 日照市地方史志编纂委员会编：《日照市志》，齐鲁书社1994年版，第755页。

② 赵俪生：《赵俪生文集》第5卷，兰州大学出版社2002年版，第210页。

③ 王运堂主编，王文刚等撰稿，《山东省图书馆》编委会编：《山东省图书馆志》，中华书局2004年版，第344页。

的一部分。救亡图存的爱国热情是其转变的时代要求，传统学术中经世致用观念是他们转变的思想基础，西方文化的影响和知识结构的更新、个人活动空间的增大等为他们的转变提供了条件。

因来源、知识结构、交往空间不同，两代博物馆人群体对博物馆的影响不同。第一代博物馆人倾向于行政手段，强调对于传统文化的保护。第二代博物馆人倾向于对文物的专业化管理，强调对外开放和公共性。由于时代的局限及他们自身带有晚清个人收藏金石余绪影响，在发展博物馆事业的过程中，他们对其他文物及对普通民众的积极参与都重视不够，山东金石保存所的公共性发展不够，还只是以社会精英为主的交往空间。

第四节　近代图书馆人代表人物之一——冯陈祖怡

冯陈祖怡早期出洋留学美国，是学习图书馆学的近代少数女图书馆人之一，她先后在南开大学、北京师范大学、中法大学等高校图书馆工作过，并积极组织和参与多个图书馆协会的活动，认真从事图书馆教育和图书馆学研究，为中国近代图书馆的发展作出了重要贡献，是中国近代图书馆人的重要代表人物之一。但由于种种原因，我们对她的了解还太少，目前所见的论及冯陈祖怡的书籍和文章也极少，书籍仅有《中国图书馆界名人录》《高等师范学校图书馆史》《南开大学校史资料》等，论文只有陈燕飞的《情系南阳——纪念父亲陈慎吾先生》，陈碧香的《中国现代女性图书馆先驱冯陈祖怡研究》，李刚、叶继元的《中国现代图书馆专业化的一个重要源头——中华教育改进社图书馆教育组的历史考察》和贺黎的《中国国际图书馆略说》等。这些研究在材料的完备性和准确性方面都存在明显不足，为全面认识冯陈祖怡，丰富近代图书馆史的内容并对当代女图书馆员给予启迪和激励，有必要深入了解冯陈祖怡的生平和其从事的图书馆活动。

一、冯陈祖怡的家世及求学经历

(一)家世

冯陈祖怡的祖籍是福建闽侯，生于北京。祖父陈崝，是清朝咸丰年间探花，官至二品府尹。族叔祖父陈宝琛是清宣统的太傅。父亲陈宝珠，是清朝光绪年间的举人，颇具维新思想，提倡教育救国，毕生从事教育工作。母亲李云英，原籍四川，外公是针灸医生。关于冯陈祖怡的生卒年月，《中国图书馆界名人录》和《高等师范学校图书馆史》等都没有详细说明，只其侄女陈燕金在回忆文章中提到她"卒于1975年，终年八十岁"[①]。以此推断，冯陈祖怡应生于1895年。冯是其夫姓，民国时期，在自己的姓名前冠夫姓是当时知识女性的一种时尚。对于其丈夫的信息，史料所限，只知他"行十"。

(二)求学——中国早期出国留学研究图书馆学的女性之一

关于冯陈祖怡的求学经历，比较完整的是陈燕金的记述，她"是第一期女子师范学校毕业生，后又考取赴美勤工俭学，于加州大学图书馆系毕业，获硕士学位"[②]。

第一期女子师范学校源于清光绪三十四年(1908)六月设立的女子师范学堂，中华民国元年(1912)五月更名为北京女子师范学校，1914年6月学生毕业32人，是为讲习科第一班。1915年6月学生毕业者10人，是为本科毕业第一班。1919年4月更名为北京女子高等师范学校，

---

① 陈燕金：《情系南阳——纪念父亲陈慎吾先生》，《海淀文史选编》第10辑，中国人民政治协商会议北京市海淀区委员会文史资料委员会，2002年，第148页。

② 陈燕金：《情系南阳——纪念父亲陈慎吾先生》，《海淀文史选编》第10辑，中国人民政治协商会议北京市海淀区委员会文史资料委员会，2002年，第148页。

成为中国历史上第一个国立女子最高学府。冯陈祖怡既然是第一期女子师范学校毕业生，推测其毕业时间应该在 1914 年 6 月或 1915 年 6 月。

关于其留学美国的经历，可以通过以下材料进一步佐证。《中国图书馆界人名录》中记述冯陈祖怡"曾留美研究图书馆学，为我国女界中第一人"①。在 1921 与 1922 两年的《美国图书馆协会手册》(*ALA Handbook*)中查到她(当时称"T. Y. Chen")是美国图书馆协会个人会员，编号为"9205"。② 她在 1923 年撰写的论文《图书馆教育急欲发展之理由与计划》中，也提到她当时在美国时"常闻其家人勉其儿童曰：'汝好好的，吾将于星期六许汝赴图书馆读书'"③。在发表该篇论文的当期《图书馆学季刊》作者略历栏目中，再次提到她"曾留美研究图书馆学，历任北平师范大学图书馆学教授，兼该校图书馆主任，现任中法大学图书馆主任"④等相关履历。随着近代留学大潮的逐渐兴起，为留学生服务的中介机构和民间组织开始出现。寰球中国学生会是其中一个为留学生服务的重要组织，1917 年，在美国"嘉省大学"担任讲师的江亢虎，受美国国会图书馆委托，回国采集官书。在国内，江亢虎深刻感受到国人希望去美国留学的热情，又了解到自费生前往美国的各种艰难，因而愿意趁便携带若干学子赴美，于是江亢虎借寰球中国学生会发起组织留美俭学会，很快招得第一批自费留美学生。留美俭学会第一批自费生共 13 人，分别是"林甄宇、徐仲干、陈光玉、胡茂钦、胡茂精、赵家通、吴镜清、周文爕、龚式龙、陈荣祥、何葆仁、顾淑型女士、陈祖怡女士"⑤。

---

①　宋景祁等编：《中国图书馆界人名录》，上海图书馆协会 1930 年版，第 111 页。

②　陈碧香：《中国现代女性图书馆先驱冯陈祖怡研究》，《图书馆理论与实践》2014 年第 2 期。

③　冯陈祖怡：《图书馆教育急欲发展之理由与计划》，《图书馆学季刊》1923 年第 7 卷第 4 期，第 139 页。

④　冯陈祖怡：《图书馆教育急欲发展之理由与计划》，《图书馆学季刊》1923 年第 7 卷第 4 期，第 139 页。

⑤　李克欣主编：《中国留学生在上海》，东方出版中心 2013 年版，第 45 页。

1917年7月29日，寰球中国学生会为留美俭学会出洋学生开欢送会。第二天，这一批留美俭学生由江亢虎亲自护送登船赴美。因此，冯陈祖怡留学美国学习图书馆学的经历是属实的。而她最早有据可查的工作经历是1919年在南开大学图书馆，可以推测她在美国留学的时间为1917—1919年。

关于其在加州大学图书馆系毕业，获硕士学位的说法，尚存疑问。据李大钊在1921年12月发表的《美国图书馆员训练》一文，他论及加州大学图书馆学教育的途径有两种，一种是1918年开始添设的图书馆学功课，学习时间为一学年，一种是"大学又设六星期的夏期图书馆讲习会，很予从事此业者及有志此业者以便利"①。可知冯陈祖怡在加州大学学习图书馆学有这两种选择。又据相关研究"直到1928年，芝加哥学院才提出(美国)图书馆学教育领域的第一个培养硕士生和博士生的计划"②。据此推测，冯陈祖怡当时在美国不可能获得图书馆学硕士学位。她获得的是否为图书馆学学士学位呢？据与她同时代的著名图书馆学者戴志骞在1924年撰文称："中国现在尚缺少这样的人才，中国人在美国学图书的只有八个人"③，该文中提到的1924年前曾在美国专门学习图书馆学的八个人中，有沈祖荣、戴志骞、杨昭悊、洪有丰、胡庆生、袁同礼、李小缘、刘国钧等人，并未提到冯陈祖怡的名字，而该文发表时，戴、冯二人同在北京，并共同发起和组织北京图书馆协会等活动，如若冯陈祖怡在美国获得图书馆学学士学位的话，以二人的熟悉程度，戴志骞不会遗漏冯陈祖怡的名字，所以她极有可能参加的是加州大学的夏期图书馆讲习会，但这一点还缺乏进一步的资料证明。

因此，关于冯陈祖怡在美国学习图书馆学的具体情况有待进一步研

---

① 中国李大钊研究会编注：《李大钊全集》第3卷，人民出版社2006年版，第333页。

② 江南大学图书馆：《构筑创新型文献信息保障平台》，兵器工业出版社2006年版，第26页。

③ 戴志骞：《图书馆学》，《清华周刊》1924年第305期，第42~50页。

究，但现有材料能够证明她是我国早期出洋留学美国，学习图书馆学的女性之一。

二、冯陈祖怡与中国近代图书馆事业

（一）参与创立多个图书馆

1. 在南开大学图书馆（1919—1920）

1919年10月，南开大学建校，图书馆亦随之筹建，"于教室中辟一室为图书室。初由冯陈祖怡女士任主任"①。

她在任期间，"正值南开大学图书馆白手起家之际，经费极缺，一切工作均从头做起"②。经过积极努力，先后有徐世昌、严范孙、李炳麟、卜华卿、赵景深等人为图书馆捐书或捐款，"她虽在任仅几个月，但也使图书馆初见雏形"③。1920年春天，"冯陈女士因故辞职，大学主任凌冰先生暂行兼理"④。

2. 在北京师范大学图书馆（1920.12—1928）

1920年12月，冯陈祖怡到国立北平高等师范学校图书馆工作。北京高等师范师范学校前身为创办于1902年的京师大学堂师范馆，1923年，北京高师经教育部正式批准改为师范大学。

据北京师范大学图书馆馆史记载，1920年"12月，我馆主任王文培辞职，原天津南开大学图书馆主任冯陈祖怡被聘为我馆主任"⑤。但

① 南开大学图书馆编：《南开大学图书馆建馆八十周年纪念集：1919—1999》，南开大学出版社1999年版，第44页。
② 南开大学图书馆编：《南开大学图书馆建馆八十周年纪念集：1919—1999》，南开大学出版社1999年版，第59页。
③ 南开大学图书馆编：《南开大学图书馆建馆八十周年纪念集：1919—1999》，南开大学出版社1999年版，第59页。
④ 王文俊等选编：《南开大学校史资料选：1919—1949》，南开大学出版社1989年版，第292页。
⑤ 北京师范大学图书馆编：《北京师范大学图书馆百年馆庆纪念册》，北京师范大学出版社2002年版，第32页。

据 1921 年 4 月，北京高等师范《教育丛刊》收录的本校女教职员摄影中，第一张就是冯陈祖怡的照片，署名为"高师图书馆副主任"①，所以初到北京高等师范大学时，她应是副主任，后来才为主任。

到馆后，她紧抓图书馆的管理工作，她在任期间狠抓管理，逐一修订图书馆原有的规章，严格要求做好誊录购书登记总簿的工作，并"拟将现行分类法改为最通行之杜威分类法，将现行固定式 Fixed Location 之书架排列法，改为连属式 Relative Location 之排列法"②。还依据在南开大学图书馆白手创业的工作经验，积极参与图书馆独立馆舍的设计和建筑，使得国立北京高等师范学校图书馆的馆务呈现出"向上之精神，力求进步"的局面，给当年就读国立北京高等师范学校的学生留下深刻印象，有学生回忆说："后来学校又建筑了一座新图书馆，是座方楼，规模比旧馆大，装书也比以前逐渐加多。新馆长是冯陈祖怡女士。"③

在 1923 年新图书馆开幕典礼上，冯陈祖怡还作了《北京高师图书馆沿革纪略及新图书馆》的演说，全面介绍了北京高师图书馆。

1928 年冯陈祖怡因故离开北京高师图书馆。

3. 在中法大学图书馆(1931—1950)

据北京师范大学图书馆馆史记载，冯陈祖怡离开北京师范大学后，就到了上海中国国际图书馆，但上海中国国际图书馆在 1933 年才建成开放，而 1929 年冯陈祖怡参加上海图书馆协会的活动也确有据可查(详见"参加上海图书馆协会的活动"部分)。上海中国国际图书馆是在上海世界社图书馆基础上筹办的，而中法大学、世界社、上海中国国际图书馆都是李石曾先生主持创办的中法文化交流事业，在经费来源和管理上

---

① 北京高等师范编：《北京高等师范教育丛刊》第二卷第二集，1921 年第 4 期，第 1 页。

② 李希泌、张淑华编：《中国古代藏书与近代图书馆史料(春秋至五四前后)》，中华书局 1982 年版，第 355 页。

③ 李希章：《北高生活片断》，《学府丛刊》第 1 辑，北京师范大学出版社 1985 年版，第 137 页。

都是密切相关的。据此推测，离开北京师范大学图书馆后，冯陈祖怡应先到上海世界社工作，并参与筹备中国国际图书馆，在 1931 年时，她回到北京，受聘于中法大学图书馆，直到 1950 年。其中 1934 年到 1936年，她还曾先后到上海中国国际图书馆、日内瓦中国国际图书馆工作。

早期中法大学（1920—1950）图书馆资源主要包括服尔德学院、居礼学院、陆模克学院三院的图书资料，1930 年，图书馆新馆建设开工，1931 年建成中法大学图书馆，馆长由校长李麟玉兼任，设正副主任管理馆务。冯陈祖怡任副主任，合三个学院的图书资源而成一家，编目管理逐步一致，并综合三院的图书采购、出纳、保管各事项工作，划分为中、西图书两部和阅览部，有馆员十多人。该馆编辑出版《中法大学图书馆概况》一书，主编就是冯陈祖怡。日内瓦中国国际图书馆馆长胡天石博士于 1934 年参观中法大学图书馆，"对于庋藏目录，均赀嘉许"①。

冯陈祖怡在职期间重视对杂志的管理，她认为"学术论著与消息见于杂志上的往往比书籍新而重要所以杂志的置备不容忽略，现在本校图书馆置备杂志的标准是愿意各科都有代表的杂志只要有得出版，一定设法取到"②。特别提出对"专刊"另行保管，因为"报告调查等不定期刊物与图书有别，以其所含有时间性较多，在参考上有时极为重要"③。

在中法大学图书馆工作期间，她也经常参与中国国际图书馆的活动。依据 1936 年《中法大学月刊》刊登的《图书馆消息》，"二十三年冬冯先生应李石曾先生召，赴日内瓦中国国际图书馆整理一切，二载于兹。现该馆业已整理就绪，于本年秋间，复赴法、德，及苏俄参观，文化及社会建设，便由西伯利亚归国。现于九月九日回馆主持馆务"④。说明从 1934 年冬起，冯陈祖怡听从李石曾的安排，到日内瓦中国国际

---

① 《图书馆消息》，《中法大学月刊》1932 年第 1 期，第 166 页。
② 冯陈祖怡：《中法大学图书馆概况》，《图学季刊》1932 年第 7 卷第 4 期，第 727 页。
③ 《图书馆消息》，《中法大学月刊》1934 年第 2 期，第 121 页。
④ 《图书馆消息》，《中法大学月刊》1936 年第 1 期，第 103 页。

图书馆工作了两年，该馆工作整理就绪后，她先后到法国、德国及苏俄参观，最后由西伯利亚回国，在1936年9月9日回到中法大学图书馆继续主持馆务。到1950年，中法大学与北京工业大学合并后，冯陈祖怡到北京工业大学工作，直到退休。

4. 在中国国际图书馆(1933—1936)

中国国际图书馆系由世界社专任组织员李石曾联合国内外名流所创办，宗旨主要是为中西文化交流服务，总馆设于日内瓦，称为"日内瓦中国国际图书馆"，成立于1933年。分馆设于上海，称为"上海中国国际图书馆"，正式成立于1934年。

1933年10月，冯陈祖怡"由北平中法大学转任上海中国国际图书馆馆长"①。冯陈祖怡到上海后致力于上海中国国际图书馆的筹备与开放，在此过程中，她自1933年12月1日开始至1934年3月11日，和上海图书馆学校校长崔竹溪一起"受中国国际图书馆驻沪办事处委托在沪调查全市图书馆"②，并编成《上海各图书馆概览》一书。冯陈祖怡为该书作序："上海之图书馆为数甲于全国，曾习知之而未获遍观。去冬上海之世界社图书馆将扩充为上海中国国际图书馆，顾自揆力薄，未能尽致所有之图书，在筹备期中首先决定欲备悉本市各图书馆之所侧重，以为发展之标准。其计划一凡他馆所已进行者，则不再从事，凡他馆所未具备者，则量力补充，俾收分工合作殊途同归之效，而期有当于文化上之贡献，因是遂作实际调查，根据公私刊物之所载及、平日之所闻，知按其馆名地址一一走视，总计所得逾八十馆，依其实际情形书之，略可得检览之，便将次付印爰述原委如是。"③阐明调查图书馆的原因是为了避免重复建设，利于各馆的分工合作，先后走访了上海的80多个图书馆，整理汇总成该书。此次调查结果也"为今后的国际文化合作提供

---

① 《会员简讯》，《中国图书馆学会会报》1934年第10卷第2期，第17页。
② 《会员消息》，《中国图书馆学会会报》1934年第9卷第4期，第10页。
③ 陈祖怡编：《上海各图书馆概览》，中世界书局1934年版，第1页。

参考之资料"①。

1934 年 10 月 10 日，上海中国国际图书馆开幕。"上海中国国际图书馆成立后，也组织了理事会，由李煜瀛任主席团代表，冯陈祖怡为主任，靳鸿任副主任，共有馆员、助理员、练习生等 15 人，新馆建成后由冯陈祖怡任馆长。"②

在该馆开幕的同时，10 月 10 日至 17 日举行世界图书馆展览会，该展览会展示了德、英、澳、加拿大、丹麦、西班牙、美、法、荷兰、爱尔兰、意大利、罗马尼亚、瑞典等国图书馆的概况、规章及图片介绍。该展览会在上海举办期间产生了较大的社会影响，应华北各方要求，"由今日(11 月 1 日)起至七日止在北平图书馆展览一周(星期)，每日展览时间自晨(早)九时起，至下午五时止"。冯陈祖怡接受了记者采访，介绍了中国国际图书馆的组织系统及创建经过，指出中国国际图书馆的建立旨在"传达中国数千年文化于世界，以期各国多数人士对于中国有真切之认识，同时介绍西方学者关于中国国际间学术之研究，期得沟通中西文化较大之效率"③。强调了中国国际图书馆的设立在中西文化学术沟通方面的重要意义。

上文提到 1934 年冬，冯陈祖怡到日内瓦中国国际图书馆工作。据当时与她同行的上海图书馆学校学生刘崇仁等给崔竹溪信中可以看到，"到达日内瓦的翌日，1935 年 1 月 6 日就开始办公了"④，所以冯陈祖怡具体到达日内瓦总馆的时间应是 1935 年 1 月 5 日。据该信，冯陈祖怡当时带领陈树义、刘崇仁、萧暄宗、齐济倩等 4 位上海图书馆学校学生到达日内瓦总馆工作，并按当时胡天石馆长的安排，在中文部"那里

---

① 陈祖怡编:《上海各图书馆概览》，中世界书局 1934 年版，第 2 页。

② 贺黎:《中国国际图书馆略说》，《江苏图书馆学报》1997 年第 6 期。

③ 《天津市市立通俗图书馆月刊》1934 年第 4~6 期，第 24 页。

④ 陈树义:《自从到日内瓦中国国际图书馆之后》，《工读周刊》1935 年第 1 期，第 27~29 页。

的工作不外分类、登记、做卡片等，都有冯主任热心指导"①。冯陈祖怡一到日内瓦就投入了工作，并对图书馆的藏书建设和管理都进行了悉心指导。在此期间，她也不放过任何宣传国际图书馆的机会，1935年4月23日—5月13日，她赴德参加国际天才奖学会"带讲演辞稿和图书馆概况，从事宣扬"②。5月17日，她到西班牙参加国际图联大会。

1936年9月，冯陈祖怡回到国内，继续主持中法大学图书馆工作。

(二)发起或参加各种图书馆社团活动

1. 参加中华教育改进社图书馆教育组的活动

1921年12月23日，中华教育改进社在北京正式成立，该社的宗旨是，"调查教育实况，研究教育学术，力谋教育改进"。中华教育改进社是当时中国最大的教育研究团体，其成立目的是为了有效推进新教育的研究与实践。下设图书馆教育组(常设机构图书馆教育研究委员)是中国图书馆界第一个全国性专业社团组织，它大大地推动了中国现代图书馆事业的专业化进程。1922—1925年，中华教育改进社先后召开四届年会，其中冯陈祖怡参加了1923年8月在北京清华学校召开的第二届年会，并与洪有丰、韦棣华合提了《图书馆善本书籍应行酌量开放以供参考案》的议案并获一致通过，还与陆秀合提了《呈请中华教育改进社转请各省教育厅增设图书馆学额培植师资案》③，该案保留至第三届年会，获一致通过。

2. 发起和参加北平图书馆协会

1924年3月30日，北平图书馆协会成立。由中华教育改进社敦请

---

①　陈树义：《自从到日内瓦中国国际图书馆之后》，《工读周刊》1935年第1期，第28页。

②　陈树义：《自从到日内瓦中国国际图书馆之后》，《工读周刊》1935年第1期，第29页。

③　《北平图书馆协会常会》，《中华图书馆协会会报》1931年第6卷第5期，第29页。

戴志骞先生发起。组织成立后推举戴志骞为会长，冯陈祖怡为副会长，查修为书记。会址设于清华学校图书馆，团体会员 20 个，个人会员 30 余人。该会为全国最早的图书馆联合团体。

1925 年间，改选职员，袁同礼当选为第二届会长，冯陈祖怡为副会长，查修为书记。1926 年 10 月，复推举徐鸿宝为第三届会长，钱稻孙为副会长，蒋复璁为书记。1931 年 4 月 5 日，北京图书馆协会开会讨论"北平中小学图书馆问题"，冯陈祖怡发言，"儿童读物中之神话，往往使儿童发生迷信之思想，选书之项，亦似极应加以研究"[①]。1931 年 6 月 14 日上午，北平图书馆协会在香山慈幼院举行常会，"因感于执委会各委员担任职务不均，或则偏劳，或则无所事事，因将会务分为六项，各推一人负责……交际冯陈祖怡"[②]。这大概与宋景祁所记"此女尤擅口才，宣传图书馆"的才能有关。1932 年 1 月 10 日，北平图书馆协会召开第一次常会，冯陈祖怡参加，并当选为执行委员。

在上海中国国际图书馆工作期间，冯陈祖怡还回京参加北京图书馆协会的年会。1934 年 11 月 28 日，在北京大学第二院召开北平图书馆协会执行委员会常会，据参加会议的铁路学院事务员汪普寿记录，会议"有严绍诚先生及新由上海来平冯陈振铎先生讲演"[③]。冯陈祖怡在会上讲演的题目是"画文化与经济教育"。

1936 年，冯陈祖怡回到中法大学图书馆后，继续参加北京图书馆协会的活动。

1936 年 10 月 24 日下午在木斋图书馆举行第三次常会，冯陈祖怡作了《欧游对于图书馆之印象与感想》的演讲[④]。

---

①　《北平图书馆协会常会》，《中华图书馆协会会报》1931 年第 6 卷第 5 期，第 29 页。

②　《北平图书馆协会常会》，《中华图书馆协会会报》1931 年第 6 卷第 5 期，第 17 页。

③　《汪事务员呈本院文》，《铁路学院月刊》1934 年第 17 期，第 32 页。

④　《北平图书馆协会三次常会》，《中华图书馆协会会报》1936 年第 12 卷第 3 期，第 19 页。

1937 年 3 月 7 日，在北京师范大学第一附小图书馆举行北平图书馆协会本年度第一次会员常会，出席会员有："严文郁、李翰章、吴鸿志、田洪都、冯陈祖怡等五十余人"①。冯陈祖怡再次当选为执行委员。

3. 发起或参加中华图书馆协会

1925 年 6 月在北京欧美同学会礼堂举行中华图书馆协会成立仪式，会上，梁启超、鲍士伟、韦棣华及教育总长分别发表演说，冯陈祖怡与徐鸿宝、蒋复璁等 8 名干事一起出席会议。冯陈祖怡被选举为执行委员和《图书馆学季刊》编辑部成员，后长期担任执行委员，图书馆教育委员会书记。

1929 年 1 月 28—31 日，中华图书馆协会第一届年会在南京召开，冯陈祖怡赴会。她在会上作《训政时期之图书馆工作》的演讲，"亦娓娓动听"②。并在这次会议上当选为执行委员。年会上，她和袁同礼等 5 人当选为执行委员会常务委员。年会期间，国民党中央党部组织欢迎会，冯陈祖怡代表会员致感谢词，并希望"第一愿用党的力量，命令所属下级党部，视规模之大小，附设党义图书馆或阅览所，陈列关于党的图书，公开阅览，并利用种种方法使民众乐来阅读。第二愿请党方提倡中央图书馆，为图书馆界解决分类编目的问题，确定中国图书馆学科的标准，使国内学者咸蒙便利"等，建议各级党部辐射党义图书馆或阅览所，还建议中央图书馆担当起制定分类编目统一标准的责任。30 日，她和袁同礼、杜定友等 20 余人招待德国图书馆代表斯密，接洽中德出版品交换具体办法。不难看出，中华图书馆协会第一次年会上，冯陈祖怡极为活跃。年会结束后，途经上海，冯陈祖怡代表 30 余名各省代表报告北京各图书馆状况，勉励各同志"对于图书馆事业应努力进行，切勿见异思迁，俾底于成"。

① 《北平图书馆协会开春季大会》，《中华图书馆协会会报》1937 年第 12 卷第 5 期，第 20 页。
② 《中华图书馆协会第一次年会纪事》，《中华图书馆协会会报》1929 年第 4 卷第 10 期，第 11 页。

1932 年冯陈祖怡仍任图书馆季刊编辑部成员。

1933 年 8 月 4 日，冯陈祖怡参加中华图书馆协会第二次年会第一次筹备会议，并担任图书馆行政组的书记。8 月 28 日，到清华大学，参加中华图书馆协会第二次年会，并当选执行委员。8 月 29 日，参加分类编目组讨论，并讲演"介绍一个排架编目法"①，8 月 30 日，参加闭会式，并提议"此次年会诸承清华大学及图书馆之优遇，本会应隆重致谢"。

1935 年 5 月 19 日至 5 月 30 日，受中华图书馆协会委派，正在日内瓦的冯陈祖怡与汪长炳一起出席西班牙马德里及巴塞罗那举行的第 8 届大会，并就日内瓦的中国国际图书馆与上海的中国国际图书馆的发展概况作了详细发言。冯陈祖怡女士详细地介绍了日内瓦的中国国际图书馆与上海的中国国际图书馆的发展概况；当时建立在日内瓦的中国国际图书馆处于全盛时期，它不仅是一个"狭义"的图书馆，而且还是促进东西文化交流的场所。该馆利用馆藏的中国画和科技成果在日内瓦举办展览，并到世界各地巡回展出；该馆还编辑出版了中国画评论杂志，开辟了东西方学者进行文化比较的学术阵地。冯陈祖怡在介绍中说："举办中国画展可使西方观众对中国人的现实生活有一个真实而生动的感观，以吸引更多的观众。"②

抗战全面爆发后，中华图书馆协会南迁，冯陈祖怡逐渐淡出中华图书馆协会的活动。

4. 参加上海图书馆协会的活动

上海图书馆协会成立于 1924 年，冯陈祖怡虽不是该协会的创始会员，但与该协会关系密切。1929 年 3 月 24 日，上海图书馆协会在清心中学图书馆召开会员大会。经过会员选举，冯陈祖怡与石斯磐、潘圣一

---

① 《中华图书馆协会第二次年会第一次筹备会议》，《中华图书馆协会会报》1933 年第 9 卷第 2 期，第 23~25 页。

② 丘东江等编著：《国际图联 IFLA 与中国图书馆事业》下，华艺出版社 2002 年版，第 5 页。

等 3 人在会上当选为监察委员会委员。[①] 在会上，她还谈到上海图书馆
事业今后之工作："今日参与盛会，非常荣幸，余前在北平，闻得沪协
会工作勤，成绩好，今与诸君晤叙一堂，快慰之至。今来申后，观察所
得，深感沪上，公共图书馆之缺乏，更知社会人士对于图书馆之需要甚
殷，今后应怎样去工作与努力，即是贵协会最大之目标与任务"[②]等。3
月 29 日，上海图书馆协会举行第一次执监委员会，冯陈祖怡到会，会
上议决众多事项，包括从事图书馆调查及编辑《上海图书馆指南》等。
1934 年她编辑的《上海各图书馆概览》出版，或肇因于此时。

1929 年 9 月 29 日下午，上海图书馆协会在南市中华职业图书馆举
行全体会员大会，冯陈祖怡与黎惟岳担任主席，主持会议。[③]

1930 年 11 月 2 日下午，上海图书馆协会召开大会，冯陈祖怡任期
届满，不再担任监察委员。

除参与图书馆协会的活动外，凡与图书馆事业有关的活动，冯陈祖
怡基本上来者不拒。

1934 年，武昌文华图书馆学专科学校上海同学会，联络沪上图书
馆界同志，共同探讨图书馆事务上的种种问题，于《时事新报》"学灯"
栏编《图书与图书馆专号》旬刊。他们邀请"图书馆界先进马宗荣、杜定
友、冯陈祖怡、李公朴诸人为顾问"，以促进书籍流通。冯陈祖怡被公
认为是图书馆界的先进代表，也是这四人中唯一的一位女性。

四、致力于图书馆学研究

冯陈祖怡是当时知名的图书馆学专家，她在长期的工作中不断总结

---

① 《上海图书馆协会之新职员》，《中华图书馆协会会报》1929 年第 4 卷第 5
期，第 30 页。

② 胡道静：《胡道静文集·上海历史研究》，上海人民出版社 2011 年版，第
126 页。

③ 《上海图书馆协会开会》，《中华图书馆协会会报》1929 年第 5 卷第 1、2 期
合刊，第 55 页。

经验，先后发表论文 5 篇，出版专著 1 部，参与编辑专著 1 部，并提炼出成熟的图书馆学理论与知识。

（一）主张各图书馆之间要加强沟通和合作

为使各图书馆"一凡他馆所已进行者则不再从事，凡他馆所未具备者则量力补充，俾收分工合作之效而期有当于文化上之贡献"①，她重视各图书馆之间的沟通与合作，在 1923 年撰写了《北京高师图书馆沿革纪略及新图书馆》，简要介绍了北京高师图书馆从清朝到 1923 年的沿革历史，新图书馆的馆舍布置、藏书以及分类等内容。1933 年，又撰文《中法大学图书馆概况》，介绍中法大学图书馆概况，包括馆藏、分类等内容。1934 年 11 月 16 日在《华北日报》第 9 版发表《中国国际图书馆总分馆组织及工作》一文。1930 年 3 月，协助宋景祁编撰《中国图书馆界名人录》一书，介绍了图书馆界 147 位名人的概况，1934 年，在筹备建立上海中国国际图书馆的过程中，对上海 80 余所图书馆的概况进行了调查，编撰了《上海各图书馆概览》一书，这两本书成为当时各图书馆加强沟通与合作的主要依据，也是现代学者研究近代图书馆史的重要工具书。

（二）主张急宜发展图书馆教育

1923 年冯陈祖怡发表《图书馆教育急宜发展之理由及其计划》一文，她从图书馆在教育上的地位出发，认为图书馆"以其能辅助学校教育之所不及也"，是辅助学校教育的重要机构，进而提出"普及教育增进文化，社会环境不同，经济状况各异，遂造成教育上的不平等，欲弥补其缺憾，端赖图书馆有以调济之，依其需要而为设施"，指出发展图书馆教育是为弥补教育上的不平等带来的知识上的不平等。为此她认为不同的人群需要不同类型的图书馆，她提出："通俗图书馆，专为粗通文字

---

① 陈祖怡编：《上海各图书馆概览》，世界书局 1934 年版，第 1 页。

者而设；儿童图书馆，专为儿童而设；普通图书馆，专为受过中等教育之普通人民而设；专门图书馆，专为学者而设，与大学同为最高之学府；学校图书馆，专为学生而设，附于学校之内；乡村图书馆，专为乡村而设，应备常识浅说，注重农事讲演；游行图书馆，专为交通修阻或无缘赴图书馆而设。"所有这些不同类型的图书馆，专为不同人群提供服务，实现不同的社会教育功能。

冯陈祖怡还从馆员态度和馆员学术两方面指出造就图书馆人才的理由，在馆员方面，她认为"图书馆职员与服务他种机关者不同，非仅机械，贵在精神"①；在学术方面，她认为："我国图书馆本身问题甚多，急宜有具体之研究，集群策群力以解决之"。她提出我国可以效仿美国通过师范学校设图书馆教育课程，设立专科学校、讲习会、组织学会、派遣留学生等办法来培养图书馆人才。

为解决图书馆人才缺乏问题，冯陈祖怡在中华教育改进社1923年年会上提出派遣留学生到国外学习图书馆学的提案。为促进图书馆事业发展，应该急行筹备设立图书馆专门学校，广育人才，开拓全国图书馆事业，但"以现在情形而论，除少数专门家现在从事与图书馆事业之实行，奔走于宣传之不暇，何能分身兼任教授。纵使设立学校，亦缺乏教师"，这是其一。其二，我国向来没有图书馆专门学问，"原有旧法失于简略，是否合用，亦有待于研究而后始能规定施行，以期统一之效。研究之标准，则不能不借取先进国以为鉴镜"。为此，她提议各省教育厅增设图书馆学留学生名额以便培植师资，并建议当时最为著名的文教组织中华教育改进社促成此事。建议办法为：由教育部及各省教育厅每年加派图书馆科留学名额；先选派国内有图书馆工作经验的人员，以便随时研究本国图书馆应该采取的改良方法；人才毕业归国后，可任教师，或办图书馆。

---

① 冯陈祖怡：《图书馆教育急宜发展之理由及其计划》，《教育丛刊》1923年第3卷第6期，第5页。

此外，冯陈祖怡的国内人才培养思想较为丰富，大致可分为两类：一是学校教育，师范学校、高等师范、专门学校、派遣留学属之。高等师范、专门学校等不同的教育机构培养不同类型的图书馆员，即馆员应该分类培养。二是社会教育，即成立讲习会、组织协会培养人才。冯陈祖怡的人才分类培养思想于1923年提出，适应了不同类型图书馆的需要，促进了图书馆专业化的发展。

在从事图书馆管理的同时，冯陈祖怡还积极从事图书馆教育。她在北京高师图书馆工作期间，曾在北京女子高等师范学校教授图书馆学课程。1935年，李煜瀛创办了上海图书馆学校图书专科学校，学校特请一些名流专家来校授课，据曾在中山大学图书馆工作的张世泰回忆，冯陈祖怡也在此授课。

(三) 主张图书馆的业务要规范管理

在图书馆业务管理方面，冯陈祖怡有很多创见，对当时的图书馆业务建设极具指导意义。

在图书馆编目方面。冯陈祖怡认为图书馆的目录一是按性质区分，一是按文字区分，中文编目的困难实两项都含有。"按目录性质分，或取法四库目录，或仿杜威分类法，虽取法不一，尚可应用。划一分类方法，虽为吾人所切望，但比较深奥"，她就文字目录编制提出自己的见解，"西书文字目录的编制，一般用字母排列，中文异于西文，不能仿用"。中文目录排列主要有按康熙字典部首排列、按笔画先后排列、按笔画多少排列、按汉字附加罗马拼音从罗马字母排列、按汉字附加注音字母拼音从注音字母排列等五种方法，其中前三种主形，后两种主音。她认为前三种较为稳妥，也各有所长：康熙字典是我国学者通用之书，用中国的办法研究中国的学问，最为合理；按笔画先后排列法较为新颖，也不难学；按笔画多少排列，只要识字都可使用，但原法太简，相同笔画太多时，仍需要有细目辅助，细目标准仍采用部首法。因此，冯陈祖怡表示：这三种办法，除按笔画先后划分的方法较为新颖，其他部首排列及笔画排列的实质相同。它们的区别，一在于纲，二在于目，所以，她提出："以部首分者，则以部首为总纲，以划数为细目；以划数分者，以划数为总纲，以部首为细目也。"①以"部首"和"划数"两者结合的方法编制中文图书目录，是冯陈祖怡首次提出的。1929年1月中华图书馆协会第一届年会召开期间，冯陈祖怡在会上作《训政时期之图书馆工作》的演讲，提出由中央图书馆为图书馆界解决分类编目的问题，确定中国图书馆学科标准的建议。

在倡议编制中文参考书目索引方面。中国文化源远流长，中国书籍浩如烟海，但若没有索引，检索将非常困难。1929年中华图书馆协会第一次年会上，冯陈祖怡提出"目录索引等需要，凡今之从事图书馆者皆知之。然需要虽殷，而编制未富。其原因不外从事者庶政鲜暇，或繁琐生畏。欲矫此弊，拟请本会将应行着手之工作，胪列昭示，由各会员就性之所近者独立担任，或合力担任，限期告成，于效率上或兴趣上必较易成功"。具体办法为：就各会员提议认为切要者，胪列公布；由各会员自行选择独立或合力编辑；未编之前先拟定方案，交本会审查，或依照本会之指导编辑；脱稿后，经本会审查修正，得列为协会丛书；既经担任，应遵定约如期告成，以重公务。联合编制中文参考书目，既有利于管理，又有利于阅读，是促进中文书籍流通的重要措施。该案受到大会重视，与李小缘的"本会应编制新旧图书馆学丛书丛刊案"等其他三个提案合并，形成"本会应编刊新旧图书馆学丛书案"，交由协会编撰委员会计划进行。

在图书馆收藏的刊物类型方面。她提出在图书、期刊之外关注对专刊的收藏。在《中法大学概况》中，她指出该馆收藏千余册专刊，专刊包括："报告、调查等不定期刊物，与图书有别，以其所含时间性较

---

① 冯陈祖怡：《中文目录编制问题》，《北平图书馆协会会刊》1924第1期，第61~64页。

多，在参考上极为重要，特为提出另行保管"①，她认为专刊具有重要的参考价值应该另行收藏，图书馆收藏非正式出版物，对于当时的图书馆馆藏建设具有重要指导意义。

在促进中文善本流通方面。1923 年，在中华教育改进社第三次年会上，中文善本的流通问题受到重视。冯陈祖怡等表示："善本书籍，其多以贵，非徒其名而已，实以其有可贵者在也。或为校雠精确，秘本未传，可供学者之研究。或为刻刷精美，得之不易，发挥历史之精华。但此种书籍收藏，苟不得其法，固恒以饱蠹鱼之腹；而或代远年湮，纸张脆碎不能保有功效，则亦何贵之有。今各省图书馆收藏书籍，不乏善本，大率秘而不宣，致学者无研究之机会。国学何由而昌，我中华固有文化因之而衰。"她认为善本书籍是国学的重要载体，但目前各馆多不公开，且古籍收藏若不得法，将会出现虫蛀或纸张酥脆等问题影响其价值，为此，她提出了包括善本书籍开放、开卷陈列、阅览免费等具体流通办法。冯陈祖怡等提出的善本流通办法，尤其是有关阅览免费的主张，体现了现代图书馆的基本理念。《图书馆通行章程》对阅览行为是否收费没有明确规定，清末各省图书馆往往收取阅览费用。冯陈祖怡提出阅览免费的主张是把阅览免费的观念通过改进社推向全国，其价值不容小觑。尤其是中文善本的阅览免费，对弘扬中国文化不无积极意义。

（四）主张在敬业精神中充溢强烈的救国情怀

19 世纪初，中国被强国觊觎，民族危机严重，作为当时知识分子的一员，她出于图书馆员的责任，极力主张图书馆人的敬业精神充溢着强烈的救国情怀。1932 年，日本觊觎我国之心昭然若揭，冯陈祖怡在寒假期间，编辑了《研究中日事件参考书目》，分国际关系、中国外交

---

① 冯陈祖怡：《中法大学图书馆概况》，《图书馆学季刊》1933 年第 1～4 期，第 728 页。

史、帝国主义侵略、中日事件、铁路问题、东三省、蒙古、日本研究等专题，将有关书籍辑成目录，凡中法大学图书馆有的，都注明馆藏地和图书登记总号方便读者查找。在序言中充溢着强烈的爱国之情，她写道："自日本侵我东省，举国同忧，惟我知识界份子，悲痛尤甚。"对于日本对中国的侵略，知识界分子忧心如焚。她对当时的形势作了认真的分析，指出："彼日人之谋我其处心积虑，由来久矣。自丰臣秀吉之西征论，已问大陆政策之野心。迨至田中组阁，更确定侵略之步骤，数十年来，本其一贯之方针，举凡军事之演习，政治之策略，教育之设施，无不以侵我为对象，故于我之山川形势、政治经济、文化风俗调查详尽。夫日人之知我若是其深澈，而我之所知于日人者，究有几何，退而言之，我所自知者又几何？况太平洋问题，已为国际之关键，经济之吸收，不减于武力之侵略，日固我仇，谁复我友，不观三省事变以来，未闻友邦有仗义之言，但见信使往还，各为其利益而协定耳。"她认为日本对中国的侵略是蓄谋已久，他们已作了数十年的准备，对我国有全面深入的了解。而中国人对日本、对本国都不了解。对于当时的国际关系，她进一步指出各国之间经济利益为上，国际上没有真正的朋友，对当时政府对国联的信任进行批评。为此，她强调"弱国无外交，吾人应急起而自决"，呼吁"今值强兵在境，正宜深惕猛醒，辍歌罢舞，尝胆卧薪，人各尽其能，材各尽其用，以达雪耻救国之目的，而对内对外之研究，知己知彼之准备，允为我知识界知识分子之责任也"。① 指出在外敌入侵，强兵压境之时，国人应该各尽所能以雪耻救国。知识分子应尽的责任是对敌我加强研究，作好知己知彼的准备。为此她编辑了研究中日事件参考书目为研究者提供方便。她这种做法激励了图书馆人为救国而效力的决心和信心，践行了图书馆的社会价值。

---

① 冯陈祖怡：《研究中日事件参考书目》，《中法大学月刊》1932 年第 3 期，第 148 页。

五、其他

(一)兼任春明女子公学校长

冯陈祖怡在任北京高等师范大学图书馆主任期间，还曾兼任春明女子公学校长。春明女子公学是老北京的一所私立学校，原为北京福建会馆(又名全闽会馆)的一部分，初为京师闽学堂，由邮传部尚书闽籍人士陈玉苍于 1902 年创办。民国之后，一度停办。1925 年由邓莘英、李贻燕、高鲁、张琴诸人在西四大酱坊胡同创办私立春明公学男校。1926 年改为私立春明公学女校，1928 年迁至宣武门外大街 102 号原闽学堂旧址，校长为冯陈祖怡，现为宣武区职业教育中心学校。

1926 年 8 月 25 日的世界日报，专门报道了以"春明女子公学女校报名者踊跃主持者冯陈祖怡"[①]为题报道了该校招生报名情况。

(二)与著名学者吴宓的交往

冯陈祖怡在 1937 年与著名学者吴宓的交往频繁，吴宓称其为"怡姑"。1937 年 4 月 6 日—11 月 6 日，她的名字先后五次出现于吴宓的日记记载中，交往的内容包括参加宴会、借还书、谈论学术等，吴宓还曾打算帮其编辑丛书等。[②]

(三)新中国成立后的图书馆活动

1957 年 5 月 20—24 日，文化部两次召开图书馆学专家座谈会，著名专家学者王重民、刘国钧、汪长炳、邓衍林、陈鸿舜、程德清、张申府、顾家杰、张天麟、刘德元、董明道、杜定友、冯陈祖怡、梁思庄、

---

① 《春明女子公学女校报名者踊跃主持者冯陈祖怡》，《世界日报》，1926 年 8 月 25 日，第 7 版。

② 吴宓著，吴学昭整理注释：《吴宓日记》第 6 册，生活·读书·新知三联书店 1998 年版，第 102 页。

刘世海等参加，对图书馆事业的领导、藏书、协作、干部培养以及图书馆学研究等问题提出了批评和建议。

总之，冯陈祖怡是我国早期出洋留学美国，学习图书馆学的少数女图书馆人之一，是我国近代图书馆事业的开拓者之一。她的图书馆管理、教育经验和图书馆理念将对当代图书馆事业给予极大的启迪与指导，同时她的生平和图书馆活动将会引起当代女图书馆员的极大关注，将会提升她们的职业自豪感和荣誉感。

第四章　近代公共文化机构建设

19 世纪末 20 世纪初，随着民族危机和社会危机的加深，从挽救民族危亡出发，感于"民智"的低下，对民众素质的强调在当时中国形成了一股有代表性的社会思潮，传统文化服务无法满足强烈的社会需求，近代公共文化服务的机构如图书馆、博物馆等因其先进的理念、办馆模式逐渐兴起。

第一节　地方公共文化建设
——以山东泰安为例

泰安位于泰山脚下，城市发展历史悠久，是山东省重要的代表性城市。早在清末民初，在泰山文化的滋养下，泰安比其他地区较早认识到公共文化服务的重要性，为了开启民智，培养新国民，当时的泰安政府和有识之士一方面重视物质载体的创建，大力建设各种补习学校、图书馆、阅报社、博物馆等公共文化设施，另一方面注重满足人民群众的现实文化需求，为民众提供多样的公共文化产品，传播近代科学文化知识。

一、泰安近代公共文化建设概况

1. 徐树人与泰安博物馆

1840 年以后，中国封建社会的最后一个朝代清政府的统治，在近代文明武装起来的帝国主义侵略势力的冲击之下江河日下，已呈摇摇欲坠之势。1894 年爆发的中日甲午战争，以清政府割地赔款、签订丧权辱国的马关条约而结束，给了中国人很大刺激。长期以来不为中国人所重视的日本，靠洋枪洋炮打败了泱泱大国。探其原因，朝野上下一致认为，日本骤然强盛的原因与派留学生出国学习有很大关系。

于是，日本成了中国仿效的典范。进入 20 世纪，清政府通过诏旨和有影响的大臣的宣传，号召青年学子出国留学，并给予回国后录用授官的许诺。1903 年，清政府下发《奖励游学毕业生章程》，章程规定："留日归国学生凡有日本普通中学堂毕业并得有优等文凭者，给予拔贡出身，分别录用；凡由高等学堂毕业并有优等文凭者，给予举人出身，分别录用；凡由大学堂毕业者，给予进士出身，分别录用；凡由国家大学堂毕业持有学士文凭者，给予翰林出身，持有博士文凭者，除给予翰林出身外再给予翰林升阶，并分别录用为官。"①赴日留学比走科举考试道路更易晋升，这使得那些渴望通过读书来改变命运的青年学子有了一条新的道路，于是留学日本成为社会热潮。1905 年，清政府痛下决心废除了科举制度，这大大促进了留学事业的发展。清朝政府对留日学生的资助以及给予的优惠待遇大大推动了学生赴日留学。学生到日本后主要学习法政、师范科和军事科等实用的专业，其中以学习师范科的学生为多。各省纷纷开始考送留日官费生。山东第一批留学生为师范生，由各县保送到省，于公元 1901 年春，经过巡抚周馥（字玉山）会考录取。分成两班。一为速成师范班，半年至一年毕业，计取 40 名；一为长期普通班，三年毕业，计取 15 名。因当时乡间风气闭塞，家庭能允许投考，已属不易，担心出国三年不归，多视为畏途，故长期生特少。

肥城人徐树人是其中长期班的一员。当年由济南至青岛登轮船至上海，换船赴日，经驻日留学生总监督送入东京弘文学院学习。

---

① 夏林根、董志正主编：《中日关系辞典》，大连出版社 1991 年版，第 217 页。

当徐树人渡海到日本之际，正值中日战争结束不久，八国联军之役丧权辱国条约签于是年。1901 年 9 月在日本游就馆看到国耻实物，学生们备遭刺激，愤慨万端，遂公议作书告全省父老，唤起爱国变法。首由全体学生出名拟《上山东父老兴学书》，开端即说：“某等留学海外，目睹耳闻尽成刺激，疾首腐胸，此中有无数之感触，无数之痛苦，无数之汲汲乎危急之情状，为吾乡人告……”①次历述世界大势及国内危机，进而述说变法之必要，设农工商各种学校之必要，并言发达世界思想、国家思想、科学思想三大端，为兴学之要务。慷慨悲壮，语重情深，虽着重兴学，实寓爱国图强之伟大含义。

徐树人作为其中一员同样痛心疾首，深感传播先进科学思想的必要，因此他在日本宏文学院普通科毕业，1906 年回国时购置了标本、仪器、图谱等，以文化启蒙，传达近代科学知识为宗旨，回国后放置于岱庙门楼展示。据泰安市志记载：

> 泰安博物馆 1906 年（光绪三十二年），肥城人徐树人等捐款在岱庙门楼创建。该馆购置动物学标本 74 种、矿物学标本百余种、生理学标本 10 种、植物画图全部、天文图全部、世界十杰图、人体解剖图全部及世界人种模型、地球仪等展品。参观者耳目为之一新。1909 年，知县张学宽取消博物馆，所有图物并入学校。②

当时出版的《北洋官报》与《山东官报》以“泰安开设博物馆”为题，刊文对泰安博物馆的宗旨内容、展出时间作了报道：“泰安图书社诸志士，近自东洋购到博物多品，拟创设教育博物馆一所，以资浏览而开知识。以社内房舍窄狭，因禀由本府县，移设于岱庙五朝门楼（按指正阳

---

① 山东省政协文史资料委员会编：《山东文史集粹》修订本下集，中国文史出版社 1998 年版，第 548 页。

② 泰安市泰山区、郊区地方史志编纂委员会编：《泰安市志》，齐鲁书社1996 年版，第 548 页。

门上五凤楼）。无论何项人等，均领票入内观看。但应遵照定章，西入东出，以免拥挤。业于上月二十日开馆，至二十四日停止。以后定以月逢一开馆，月开三次，每日准十点钟起，六点钟止。业在各通衢广贴告白，俾人得按期前往云。"①

　　徐树人等捐款创设的泰安博物馆在山东乃至中国博物馆史上都是浓墨重彩的一笔。它是山东最早由国人自办的博物馆，对启迪泰安人的民智，发挥了开风气之先的作用。据《中国博物馆志》记载：

　　　　泰安市博物馆是在泰安岱庙及其收藏的基础上，建立起来的一所集中展现泰山历史文化的地方性综合博物馆。早在1906年，日本留学生山东肥城人徐树人等人在岱庙五凤楼创建了最早的泰安博物馆，这也是山东省内最早的博物馆，1909年被泰安知县张学宽取消。②

　　它在我国博物馆史上也具有重要的地位，据张广存、焦德森《1949年前山东博物馆发展概况》一文记载：

　　　　有建于1906年（清光绪三十二年）的国人自办"泰安博物馆"，仅在"南通博物苑"后一年。③

　　据《中国近代文物事业简史》记载：

　　　　光绪三十二年（1906年），山东留日学生徐树人等捐办创设了

----

　　①　《泰安开设博物馆》，《北洋官报》1906年第1050期，第7页；《本省新闻：泰安开设博物馆》，《山东官报》1906年第61期，第2页。
　　②　中国博物馆学会编：《中国博物馆志》，华夏出版社1995年版，第561页。
　　③　中国博物馆学会编：《回顾与展望：中国博物馆发展百年——2005年中国博物馆学会学术讨论会文集》，紫禁城出版社2005年版，第77页。

泰安博物馆，馆址在泰安岱庙门楼。该馆以思想启蒙，传播近代科学文化知识为宗旨，陈列有动植物标本 80 余种，矿物标本百余种，另有天文、人体解剖等方面的挂图和地球仪、人种模型等展品。该馆仅存在了三年时间，就被保守的官方视为异端而遭取缔。①

清光绪三十二年（1906），徐树人在创办于济南的山东高等农业学堂任教，该校即今山东农业大学的前身。徐树人是该校聘任的第一批教员，担任东文翻译兼体操，薪水为 80 两银。②

据该校校史记载，1911 年，该校又增添教员 11 名，其中日籍教员 4 名，有一名叫板垣丰的接管了徐树人所兼课程，至此徐树人不知所终。

2. 毛澂与阅报所

泰安最早的公共图书馆当属清末知县毛澂创办的阅报所。毛澂（1843—1906），四川仁寿人。于光绪十八年至二十年（1892—1894）、二十六年（1900）、二十八年至三十年（1902—1904）三任泰安知县，在任期间，致力泰山的保护和开发，兴新学，倡新风，为世人称颂。

光绪末年，清廷诏废科举，兴新学，毛澂延访教员、分门授课，先后在全县创办初等小学堂 185 处。1913 年，山东提学陈荣昌撰立《泰安令毛君兴学记》碑时写道："彬彬乎学风之盛甲齐鲁矣"③，对其振兴教育事业的政绩给予高度评价。为启迪民智，他还曾在岱庙创办阅报所。据县志记载："清光绪间知县毛澂用公款在城里将军庙创设后移资福寺，未几改附于图书社。"④阅报所成立不久迁到岱庙，附属于图书社。

① 史勇：《中国近代文物事业简史》，甘肃人民出版社 2009 年版，第 59 页。
② 《山东高等农业学堂教员调查表》，《学部官报》1908 年第 54 期。
③ 泰安市泰山区、郊区地方史志编纂委员会编：《泰安市志》，齐鲁书社 1996 年版，第 511 页。
④ 泰安市泰山区、郊区地方史志编纂委员会编：《泰安市志》，齐鲁书社 1996 年版，第 511 页。

阅报所作为当时兴新学的主要内容，创办时间应为他第三次任泰安知县时期(1902—1904)，其经费来源和学校一样，应是"令君既出廉俸为之倡，又为之清厘公产以济其用，不足则令中富以上捐资为之助"①，由毛澂个人捐款、公款和向当地富人募捐的款项组成。

3. 赵正印、王价藩与图书社

图书社是清光绪三十一年(1905)由赵正印、王价藩等在岱庙环咏亭捐款创设而成。

赵正印(1876—1952)，字新儒，山东泰安人。清光绪二十九年(1903)解元。赴日本留学，回国后历任山东省教育会长、高等学堂教员、山东提学使司等职。民国初期，历任山东督府内政科长、山东省众议院议员、山东服务委员会委员等职。抗战全面爆发后入川，以教书为业，后隐居峨眉山。1952年卒于绵阳。赵正印对泰山保护和研究多有贡献。北伐战争孙良诚部驻扎泰安及中原大战晋军困守泰城期间，泰山文物遭受严重破坏。赵正印奔走呼号，倡议组织泰山文物保管会，上书山东省政府，请求拨款修复。后奉命监修泰山古迹，会同泰安县长周百煌等人，拟订修缮计划，相继修复岱庙围墙、中天门至南天门盘路、景点，重修包公祠和五贤祠。1931年10月竣工后，赵正印题记于泰山云步桥南石崖，今石刻犹存。同年，赵正印致书阎锡山，指责晋军在内战中破坏泰山古迹和孔子林庙的罪行，希望阎能捐资修复孔子林庙，保存泰山古迹。赵正印学识渊博，"登山涉水，时凌绝顶"，搜访金石，遍考古迹，多有所获。他还注意搜求历代文献，编注《新刻泰山小史》，校勘《泰山石堂老人文集》。赵正印还著有《新儒联语录》，作泰山联语，酣畅雄肆，寓庄于谐。

王价藩(1865—1934)，字荩臣，别号退轩先生，泰安人。历任泰郡七属选举代表、教育会长及评议员，城区议长等职。

---

① 泰安市泰山区、郊区地方史志编纂委员会编：《泰安市志》，齐鲁书社1996年版，第511页。

赵正印、王价藩等都是当时泰安提倡西学、改革教育制度、发展文化教育事业的代表人物。为提倡此举，当时的知县李玉锴也捐廉百金，因此图书社属于官民合办。

图书社"购图书八十余种资人浏览"①，主要为民众提供阅览服务。但在宣统元年（1909），图书社为知县张学宽所取消，与阅报所同并入天书观高等小学校。

4. 通俗图书馆

中华民国五年（1916），泰安县知事沈兆伟按照部颁章程，在岱庙东御座创办了通俗图书馆，将天书观小学藏书移入馆内，其中"有经类书42种，并陆续购进通俗小说及少年丛书200余种，又将原图书社图物索还。馆内还设有阅报所，每日阅读书报者不下数十人"②。

该馆的成立标志着正式在泰安启用"图书馆"名称，馆藏的内容比以前的图书社除了数量增加，种类也更为丰富，除儒家经典著作外，通俗读物和少年丛书占藏书比例不断增大。

到民国七年（1918），民国著名旅行家周公才到泰安考察时，通俗图书馆已经进一步发展，据他记载："书籍有一百三十余种，为二十四史九通之类，附设动植矿物数十种。"③图书馆里不仅有书报等纸质读物，还有数十种动植矿物标本等实物。

通俗图书馆不仅为当地民众服务，还吸引了很多游客。1916年7月韩国名儒李炳宪登泰山，所著《中华游记》详记所历："入（岱庙）图书馆，乍阅览，后晤馆长葛云庵，话半晌。"④葛延瑛（1857—1928）字云庵，泰安东江庄（今属肥城）人。少时读私塾，在泰安府童子试中名列前茅。光绪二十七年（1901）中举人。1915年任山东省参议员。民国时

① 泰安市泰山区、郊区地方史志编纂委员会编：《泰安市志》，齐鲁书社1996年版，第511页。

② 葛延瑛修：《重修泰安县志》第五卷，1929年铅印本，第54页。

③ 周公才：《周公才旅行笔记》，商务出版社1919年版，第222页。

④ 周公才：《周公才旅行笔记》，商务出版社1919年版，第222页。

曾任山东参议员、泰安县财政处长等职，多知岱故，1926年，他以70岁的高龄，四方奔走，征集资料，完成《泰安县志》14卷的编修任务。因为当时图书馆"主任一职由县视学兼任"①，此时葛延瑛应为泰安县视学，兼任图书馆主任。

到20世纪30年代，图书馆功能划分日益细化。1933年，著名散文家和儿童文学家倪锡英到泰安来参观，据他所记：

> 双龙池北面是一座庙宇改造的民众图书馆，我们从那党国旗交叉的门口走进去，那里面一共分了四部，靠西边的厢房是儿童图书部，东边的是成人图书部，都坐满了许多大人和小孩，大殿上也有两部，西边半间放了许多乐器和台球一类的东西，是娱乐部，东边的半间排列着许多的动物标本和各种动物模型，是博物展览部。那里面的游人很多，尤其是一般工人和农夫。②

可见当时的图书馆不仅有儿童图书部、成人图书部、娱乐部和博物展览部，且利用率很高，吸引了许多游客、工人和农夫。文化名人张希鲁1936年来泰安看到："岱庙的峻极殿前，观那二三十株苍老的古柏，有说是汉朝的，或许也可靠。有几株似觉太老迈了，仅留着拳曲如龙独立不倚的一颗枯干。殿门未开，从窗处窥入，陈列许多古物在内，菩萨也列着，与博物馆相类。"③应该是对当时图书馆博物展览部的描述。

到1937年10月，泰安频遭日军轰炸，民不聊生，图书馆难以为继，收藏的图书、实物下落也无从考证。

5. 学校图书馆

(1)泰安县立第一高小图书馆。

泰安县立第一高小设立于天书观故址，是毛澂时候所建，学校在礼

---

① 曲进贤主编，周郢等编撰：《泰山通鉴》，齐鲁书社2005年版，第247页。
② 倪锡英：《曲阜泰山游记》，中华书局1931年版，第105页。
③ 张希鲁：《西楼文选》，昭通地区行署文化局，1985年，第274页。

堂东边设有阅书报室,上面匾额上书写着"书仓":

> 由本校师生所捐集,内悬黑板,一有不明讲演者,教师随时讲演,所列书籍关于儿童方面为限。①

收藏书籍具有针对性,阅览之外老师还可以提供答疑。

1933年师范讲习所迁到天书观小学内,徐芝房(1890—1972),山东泰安人,北京大学哲学系毕业,曾师从梁漱溟,与何思源为同学。山东沦陷期间,徐芝房先在济南正谊中学任教,后返泰安筹建了私立泰山中学。他撰写的《泰山天书观师范讲习所教学大纲》之"前辞"写道:"盖一国文化,譬犹一人精神,人之精神于有生以俱来,国之文化于开国而已俱。若舍个人之精神而效他人,将不啻为癫狂之徒。舍固有之文化而效欧西,岂有不根本动摇者乎。善乎梁漱溟先生之言曰:'方今之困难,皆自救之术失当有以致之',良有以也。"②

徐芝房在担任校长期间提出进一步扩大图书馆的规模:"书仓,藏书之所有矣,阅览所缺焉,建宽大之阅览室,为生徒共读之所也。"③主张建设宽大的阅览室,提高藏书利用率。徐芝房先生任乡村师范校长时,在该校建立泰山文献征集室,陆续刊印了《石徂徕先生集》《孙明复小集》《泰山道里记》等乡贤遗书。王次通先生任该校校刊主编,也将泰安先贤萧大亨的遗著连载。他们对于乡土文献的爱护,体现了其爱国主义精神。

(2)教会学校图书室。

---

① 泰安市泰山区、郊区地方史志编纂委员会编:《泰安市志》,齐鲁书社1996年版。

② 徐芝房:《泰山天书观师范讲习所教学大纲,前辞》,泰山天书观师范讲习所编,第2~3页。

③ 徐芝房:《泰山天书观师范讲习所教学大纲,校舍建筑及计划第二》,泰山天书观师范讲习所编,第2~3页。

鸦片战争后，随着中国沦为殖民地半殖民地，许多西方基督教传教士大量涌入中国，泰安作为外国教会传教的基地之一，先后有德国的天主教会、美国的美以美会、英国的中华圣公会来此。据统计，仅泰城内教会学校就有 9 所，其中包括中学、小学、孤贫院学校、医院护士学校等：

> 教会学校的教学设备也比较好，如当时的育英中学，有两栋教学楼，有实验室、图书室、体育场，有篮球、排球、足球、网球项目，设备齐全，并经常开展活动。①

6. 泰山陈列馆

冯玉祥将军在 1932 年、1933—1935 年两次隐居泰山期间，在泰山创办了 14 处民众学校（即泰山武训小学），使山区的青少年能入学读书。他还十分重视图书和图书馆的建设，在武训小学总校设有"泰山陈列馆"，内有植物标本室、理化室、生理卫生室、图书室，馆内各种实验仪器也比较齐全。

他还邀请了许多知名的学者和进步的青年成立研究室，鼓励读书学习，在研究室成立的同时，还设立了图书馆。在日记中，他详细记载了建馆的过程。1932 年 4 月 19 日，他在日记中写道：

> 拟组织图书馆，以备同人公用，便于学习。如何加以管理，须得详为计划。②

1934 年 9 月 30 日的日记中记载：

---

① 柳建新主编：《泰山文博研究》，山东画报出版社 2008 年版，第 166 页。
② 中国第二历史档案馆编：《冯玉祥日记》第三册，江苏古籍出版社 1992 年版，第 611 页。

民众图书馆的书已有八成。①

10月10日记载:

图书馆开幕我未到,因我是请大众读书的,不必有什么言论为好。②

该图书馆由中法大学毕业生王倬如负责管理,研究员可以随时借阅。图书馆不仅订有国内各种报刊,还有国外的期刊如《国际通讯周刊》,冯将军为追求新知识,还特托人从北京购来两大柳条箱新书,内有当时禁书《革命的外交》和《共产主义初步》等革命书籍,供研究员讲课和作时事报告参考使用。他分给研究员每人一本书,限定时间读完,并要用红蓝铅笔圈点。每个星期天集合,让每个人汇报所读书的大统,他都认真地听,有时还记下来。一本书读完,收回去再换一本,照样再考核。他就是用这种方法,来提高研究员的文化知识与思想。

7. 王价藩与"仅好书斋"

王价藩(1865—1934),字建屏。18岁任私塾教师,25岁入邑庠。后乡试未中,遂绝意仕进,矢志教育,服务桑梓。1899年主办义塾,主讲醴泉义塾14年,主持县立女校数年,至商会掌文牍20年。倡办集火社。1905年在岱庙环咏亭创建倡办图书社,并与范明枢合力创办劝学所。民国期间,历任县教育会长、评议员、城区议长等职。终生教书育人,并致力于乡土文献的搜集研究。

他节衣缩食,省出钱购买书籍。遇见有用的书,手头无钱,不惜典当以购。有一次时值隆冬,遇见一部好书,只好到当铺脱下长衫将套里

---

① 中国第二历史档案馆编:《冯玉祥日记》第四册,江苏古籍出版社1992年版,第412页。

② 中国第二历史档案馆编:《冯玉祥日记》第四册,江苏古籍出版社1992年版,第419页。

的棉袄典当。他以穷教师的收入，到晚年已藏书万卷以上，成了泰安著名的藏书家。王价藩先生苦于"居泰山下越五十年，泰山故茫无所知"，引为读书之深耻，晚年致力于搜求地方文献。当时泰安的藏书家如"宋氏青岩洞、赵氏岱阳精舍、王氏晚翠园、卢氏清俭堂、以及下村程太守、治中李明经，各有遗帙散佚人间"①。王价藩"暇日辄辗转绍介，造门访览"，日积月累，不懈收藏，故所得泰山文献越来越多。家中专门拿出三间屋，建成"仅好书斋"，藏书达八千余卷。王价藩先生去世后，其子王次通先生继承遗志，续加搜辑，并刊启报章征之海内，经两代搜集，历三十年，藏书愈加丰富。

王价藩曾作《仅好书斋志》，其志云：

> 余本寒素，不能致书。弱冠后屡以枵腹，自惭庸陋，始稍稍购求。然重赀者仍无由悻获也。近三十年来，余赀即作购书费。赓续积七千余卷之多。爰于辛未（1931）夏，洁茅斋而满贮之。斋拟以"仅好"为名。盖明吾之积是书仅好之而已。实未能日事披吟，获开卷之益也。此后若有善读者来此教吾儿孙，及时研读，并藉供同好，是则足慰素志矣。如谓秘不示人，永为吾家所私有，殊未敢设此妄想耳。
>
> 民国二十年岁次辛未夏日记②

这个书斋从经营管理上，已不是传统意义上藏书楼，他具有鲜明的开放性特征，因为这个书斋设立除"供儿孙研读，至友传观，勉为有用之学"外，凡热爱泰山文化之人都可以使用，特别是在民国十五年（1926）续修县志时，许多文献都取自"仅好"所藏。

---

① 《山东省文化艺术志资料汇编》第 1 辑，山东省文化厅《文化艺术志》编辑办公室，1984 年，第 239 页。

② 王绍曾、沙嘉孙：《山东藏书家史略》增订本，齐鲁书社 2017 年版，第 328 页。

王价藩先生之长孙，山东大学《文史哲》编辑部原副主任王佛生先生，1953年将济南、泰安两地所存图书万卷和泰山文献资料、先人日记、诗文手稿等，全部分别捐献给山东省人民政府文物管理委员会和泰安文物分会。

8. 泰安平民学校

民国十七年（1928）6月，山东省教育厅在泰安时，曾借用县立第三女子小学校舍附设平民学校。聘请李兰亭、孔继元、王价藩、朱庆元、于温卿为教员，学生120多名，分三个班上课，并设夜班，聘王丹林为夜班教员。下半年，部分村镇相继办起了平民学校，次年，平民学校改名为民众拳校。学校课程，一般设"国语""算术（含珠算）""常识""公民""音乐"等，还有的学习"百家姓""日用杂字""农村应用文"等。至民国二十年（1931），全县共办起民众学校77处，学生2430名，毕业生564名，修业年限为四年。

1933年，范明枢、姚新府、张兴桎、孟子仁四人，每人每月各捐款10元，在山口村春秋阁办起了一所民众学校，范明枢任校长，张兴桎任学董。范明枢（1866—1947），原名范炳辰，1866年出生于山东省泰安城元宝街徐家园。1888年，范明枢考取吉祥永私塾教师，次年考中秀才，不久进选增补为增广生员。1903年考入山东师范学堂（济南师范前身）深造。1905年秋，他由清政府保送去日本留学，回国后致力于教育事业。初创时的山口民众学校招生多达"百人，编为甲、乙、丙3个班"①，采取集中上课分散自习的办法。

9. 泰安民众教育馆

民众教育馆是民国时期实施社会教育的中心机构。前身为通俗教育馆。1932年2月国民政府教育部公布的《民众教育馆暂行规程》规定，各省市（直辖市）及县市（省辖市）应设立民众教育馆，举办关于语文、

①　中共泰安市委党史征集研究办公室、泰安市政协文史资料委员会编：《泰山青松范明枢》，黄河出版社1996年版，第254页。

生计、公民、健康、家事、休闲各种教育事业，并从事研究及实验工作。最早成立的民教馆为江苏省立南京民众教育馆，至 1936 年，全国已发展有 1600 余所。

泰安民众教育馆成立于 1931 年，地点在泰安城内遥参亭，共产党员马馥塘曾任泰安民众教育馆馆长，1930 年他因参加党组织活动被捕入狱，1931 年出狱后，马馥塘回忆：

> 出狱后，在与党组织失去关系的情况下，我在莱阳、禹城继续开展工作。在面临再次被国民党逮捕的情况下，我逃到济南，找到我的同学杨希文。他当时是省教育厅第三科的科员，虽不是共产党员，但思想挺进步。他设法给我开了个委任状，让我到泰安民众教育馆当馆长。一九三六年下半年我到了泰安县。[①]

他借泰安民众教育馆的名义，开办了三处民众夜校，一个在城内，两个在乡下。1937 年 7 月卢沟桥事变后，全国人民掀起抗日高潮，8 月，马馥塘联合范明枢发起成立了"泰安各界抗日敌后救援会"，组织爱国青年上街演讲、发散传单，以揭露日寇侵略罪行、动员各界踊跃捐资，支援抗日前线。

民国二十四年（1935），省教育厅在泰安设第一民众教育辅导区泰安办事处，王振宇任主任。民国二十五年（1936），省教育厅又在城南篦子店设立社会教育实验区，辖驻地周围 10 多个村，进行成人补习教育，扫除文盲。

10. 易君左的"国家图书馆"设想

泰山是五岳之尊，首倡定"泰山为国山"的是民国著名作家易君左。"中国现代游记写作第一名家"易君左高屋建瓴，在《定泰山为国山刍议》中列举了定泰山为国山的理由后，对今后的泰山建设提出了独到的

---

① 《泰山区文史资料》第 1 辑，1989 年，第 33 页。

创议:

> 泰山山麓,四周空地极多,森林尤富,最适宜于设国家大学,
> 或将前青岛大学今国立山东大学移于泰安,或并设而不悖,钟国山
> 之灵秀,蔚济世之英材……蔚为一种学风,以救今日嚣纷之弊。此
> 种大学,应附设一规模极大、藏书最富之国家图书馆。①

主张设立国家大学附设国家图书馆,假使其设想变为现实,泰山脚
下,卷帙飘香,莘莘学子在此博览群书、涉猎各科知识、获取各种信息
将何其之幸。

二、清末民初公共文化事业特征

(一)泰山文化与泰安公共文化事业相得益彰

1. 泰山文化滋养泰安公共文化事业

(1)书院遗风影响下涌现出一批忧国忧民、指斥时弊、率行仁政、
造福桑梓的志士仁人致力于近代公共文化建设。

泰山书院是"宋初三先生"胡瑗、孙复、石介读书、讲学的地方,
在中国书院史上占有极其重要的地位。孙复、石介、胡瑗长期以来,受
到了泰安人民的尊重。明朝弘治年间,曾在其旧址重建书院。嘉靖年,
为祭祀孙复、石介建有二贤祠,隆庆间,增祀胡瑗,称三贤词。至清道
光年间徐宗干重修时,又增祀宋焘和赵国麟,遂易名五贤祠。《泰山县
志》称:"泰安旧称淳朴,士习于孙、石遗风,多好经术,重气节"②,
在泰山书院砥砺名节,谨行操守的遗风影响下,先后出现了致力于推行

---

① 易君左等撰,周郢校注:《定泰山为国山刍议校注》,泰山文化协会,2010
年,第37~38页。

② 中国博物馆学会编:《回顾与展望:中国博物馆发展百年——2005年中国
博物馆学会学术讨论会文集》,紫禁城出版社2005年版,第77页。

新学的毛澂、赵正印、葛延瑛、王价藩等。

冯玉祥将军第二次隐居泰山时，居住在五贤祠。冯先生居住泰山时，对上书院和五贤祠曾特意予以保护和修葺。他和范明枢老人常称赞五贤刻苦读书，专心治学、精心著述的事迹，为了表示对五贤的景仰，特约范明枢给五贤立碑述赞。冯先生以五贤的治学精神勉励自己，为百姓和地方做公益事务、广设文化设施。

（2）清末民初公共文化设施的内容和服务带有鲜明的泰山特色。

泰山有五千年的发展历史，泰山文化博大精深，泰山文献反映了泰山的经济发展、自然环境、历史文化等方面的积淀和发展的情况，为人们研究和探索泰山地域内的历史和未来提供了详实的信息。因着重要的地理位置，泰山文献也成为近代图书馆的收藏特色，如通俗图书馆收藏的泰安本地的动植物和矿石标本等。王价藩先生的仅好书斋"举凡岱岳掌故文字，与乡先正之编纂著作，莫不博访穷致，以故家藏卷帙之多，非邑中首藏，而泰山书之罗致，邑中藏家，殆无能及者"①，收藏了丰富的泰山史志、乡贤遗书、艺文资料、金石资料等泰山文献。

泰山的博大、雄伟，吸引了一大批游客来到泰山，他们在观赏泰山美景的同时，也成为图书馆的特殊读者，许多著名作家、学者还留下了关于泰安图书馆事业珍贵记忆和设想，如周公才、倪锡英等人的游记和易君左的国家图书馆设想。

（二）清末民初公共文化事业的发展是泰山文化的一部分

1. 促进了民众素质的提高和文明风尚的形成

泰安近代图书馆创办者和任教者本身都是接受过西方近代科技知识、文明习俗和思想观念熏陶的先进知识分子，在他们的推进下，泰安比其他地区较早出现了近代图书馆，图书收藏日臻完善，有公共图书馆、学校图书馆，有私人图书馆等类型，从不同层面满足了不同群体的

---

① 史勇：《中国近代文物事业简史》，甘肃人民出版社2009年版，第59页。

需求。如通俗图书馆以普通城市居民为教育对象，民众利用图书馆掌握识字、读书与基本生产技能、生活常识的同时，也逐渐接受自由、民主、科学与个性解放等现代思想观念和西方近代文明价值观念，转而成为仿行者和实践者。因此，图书馆的发展对提高市民素质、丰富市民文化生活、形成文明风尚发挥了积极作用。

2. 形成了收集、整理泰山文献，传播泰山文化的优良传统

泰安人也形成了收集、整理泰山文献，传播泰山文化的优良传统。新中国成立后建立的泰安市图书馆、泰山学院图书馆等机构建有泰山文献室，专门收集、整理和研究泰山文献，传播泰山文化。

(三)民间力量是泰安公共文化建设事业的主力

公共文化服务体系以保障群众基本文化权益、满足群众基本文化需求为目的，向全社会提供公共文化设施、产品、服务。当代社会多以政府为主导，以公共财政为支撑，以公益性文化单位为骨干。在当时中国内忧外患的环境下，泰安政府无力承担起这一任务。因而，民间力量是泰安公共文化建设事业的主力。

民间力量包括中外力量，外主要指传教士，国内力量主要包括开明士绅、留学生、著名学者等。

(四)清末民初公共文化基础设施建设总体水平不高

公共文化的吸引力、影响力不强，与全社会的公共文化需求有较大差距，这是由当时缺乏安定的社会环境、政府力量薄弱、经济发展水平较低所决定的。

三、小结

引导和鼓励社会力量参与公共文化服务，充分发挥他们各自的优势，形成政府与民间多方平等参与、主体同律、多元合作、良性互动的格局，是加快构建公共文化服务体系的重要举措和经济社会发展的客观

要求，对于发展公益性文化事业，推进公共文化服务供给方式的多元化，优质高效地满足人民群众的文化需求具有重要意义。研究泰山文化，整合泰山文化，依托泰山文化，把弘扬泰山文化、泰山精神作为当代公共文化建设的内容，这是发展泰安公共文化建设影响力，满足泰安人民公共文化需求的必经之路。

第二节　省级公共文化机构建设
——以山东济南为例

济南位于山东省中西部，南依泰山，北跨黄河，背山面水，分别与山东西南部的聊城、北部的德州和滨州、东部的淄博、南部的泰安交界。济南历史悠久，是史前文化"龙山文化"的发祥地，是齐鲁文化的中心。明清以来，济南一直为山东的治所所在地。1840年鸦片战争后，中国沦为半殖民地半封建社会，帝国主义列强纷纷涌入中国，宰割掠夺，济南亦未幸免。1904年，济南自开商埠。城市区域随之扩大，工商各业有长足发展。1911年年末，津浦铁路黄河大桥建成通车，济南成为南北交通枢纽，成为山东省的政治、文化、教育、交通和科技中心。中华民国成立后，济南为山东省政府所在地。

一、山东省图书馆附设山东金石保存所

宣统元年(1909)1月25日，山东巡抚袁树勋上书学部《奏东省创设图书馆并附设金石保存所以开民智而保国粹折》。袁树勋"拟参照各省及各国藏书便览之法，设立图书馆一所。首储四部之善本，兼收列国之宝书，将以通新旧之机缄，非仅侈观瞻于耳目"。图书馆中还附设金石保存所，"凡本省新出土之品与旧拓精本，博访兼收，以表山东古文明之特色，免乡氓无识者之摧残，亦存国粹之一端"①。就当时财政困难

---

① 《山东巡抚袁树勋奏创设图书馆等折》，《学部官报》1909年第79期。

之窘境，袁树勋主张从学司衙门岁入款项中拿出部分按年采办图书。2月20日，学部批"学部知道"。3月20日，由罗正钧亲自主持开工兴建图书馆。9月完工，耗银两万两。荣成孙葆田撰《山东创建图书馆记》。由姚鹏图书丹，勒石纪念。"文曰：十二月十三日，颁行《山东图书馆章程》，十二月十六日落成，抚宪题写馆名'山东图书馆'。"

初建的山东省图书馆，在大明湖西南隅，面东为门，门上悬有罗正钧亲笔书写的"遐园"匾额。初创伊始即传盛名，有"南阁（天一阁）北园（遐园）"之美誉。馆内建有海岳楼、宏雅阁、读书堂碑龛、虹月轩、金丝榭、碧琳琅馆、提要钩玄室、明漪舫、浩然亭、朝爽台等建筑，古色古香。加上小桥流水，荷花飘香，为典型的馆园结合式建筑。于右任观后感慨万千，挥毫写下"和风飞清响，时鸟多好音"①的佳句，悬挂于院内竹篱门上。云南文化名人张希鲁于1936年8月参观后赞赏道："济南胜处，不在大明湖，而在图书馆。内容与外观，两者俱无遗憾。"②

省图书馆初建时定名为"山东图书设金石保存所"。由山东提学使总提调，其具体主管人称坐办，由提学使聘任。创建之初，定员15人。第一任坐办（即馆长）为安徽歙县人张百诚。宣统二年（1910），昆明人陈荣昌继罗正钧任山东学使，聘任保厘东任坐办，建博物馆。1911年，编纂山东省图书馆建馆后的第一部书本式目录——《山东图书馆辛亥年藏书目录》。1913年9月，改为馆长制。由光绪癸卯状元、时任省教育厅长的王寿彭兼任山东省图书馆馆长。1914年3月，安徽歙县人刘宝泰接任馆长一职。8月，接受山东高等学堂图书110箱及山东通志局征求之本省县志府志若干。1915年冬，根据当时教育部的规定图书馆更名山东公立图书馆，直属省长公署，馆长由省长聘任。经历年捐购添置，至1916年山东省图书馆藏书已达13万卷。1916年4月，由江苏南通人袁绍昂主编制成《山东图书馆重编书目》，共收书13万卷。此后十

---

①　李勇慧：《一代传人王献唐》，山东教育出版社2012年版，第151页。

②　张希鲁：《西楼文选》，昭通地区行署文化局，1985年，第275页。

一二年间，政府"积欠教育经费，动辄数月"①。加之 1928 年后又经历了"五三惨案"和晋军入济两次劫难，给该馆的建筑和藏书造成了极大的破坏。省府移驻泰安，山东省图书馆的发展处于停滞阶段，此时较有影响的馆长为 1920 年 2 月至 1929 年 5 月在任的丁绂辰。1928 年 3 月，在济南办工商银行的马惠阶由于亏欠公款 12 万无力偿还，只得以家藏书籍抵偿归公，政府随后将其悉数运至图书馆保存。"马君搜藏既富，鉴别亦精，旧椠名抄，类居大半。当时官府但以无可如何得来之故纸，辇致图书馆存之；本馆于无意中，获此美富之储藏，是亦不幸中之大幸也。"②这批书"是为本馆收藏善本之始"。③

1929 年夏，山东公立图书馆更名为山东省立图书馆，归属省教育厅。1929 年 8 月 2 日，省教育厅长何思源"以省立图书馆关系社会教育甚重，非切实整顿改良办法不可，于是改委王献唐充任馆长，负责主持"④。王献唐惨淡经营，使省立图书馆在馆舍建设、藏书充、机构设置、读者工作都有了一定的发展。

1930 年 1 月 1 日，山东省图书馆以崭新的面貌向读者开放。藏书在七七事变前增至 218000 册。所藏善本书籍，如唐人写经、宋元旧椠、明清精刻及抄稿本合佛道藏已达 36000 册有奇。至 1937 年七七事变前，省馆所藏金石物品已达 17000 余件。

1932 年，王献唐与编藏部同仁共同完成了《山东省图书馆图书分类法》。山东省图书馆用此法分编的图书近 50 万册，并一直影响到新中国成立后《山东省立图书馆图书分类新法》(即《山东法》)的编制。

---

① 张在军：《发现乐山：被遗忘的抗战文化中心》，福建教育出版社 2016 年版，第 49 页。

② 王献唐：《一年来本馆工作之回顾》，《山东省立图书馆季刊》1931 年第 1 集第 1 期。

③ 《民国山东通志》编辑委员会编：《民国山东通志》第 5 册，山东文献杂志社 2002 年版，第 2762 页。

④ 张在军：《发现乐山：被遗忘的抗战文化中心》，福建教育出版社 2016 年版，第 49 页。

为进一步开展图书馆界的学术交流，王献唐于 1931 年 3 月创办了《山东省图书馆季刊》。这是山东省最早的图书馆学刊物，在全国也属少见。

1934 年 3 月，在旧馆西邻毗连处建藏书楼。1935 年 1 月竣工。七七事变后，华北危机。王献唐恐馆藏善本与文物精品落于敌手或毁于战乱，选善本书画及古物装为 29 箱，辗转存于曲阜至圣奉祀官府内。1937 年 12 月 27 日，王献唐先生又从曲阜的图书中精选装成 10 余巨箱，行程七千余里。至翌年 12 月 24 日流至四川，将图书文物存放四川乐山大佛寺天后宫中。1950 年 12 月 25 日，保存川中的图书文物完璧归里。

1937 年 12 月 27 日，日军侵占济南后，山东省立图书馆遂遭焚劫，绝大部分书籍荡然无存。日伪政权建立后，省立图书馆归属伪山东省公署教育厅，于 1938 年 5 月 24 日任命伪教育厅科员程仲宏为省立图书馆管理员。据统计，经过洗劫后，山东省立图书馆残存的图书仅有 7560 册。1940 年 9 月 19 日，山东省公署下令辛葆鼎为省立图书馆馆长，9 月 25 日图书馆重新开放，当时仅有图书 2050 种，14600 册，职员 11 名。这一时期购得海源阁明清版部分藏书，共 32236 册，补充了馆藏。购得安刻书谱原石 28 方，并建碑亭存放。

日本投降后，罗复唐奉命接受山东省立图书馆，共设总务、采编、阅览、特藏、研究辅导五个部。国民党军队一进入济南，即把"山东挺进军前进指挥部"设在省立图书馆内。

1948 年 9 月 24 日，济南解放，军代表流泽等进馆接收，馆名仍沿旧称，隶属于山东省文教厅，这时馆内残存的书籍共计 30 余万册。1949 年 2 月刘惠吾出任解放后第一任馆长，3 月 20 日，山东省图书馆正式开放接待读者，1952 年山东省立图书馆更名为"山东省图书馆"，改隶山东省文化事业管理局。

该馆最大的特色是图书馆与博物馆共存。该馆创立之初即附设山东金石保存所，兼收金石。据 1936 年出版的《中国博物馆一览》统计，①

---

① 中国博物馆协会编辑：《中国博物馆一览》，中国博物馆协会 1936 年版，第 63 页。

当时山东金石保存所，收藏铜器 197 件，泉币 3967 枚，石器 5 件，石刻 468 件；甲骨卜辞 71 件；玉器 52 件；砖瓦类 971 件；陶器杂件 375 件；钱范 272 件；陶文 2307 片；封泥 340 件；瓷器 89 件；礼乐祭器 1427 件；出版拓本 141 种。这些藏品分列四部展示：(1)古物美术展览室，(2)碑龛，(3)汉画堂，(4)罗泉楼。有学者赞云：“国内图书馆以藏书之多言，首推北平之国立北平图书馆；以保存古器物之丰言，殆无出山东省立图书馆之右者。”①

王献唐主持馆务后，采取有效措施合理利用馆内所藏的文物和书籍。如他将图书馆二楼改名为“罗泉楼”，室内陈列他 1930 年为本馆新购清代著名学者、济南历城马国翰玉函山房古泉及原板，陈列方式“依泉品原类，排架胪列”②。为便于参观者系统了解与学者研究，王献唐在“罗泉楼”内又展出钱币书籍，室内“中制书橱，庋置泉币书籍，学者得就书册所载，与货币参证。架旁尚有余地，实以二楼，陈馆藏泉范，一陈泉币系谱”③。王献唐自撰《罗泉楼记》作为前言，请尹祥农书写后装裱，悬挂展室内，既可使观者了解中国货币发展历史，又可方便观者研究，使知识普及、文物鉴赏与学者研究融为一体。文化名人张希鲁对此有详细的描绘：“图书馆背街面湖，其中花木假山，布置极妙，颇与北平中山公园相近，不过规模较小。该馆是图书博物合办，其邻即博物陈列室。”④新中国成立后，山东省图书馆金石保存所收藏的青铜器、书画、善本书等一批文物调拨入山东省博物馆。

二、山东省立民众教育馆

20 世纪二三十年代，全国上下兴起了民众教育热潮，民众教育运

---

①　《浙江省立图书馆馆刊》第 2 卷第 3 期，《国内图书馆刊物提要介绍·山东省立图书馆季刊》，1933 年，第 12 页。

②　王献唐：《罗泉楼记》，手稿本；2011 年《山东文献集成》影印稿本。

③　李勇慧：《王献唐著述考》，山东教育出版社 2014 年版，第 305 页。

④　张希鲁：《西楼文选》，昭通地区行署文化局，1985 年版，第 275 页。

动如火如荼。在此形势下，1929 年 8 月 23 日，山东省教育厅在济南南关毛家坟成立了山东省立民众教育馆，它是由公立通俗图书馆、社会教育经理处和通俗讲演合并而成。该馆主要任务是对民众教育负辅导和推广之责，宣传民众教育之意义。除此之外，还在各县成立了民众教育馆，设立了一些民众教育学校、图书馆、识字处等来推行民众教育。山东省立民众教育馆在当时山东民众教育的发展过程中扮演了极为重要的角色，是推进山东民众教育发展的中心机构。

山东省立民众教育馆由教育厅社会教育科长王书林兼任馆长。1930年，中原大战爆发，同年 6 月，阎锡山率晋军进攻济南，驻守济南的韩复榘兵退青岛，在战争的影响下，馆内一切事务停顿。1930 年 9 月，馆址迁移至济南贡院墙根，由杨承荣接任馆长。

1931 年 7 月，董渭川应山东省教育厅厅长何思源之约来到济南，先在教育厅当督学，同年 7 月即改任山东省省立民众教育馆馆长。董渭川（1901—1968），教育学家，山东邹县人。早年就学于北京中国大学、北京高等师范学校。毕业后入北京师范大学国文研究科学习。曾任江苏省立东海中学校长、安徽省教育厅厅长。董渭川上任山东省立民众教育馆馆长之初，该馆正处于内忧外患的境地。“内忧”在于民教馆本身存在设施陈旧、经费缺乏、工作杂乱、职员积极性缺乏等问题；“外患”在于社会民众对民众教育馆的错误认识，对民众教育的漠视与轻视。在当时，还是有许多的民众对社会教育乃至对民众教育馆持保留或者怀疑和误会的态度。许多地方政府官员只是为了应付上级安排的公事，而并不把民众教育馆当作真正的为民众做好事的机构去办理，甚至出现“不少地方多有挪移学款漠视教育情事，使民教馆经费枯竭，一切工作无多表现”①。不少民众教育馆的工作人员也对其工作认知不清。有馆长借口“民众教育工作是最繁重的工作，永久的工作，决非民众教育馆内少数人的力量

---

① 张简：《咸丰县民众教育馆志略》，《民众旬刊》1935 年第 59、60 号合刊。

和有限的经费所可为的"①而不认真工作。在当时人的意识中，民教馆一词差不多等同于"养老院""饭桶机关""失业介绍所"等名词。

董渭川在被委任为省立民众教育馆馆长一职时，他内心也只是想"到民众教育馆里去栽几盆花，养几条鱼，过一过读书习字的幽闲生活，应该很有意思，于是乎慨然担承"②。因此，民众教育馆建立之初，其主要任务不仅要对自身各种设施进行充实与健全，而且要改变民众对民众教育馆的错误认识，加大对民众教育馆的宣传力度。董渭川采取措施吸引了一批人才到民众教育馆工作。他对朱智贤、杨汝熊等昔日的高材生非常关心，并始终保持联系。当他得知杨汝熊在徐州民众教育馆供职，就写信邀他来济南山东省立民众教育馆工作。杨汝熊虽然因故未去，但经常撰稿投寄《山东民众教育月刊》。董渭川先生得知朱智贤被保送中央大学深造，非常高兴，立即致函表示祝贺，并提出殷切的希望。当朱智贤把中央大学因"易长风潮"，即将停课的情况写信告诉董老师后，董渭川立刻拍电报给朱智贤，邀他急赴济南，帮助筹办《山东民众教育月刊》，共同实施山东民众教育。

朱智贤应约来到济南，急切地投入这项并不十分熟悉的工作中去。他在《我与教育》中表白："在我去山东以前，我因为受了生活和社会对我的直观的刺激，我因为对于当前环境的体验和现实的观察早已使我感到，尽着埋头在'12345 和 ABCDE'这样教育八股的圈子里，实在没有什么意义。于是，我在烦恼中，迫切地去要求了解，要求光明。我曾为此看了不少的哲学、经济、政治、社会的书，我曾有好久沉默着没有动笔，我感到彷徨，我感到空虚。"③朱智贤不满足于中央大学学院式、封闭式的学习和研究，他要求了解更多、更新鲜的东西，迫不及待地投身民众教育事业。1934 年，朱智贤任山东省立民众教育馆编辑部主任，

① 朱秉国：《民众教育馆长的诸问题》，《山东民众教育》1934 年第 3 期。
② 董渭川：《我的盲人瞎马的教育生涯》，《文化与教育》1936 年第 108、109期合刊。
③ 黄永言：《朱智贤传》，人民教育出版社 2000 年版，第 81 页。

主编《山东民众教育月刊》和《小学与社会》等。朱智贤在济南虽然仅仅半年时间，但他及时地把成功的经验写成文章，发表在《山东民众教育月刊》上，推动山东全省民众教育蓬勃发展。朱智贤接触民众教育后，及时地总结并写成文字，很快就写出专著《民众教育活动实施法》，董渭川对其非常赞赏，并欣然为之作序。该书出版后，受到全国民众教育界人士的欢迎和好评。若干年后，他又应董渭川先生之约，再次赴济南从事民众教育。

在山东省教育厅的大力支持以及馆长董渭川的带领下，再加上社会各界人士的帮助及馆内人员的努力，山东省立民众教育馆的各种民众教育设施相继成立，各种活动相继举办，引起了社会民众的广泛关注，馆内设施也不断得到改善，职员的积极性也带动起来。在山东省立民众教育馆的大力扶持下，除教育馆以外，还有图书馆、博物馆、美术馆、民众教育实区、古物保存所、公共体育场、通俗讲演所、民众阅报处、民众茶园、公园音乐会、体育会、剧场、民众学校、体育传习所、妇女职业补习学校、乡农校等。至1932年，各县有社教机关7635所。教育内容广泛，包括识字、三主义、珠算及笔算、地理、历史、自然、卫生、农业或工商技艺，等等。社会教育成效显著，其中仅民众学校在1937年就使143900人脱盲。在激发民众的兴趣、宣传民众教育馆的事业方面有着"马前卒"的作用。如民众运动场、民众电影院，这些休闲娱乐场所，引来了民众的广泛参与。民众在休闲娱乐中受到了教育，这些设施是功不可没的。自1931年至1932年一年多的时间里，省立民众教育馆大大小小举办过30余次活动，每次参加活动少则50余人，多者24000余人。其中，1930年山东民众教育馆在青岛举办图书馆讲习会，为期1月。报名听讲者男女共196人，其中女性居多。由赵波隐担任讲师，所用讲义为赵氏自编之《民众图书馆设施法》。① 1931年9月21日

---

① 严文郁：《中国图书馆发展史：自清末至抗战胜利》，台湾中国图书馆学会1983年版，第196页。

举行的婴儿健康比赛会在民众中引起强烈反响，300 多位母亲抱着她们的宝宝，听演讲、受检查、领奖品，这为民众教育馆的宣传工作做了榜样。1932 年 2 月 6 日，年俗展览会开幕，这次展览会共持续了 15 日，共有 2 万余人前来参观，这既使民众开了眼界，又引起了他们对民众教育馆的注意，而且他们对民众教育馆有了要求。

受当时梁漱溟乡村建设思想的影响，山东省立民众教育馆的工作重心由城市转向农村。主要做法是：把全省农村划分为若干实验(辅导)区，在每个区内分别组织各种形式的活动，用以提高农民群众的文化水平和增强他们的体质。具体开展的活动有：改良私塾办民众学校和扫盲班；办简易师范班；建立图书室；组织妇女读书会和儿童读书会；举办反对女子缠足等多种展览，举行演讲会，宣传科学文化，破除封建迷信；建立乡村医诊所，组织村民励志会，帮助会员戒烟(鸦片)、戒毒(海洛因)、戒酒；举行村民运动会、国术研究会、棋艺比赛等。这些活动受到了广大农民的欢迎，实验取得了明显成效。1932 年 9 月，由山东省立民众教育馆主办的历城县祝甸乡实验区成立，至 1935 年，山东省立民众教育馆在历城县祝甸乡进行了三年多的辅导工作，并取得了显著的成绩，实现了其普及乡民教育，增进农业生产，完成地方自治，改善乡村风俗的宗旨，有深刻的社会影响和历史意义。

1937 年 8 月，日本侵略军沿津浦路南下，山东形势危急。为了敦促韩复榘守土抗战，中共山东省委和济南市委在山东省立民众教育馆组织召开了千余人参加的群众大会。孙陶林、王祝晨、辛葭舟、徐智雨、赵修德等在会上作了演讲。会后，游行队伍行至纬七路，遭到日本浪人阻挠，工人、学生奋起反抗，杨涤生等 10 余名学生被韩复榘派执法队逮捕。在社会舆论的压力下，被捕学生旋被释放。9 月，为了团结文化界各派，建立更广泛的统一战线，在中共山东省委和"民先"山东省队部的组织领导下，山东文化界抗敌救亡协会在山东省立民众教育馆正式成立了。

山东省立民众教育馆还创办有 20 多种刊物。1933 年 8 月，山东省立民众教育馆编辑出版了《山东庙会调查》第一集，刊登了 15 个地方 28 篇庙会调查文章。《山东民众教育月刊》，1930 年 1 月创刊于济南，山东省立民众教育馆主办，设有"论著""特载""报告""调查""文艺""规程""最后一页"等栏目，发表研究民众教育理论和实践的文章，报道民众教育消息，刊登有关民众教育的计划、章程和调查报告及统计数据等，共出 8 卷，1937 年 6 月停刊。

《民众周刊》，1930 年创刊于济南，山东省立民众教育馆编。山东省立民众教育馆成立时，由教育厅移来，归出版部续编（从第 32 期起）。1930 年 6 月底，因受战事影响而停刊，共出 127 期。同年 12 月，半周刊改为周刊。至 1931 年 6 月，《民众周刊》停刊，计共出 24 期。该刊创办之初，山东省还并没有正式面向本省小学教师的定期刊物，故政府规定由各县向当地小学校派销，因此它的读者实际上十分之九为小学教师，也就有了一万以上的订户，这在当时整个华北的民众教育刊物中是首屈一指的。也正因为这个特殊的读者群，所以它的性质和各地所出的民众报以识字不多的民众为读者对象的略有不同。就《民众周刊》的内容来看，主要分"插画""论说""乡土调查""常识谈话""儿童教育""通俗文艺""时事述要""新书介绍""民众顾问"等栏目。每期 12 页，约 1.8 万字。每半年编分类总目，合订成册。每遇社会有重要事件发生可作教育资料，或遇纪念日，则出版专号宣传，如："民众体育专号"，系统记述第三次全省运动会（1932 年举办）经过，并附论文 2 篇、插图 11 幅；"抗日救国专号"，刊登论文 2 篇，东北地图 1 幅、纪事 5 篇，于九一八后三周出版；"民众演说竞赛会专号"，记述该馆民众演说竞赛会经过，刊载优良讲稿及关于演说的论文。

《演剧周报》戏剧专业报纸副刊。1933 年 11 月 8 日创刊，为山东最早发行的《民国日报》戏剧副刊。由山东省立民众教育馆阎哲吾任主编。每周一期，每期一版 5000 字，出版 40 期后于 1935 年 1 月 6 日改名为"七日剧谭"，由王铁民主编，仍载《民国日报》，出版 19 期。七七事变后停刊。内容中除主要介绍话剧剧本与评论外，还载有国内外戏剧动态、演出评论、舞台美术等。

1937 年 12 月，日军进攻济南，山东省主席韩复榘率 10 万大军不战而退。济南沦陷后，山东省立民众教育馆的工作全面停顿，在乡村的辅导教育工作也随着民众教育馆的停办而搁浅。董渭川及其同仁逃亡南方，山东省立民众教育馆被日伪山东省公署所控制，成为日本侵略者在山东实施奴化教育的工具。

伪山东省教育厅于 1938 年 12 月 5 日通令凡战前冠以"民众"的社会教育机构，一律改称"新民"。1939 年，伪山东省公署颁发了《新民教育馆组织暂行规则》，日伪将原山东省立民众教育馆改为省立新民教育馆，该馆下设宣传、话剧、陈列、阅览等四部，主要任务是根据当时的形势需要进行奴化宣教活动，数年间便建起了一个遍布各县、市的庞大社会教育网，企图通过实行民众教育来奴化民众的民族意识。但以民众教育馆、新民学校等机构来对中华民族实施奴化教育只是伪政权的一厢情愿，广大民众对于奴化教育的抵制贯穿于日伪统治的始终。

抗日战争胜利以后，国民政府发布了《战区各省市教育复员紧急办法事项》，恢复各级教育行政机关；组织成立"甄审委员会"对教育行政人员、学校教职员及社教人员进行"甄审"。山东省立民众教育馆在战后被国民党接收后主要进行的是各项整理工作，并适当增设了部分民众教育馆和职业、文化补习班等。但不久解放战争开始，山东省立民众教育馆的民众教育整理工作进展缓慢，再也无法回到抗战前的状态，并随着 1948 年 9 月济南的解放而结束了其使命。

三、进德会

进德会是山东省主席韩复榘于 1932 年主持成立的道德团体，在其活跃的五年时间里曾在山东省享有极大声誉，分会遍布省内各县及军区。进德会以"四维八德"为纲，力倡戒除恶习，健全人格。1937 年，进德会因日寇入侵济南而毁，其组织亦无形解散。

进德会作为官督官办的民间团体，会内日常事务由政府官员兼理，采取会员制管理，据其发行的《进德月刊》所载的一些会员名单，记录了会员的年龄、性别、籍贯、职务，其中会员绝大部分为山东籍男性，基本为政府公务人员和军人，另有一小部分工商界、教育界人士。除宣传教育外，进德会（包括各地分会）常发起各类体育竞赛、艺术表演、文化普及活动，深受群众支持和欢迎。

1932 年 8 月 18 日，进德会总会在济南成立。地点最早在皇亭，后改在大明湖的铁公祠，后又迁至南关演武厅警官学校。成立后各县纷纷效法，先后成立分会 108 处，另有兖州、周村、烟台国民党驻军分会 3 处。1937 年 12 月 27 日，日军侵占济南，省进德会被日军改为"昭和园"公园，后又改为兵工厂，各县分会也纷纷解体。

进德会全国仅山东有之。不同于官办的民众教育馆，也不同于商业性的游艺园。该会的文教组织有国剧研究社，从事京剧的研究和演出，由傅靖远主持；鲁声话剧社由王玉瓒主持，宣扬新学说、新文化，曾演出《阿 Q 正传》《天晴了》《放下你的鞭子》《民族魂》《流亡三部曲》等；进德月刊社，以宣扬旧道德、旧文化，普及会员文艺创作为主旨，郭清甫兼任社长，董绥青兼任总编辑，后又调段凌辰、张敬民分别兼任总编辑、编辑，董绥青改兼副总编辑。创办《进德月刊》，内容有论文、诗歌、文艺、戏剧、漫画、公牍、专载、各县名胜古迹、古物、特产、婚葬习俗、大事记等，该刊连续发行 2 年计 24 期，七七事变后停刊；进德小学，设有董事会，由郭清甫兼董事长。

四、游艺园等其他综合性娱乐活动

济南最早的游艺园是苏古农、季海泉和王盛三在 1925 年共同集股创办的。游艺园集茶社、剧院、影院、动物园、台球等各种文体娱乐场所于一体。进门买门票，进入园内后，除饭店、茶社照价付钱，大京戏院场内的楼座、池座、月台、包厢另按临时规定价格买票外，其他如电影、话剧、大鼓、地方戏、动物园，以及大京戏院中的边座，普通散座，概不另外收费。每逢新年、春节或元宵之夜，燃放五光十色的焰火，在此期间的门票价格略有增加。

五、山东省立实验剧院

山东省立实验剧院，又称山东实验剧院、山东省实验剧院。1928年，日军侵占济南，国民党山东省政府被迫迁驻泰安。这期间，山东省教育厅组成了通俗教育戏剧演出队，又称山东省立民众剧场，是山东省立实验剧院的前身。剧场演出剧目多是"五四"以后盛行的文明戏(话剧)和一些京剧折子戏。1929年4月，日军及张宗昌撤离济南，伪山东省政府6月迁入济南，在民众剧场的基础上，正式成立山东实验剧院，它是山东最早的话剧团体，地址在济南贡院墙根街和文庙两处。

1933年，以山东省立实验剧院为基础，山东省立剧院戏曲学校成立。招收具有中等学历的学生，分别入高级部、初级部，修业4年，实习1年。在北京、天津、济南等地招生，每级约40人。分设表演系、音乐系，郭际湘(老水仙花)、朱桂芬、孙怡云、张焕亭、关丽卿、陈田鹤、李元庆、李华萱、马彦祥、刘念渠、吴瑞燕、卢淦等任教。

学生们经常进行实习演出，从民国二十三年到民国二十四年共演出六十九场次，其中师生合演九次。除京剧、昆曲外还演出徽戏、话剧歌剧，以及举办音乐会等。民国二十三年排演王泊生编写的歌剧《岳飞》，取消打击乐用中西乐器结合的乐队伴奏，并保留昆曲唱法。同时，还编辑出版《山东省立剧院一览》、《舞台艺术》(年刊)、《演剧周报》(附于《山东民国日报》后改为《七日戏剧》)。经常进行实习演出京剧、昆曲、徽剧和话剧、歌剧，并举办音乐会。培养出的学员，高级部有赵荣琛、任桂林、张宝彝、范超俊、陈征信等；初级部有高麟(玉倩)、田菊林、徐志良等；音乐科有魏乐文、刘家魁(梅村)等。1937年抗日战争全面爆发后，部分师生南下，1938年到达重庆，重建学校，后改称"国立歌剧学校"。于1946年解散。

六、广智院

1904 年，基督教浸礼会在青州开办的博古堂迁至济南，由英籍牧师怀恩光主持兴建院舍。次年首期工程竣工，命名为广智院，这是外国教会在中国兴办最早的博物馆之一。

广智院建筑群为一片气势连贯、空间相互连接的中国传统合院式平房，其设计也体现了当时中西风格的交融。该院坐南面北，长 185 米，平均宽近 70 米，建筑群方正对称。其中正为陈列室，左右分别为阅览室和研究所，后为布道堂，总平面呈"出"字形，参观者只要走一圈就能把所有的展品欣赏一遍。陈列大厅通面阔十五间，其中正厅阔七间，深三间，室内通柱高起，外观成二层重檐。左右两翼各四间，深为二间，平接于大厅山墙中部，两端尽间南向辟门，外作小引廊，与转角之纵向陈列室相通。纵向室皆为深仅一间的狭面，南北阔为九间，明间各辟东西向侧门，成中心横向陈列室的出口。横向室东西阔十三间，亦狭面，正中一间前后辟门，贯通休息厅和向南纵列的陈列室。休息厅居建筑群的中央，北起大厅前墙，南接横向室，阔深各三间，左右各有环以外廊的内跨院。建筑群的室内空间，开阔敞朗，通顺紧凑，充分利用了自然通风采光的条件。在当时济南的所有建筑中规模最大，而且空间高大开阔，又有较长的连续展带，从设计角度看相当完美。该馆在中国博览建筑史上占有重要地位，历史学家翦伯赞主编的《中外历史年表》中特地将其作为中国博览馆建筑的代表①。

广智院常年开放，其陈列品包括动物、植物、矿物、天文、地理、机工、卫生、生理、农产、文教、艺术、历史、古物共 13 个门类，展品万余件，分 2000 余组，并采用了展橱、镜框、挂图等多种展览方式。

著名作家老舍 20 世纪 30 年代初在济南居住期间，写下散文《广智

---

① 汪坦主编：《第三次中国近代建筑史研究讨论会论文集》，中国建筑工业出版社 1991 年版，第 29 页。

院》，"逛过广智院的人，从一九〇四到一九二六年，有八百多万；到
如今当然过了千万。乡下人到济南赶集，必附带着逛进广智院"，可见
当时的广智院已经享誉全国。据记载，广智院不仅百姓喜欢，还吸引众
多学者名流，如胡适、老舍、黄炎培等慕名前来，纷纷感叹其启迪民智
的显著作用。"它不纯粹是博物院，因为办平民学校、识字班等，也是
它的一部分作业。此外，它也作点宗教事业。就它的博物院部分的性质
上说，它也是不纯粹的：不是历史博物院、自然博物院、或某种博物
院，而是历史地理生物建筑卫生等等混合起来的一种启迪民智的通俗博
物院。生物标本、黄河铁桥模型、公家卫生的指导物，都在那里陈列
着。"①说明了广智院的性质及发挥的作用。并且指出"大英博物院好则
好矣，怎奈不是中国的！广智院陋则陋矣，到底是洋人办的。中国人谈
社会教育，不止三十年了吧？可是广智院有了二十八年的历史，中国人
自办的东西在哪儿？"就广智院所发挥的影响力，反思国人对公共文化
机构的认识不足，建设不足。

　　著名编辑出版家、作家、翻译家赵家璧1935年6月从泰安坐火车
"六点开，八点多就到济南了，在济南铁路宾馆住了一晚，第二天就雇
了一辆洋车逛地方，其中我最感趣味的是教会的广智馆。我想全国没有
一所民众教育馆，办得及它那样完备的了。那里分动物、历史、地理、
卫生、古物等数部；而陈列圣经的那一室，更是看了使我又佩服又害怕
的。那里大约有两个大房间，很紧密的安排着在中国所有通行的圣经译
本，从海南岛的土语译本，到最标准的官话译本。就拿福建一省讲，有
福州土音，建宁府土音，厦门土音，海南土音等七八种。还有浅文理，
文理，官话注音字母，瞽目文等等。据表上说，全世界的圣经译本至今
为止，已有四百〇六种"②。认为广智院是一流的民众教育馆，尤其是
该院对圣经译本的收藏及展示让其震惊，提醒国人警惕外国文化的

---

　　① 李耀曦、周长风编著：《老舍与济南》，济南出版社2018年版，第50页。
　　② 《良友》画报丛书编委会编：《民国读者旅行记》，上海科学技术文献出版
社2015年版，第194页。

侵略。

受广智院启发，平民教育家林墨青于 1925 年在天津创办了"广智馆"。广智馆仿照广智院的模式创建，只是规模较小。而在南方，还有一座"翻版"建筑，规模更大、内容更广博。1949 年 10 月，著名爱国华侨陈嘉庚在从北京返程途中在济南专程下车，慕名赶往广智院参观。广智院内陈列有文物书画、植物标本，又有河流水利、植树造林、城市建筑等模型，教人民懂得什么是进步，什么是落后愚昧。这让陈嘉庚大受启发，一回到厦门老家他便买下了一座小岛，于 1950 年兴建起一座以教育为功能的博物馆，起名为"集美鳌园"。

1954 年，山东省博物馆接收了济南广智院，其馆藏的动植物标本、古生物化石以及各类文物藏品并入山东省博物馆，其馆舍成为山东省博物馆的分馆。

总之，作为省会城市、作为齐鲁文化的中心，济南在全国较早开始近代公共文化机构建设，先后建立的公共文化机构不仅为济南市民服务，还兼有管理指导山东各市公共文化机构的功能。

第五章　余　　论

晚清以来，中国所面临的"三千年未有之大变局"以及亡国灭种的现实处境都给了中国的知识分子极大的心理压力，这种心理压力促使他们一直在积极地探求救亡图存的途径，其中建构近代公共文化秩序是他们肩负的重要任务之一。

（一）知识分子是近代公共文化秩序建构的主体

不论是宣传和介绍安德鲁·卡内基图书馆捐助思想的社会各界，还是到不列颠博物馆阅读的外交官员、政治流亡者、学者、留学生等，《中国图书馆界人名录》中录入的图书馆人、围绕山东金石保存所建设的博物馆人等，他们都以近代知识分子为核心。他们或经由国内新式教育，或经由国外留学，或经由西方文化熏陶，他们是与传统意义上的士大夫知识结构不相同的文化人，当然这并不排斥他们原有的国学底蕴。

（二）近代公共文化秩序建构的内容

近代公共文化秩序建构主要是指图书馆、博物馆等近代公共文化机构在中国合理化的过程。近代的公共文化机构主要包括图书馆、博物馆、影剧院、民众教育馆等，在我国近代主要表现为以图书馆、博物馆建设为主。

（三）知识分子建构近代公共文化秩序经历了由理念到实践的过程

1. 国外近代公共文化理念对知识分子影响的主要途径

一是宣传。从晚清到民国，从知名学者到图书馆专业人士，从专题演讲到日记、游记、学术专著等，都对国外公共文化理念进行了广泛的宣传，推动了梁启超、张謇、夏鼐、冯陈祖怡等一大批近代知识分子投入我国公共文化秩序建构。

二是许多知识分子还亲自到国外公共文化机构体验。他们因公务、留学、政治流亡等到国外，对国外的公共文化机构进行亲身体验，感受与国内传统文化秩序的不同，尤其是其公共性，如不列颠博物馆完善的服务设施、不论男女、免费向全社会开放等理念，给了他们很大的触动，使他们深切感受到了传统文化机构的封闭性、资源单一等不足，为他们建设新的文化秩序指明了方向。

2. 近代知识分子的公共文化秩序建构理念

近代知识分子在传统文化和国外公共文化理念结合基础上，不断吸收和创新，逐渐形成自己的公共文化秩序建构理念。梁启超和张謇是其中的代表，他们的纪念图书馆、博物馆与图书馆一区建设思想都带有中西文化结合的鲜明特征，他们将图书馆与博物馆的公共性，与中国传统的英雄崇拜、对教育的一贯重视相结合，在急于构建近代公共文化秩序的迫切心情下，形成了博物馆与图书馆一起建设的理念。

3. 近代公共文化秩序建构的艰难实践

在建设近代公共文化秩序的过程中，受内忧外患的社会环境和较低社会经济发展水平的限制，近代公共文化发展所需要的各种条件和各类人才严重不足，知识分子筚路蓝缕，为此付出了极大的辛苦和努力。如王献唐为保存山东文物精华、行程七千里，横跨大半个中国，将其送到四川进行保存。如20世纪30年代的图书馆人与博物馆人，他们往往集教育者、管理者、建馆者、研究者等多种角色于一身，苦心经营各种公共文化机构。

4. 行政权力与近代公共文化秩序建构

知识分子在建设近代公共文化秩序的过程中，对行政权力的依赖明显。尤其是在初期，大部分知识分子通过掌握的行政权力，促进了近代公共文化机构在中国的落脚，随着公共文化事业的发展，专业人士不断增加，近代公共文化机构才得以进一步规范，近代特征进一步明显。

5. 近代公共文化机构的地方性特征

近代公共文化建设主要体现在各级城市中，晚清到民国，全国各地逐渐建立了一定数量的公共文化机构，从总体来看，大部分公共文化机构是由当地知识分子建设，每一个机构的发展都带有当地文化特征。较小的城市，公共文化机构越依赖开明士绅，较大的城市，专业人士发挥的作用相对较大。

（四）近代公共文化建构的局限性

近代知识分子对近代公共文化机构的建构，对提升当地民族素质，弘扬传统文化，宣传近代化的理念，进而推动近代社会转型发挥了积极的作用。但严重的民族危机未能给予他们充分的时间，所以知识分子救亡图存心情急切，专业知识储备及专业化人才的严重不足，使他们主要关注于公共文化机构的建立，而对于公共文化机构规范性和可持续发展问题都未能有效解决，如梁启超、张謇去世后，他们建立的公共文化机构都无法继续发挥有效作用，行政权力的过多干预及待遇等问题又往往导致队伍的不稳定。在日本大举侵华的局势下，知识分子对近代公共文化秩序的建构被迫中断。

（五）启示

不忘初心，继续前进。知识分子基于救亡图存，提升民众素质，筚路蓝缕对近代公共文化秩序的建构，为当代的公共文化建设留下许多重要启示。

1. 重视社会力量参与

梁启超、张謇等我国近代公共文化建设的开创者，他们对图书馆、博物馆的建设实践和理念，体现了社会力量在公共文化建设中的重要作用。我国当前的公共文化建设也急需社会力量的参与，以满足人民日益增长的美好生活需要。改革开放以来，我国在推动社会力量参与公共文化建设方面采取了许多举措，如 2015 年《博物馆条例》明确规定，"国家在博物馆的设立条件、提供社会服务、规范管理、专业技术职称评定、财税扶持政策等方面，公平对待国有和非国有博物馆"，并在博物馆的定义、性质、宗旨、财税扶持政策、监督管理、设立条件、章程事项、法人治理结构、商业经营、藏品取得、藏品管理、法人责任、适用法规、社会服务、陈列展览、开放讲解、开发衍生产品、教育活动、科学研究、公众义务、行业组织、法律责任等方面，不区分国有和非国有博物馆，体现了国家在性质、职能、责任、权益等方面公平对待国有博物馆和非国有博物馆的原则，对于推动社会力量参与公共文化建设提供了政策护航，将会极大激发社会力量参与公共文化建设的积极性。

2. 重视对国外公共文化理念的吸收和创新

他山之石可以攻玉，安德鲁·卡内基的图书馆捐助思想、国外博物馆面向全社会开放的公共理念被知识分子移植到中国，为我国近代公共秩序建构提供了重要理念。当今世界公共文化事业日新月异，生态博物馆、社区博物馆、连锁博物馆等理念都可以为我国当前的公共文化建设提供思路。如古根海姆博物馆是在 20 世纪 50 年代后发展起来的世界上最著名的私人现代艺术博物馆之一，它以连锁经营模式闻名世界。古根海姆博物馆联盟是指美国所罗门·R. 古根海姆（Solomon R. Guggenheim）基金会旗下博物馆群的总称，它的总部设在纽约，先后在意大利威尼斯、西班牙毕尔巴鄂、德国柏林和美国拉斯维加斯等地建有多处分馆。根据古根海姆博物馆联盟的发展特点，结合我国乡村文化建设发展实际，广大乡村可以尝试建立乡村连锁博物馆。

（1）大中博物馆的分馆模式，目前我国现有大中型博物馆，藏品相对丰富，2017年全国第一次文物普查出国有可移动文物共计10815万件/套，绝大部分收藏在各级博物馆。但博物馆展示的空间有限，每年展示的展品在所有藏品中占比很低。如故宫博物院每年举办七八十个展览，能展出的文物只占文物藏品的0.5%。而且策划的展览固定到一个展馆，能够欣赏的观众数量有限。广大的乡村，则缺乏藏品资源和文化载体，亟需高层次的文化产品。针对文化资源不平衡的现状，我国一些博物馆采取了建立分馆的尝试，如中国国家博物馆在雄安、深圳等地筹建分馆，由中国国家博物馆负责提供馆藏精品文物和展览，地方负责馆舍建设和运营经费，运营团队由双方合作组建。这种做法有利于优化区域公共文化服务供给，进一步满足人民精神文化需求。还有些博物馆组织文物回到出土地进行流动展览，如2018年6月16日，陕西历史博物馆就策划了《丝路遗风暨宝贝回家文物精品展》，该展览在安康博物馆开幕，展出文物六十件(组)，其中部分为征调安康地区的文物，该馆的镇馆之宝"鎏金铜蚕"也在其中，在安康当地引起极大轰动。这些做法都极大鼓励当地村民的文化自信心，加强他们对自己家乡的认同。当前此类模式在我国还只是出现在大中城市，进一步延伸到农村是当务之急。

(2)乡村连锁博物馆模式。一方水土养一方人，一定区域的乡村，他们的文化具有很多的共同特点。所以为整合资源，可以在一定区域内建立乡村连锁博物馆，相对"一村一馆"，这种模式将大大节约成本，并能产生较好影响。在经费方面。乡村文化建设需要资金的保障机制。可以多渠道筹集，采取众筹制、会员制、基金会制等办法，采取各级财政拿一点，相关企业赞助一点，热心人士和村民捐助一点的办法来解决资金来源问题。如通过会员制，博物馆将与各类会员建立富有感情的联系，并不断采取措施激发并提高他们的信赖度，增强村民的主人翁意识。会员制实行不同的等级，如缴纳的会费不同，待遇也将不同。在藏品来源方面，采取区域内藏品共享但不共有原则。把藏品相对集中起来共享，但所有权还是属于原所有者，根据藏品的数量和质量，提供者有不同的待遇和收益。在管理方面,需要解决管理机构和管理人才的问题。可以采取一个或几个乡镇为基础,由政府相关人员、藏品提供者、资金提供者、各村等按一定比例组成董事会的方式来进行管理。乡村博物馆联盟首先要按照国家《博物馆条例》的相关规定进行申报,纳入国家博物馆管理体系。具体管理人员可以由董事会聘用相关的专业人员,尤其可以利用各村相关专业的大学生村官;也可以委托相应的文化公司运营,但前提是一定做好相应责权利的界定。管理人员或委托的文化公司根据藏品情况,策划反映本区域文化的展览,在本区域内各村流动展示。对于此类展览,可以收取一定的费用,完善自身造血功能,但不能以盈利为目的,政府要给予减免税收的优惠政策。在展览过程中,可以鼓励当地村民欣赏展览的同时,结合本地归属非物质文化遗产的一些工艺,开发出相应的文创产品,将展览打造成区域乡村文化品牌,可以进一步同其他区域的乡村进行交流。在场馆建设方面,可以利用各村提供现有的文化中心,展览到本村的时候,注重加强安保等方面的措施。待经济收益增加后,可以进一步建设具有本地乡村文化特色的符合博物馆建筑标准的场馆。将博物馆作为乡村文化建设的主要载体,借鉴古根海姆博物馆联盟模式的发展特点,在广大乡村建立大中博物馆的分馆或连锁乡村博物馆,能够使村民成为乡村文化建设的主体,让村民"看得见山,望得见水,留得住乡愁",进而加强对本地文化的认同,进一步做好对传统文化的继承和发展,从而实现乡村振兴。

总之,知识分子对近代公共文化秩序的建构,从理念到实践都为我们留下了宝贵的资源。

主要参考文献

一、论文

1. 胡庆生：《公共图书室之需要》，《浙江公立图书馆年报》1922 年第 8 期。

2. 范并思：《卡内基图书馆计划的回眸与反思》，《中国图书馆学报》2010 年第 1 期。

3. 王小会：《清末和民国时期图书馆人事制度考略：民国图书馆相关法规研究》，《大学图书馆学报》2012 年第 2 期。

4. 毛畅华：《利用统计学确定顾客满意度调查的最小样本容量》，《电子材料与电子技术》2008 年第 3 期。

5. 吴稌年：《图书馆学/协会促进近代图书馆学术转型》，《图书馆理论与实践》2007 年第 2 期。

6. 郑永田：《麦维尔·杜威与美国公共图书馆运动》，《图书馆》2011 年第 4 期。

7. 郭鸿昌：《美国高校图书馆职员待遇及女性馆员状况》，《图书馆论坛》1995 年第 2 期。

8. 姬秀丽：《试析中国近代图书馆人的资格与待遇》，《图书馆论坛》2013 年第 5 期。

9. 冯陈祖怡：《研究中日事件参考书目》，《中法大学月刊》1932 年第 3 期。

10. 黄少明：《略论民国时期图书馆学论文的若干分布特点》，《图书馆杂志》1991 年第 4 期。

11. 程焕文：《论"图书馆精神"》，《黑龙江图书馆》1988 年第 4 期。

12. 柳成栋：《民国初期的木兰县陈氏私立图书馆》，《黑龙江图书馆》1986 年第 4 期。

13. 程焕文：《论图书馆学宗师沈祖荣先生与胡庆生先生的关系——〈退出图书馆界的名人〉纠谬》，《图书馆》2001 年第 5 期。

14. 袁逸：《也说民国图书馆员的薪水》，《图书馆报》2011 年 8 月 19 日。

15. 陈碧香：《中国现代女性图书馆先驱冯陈祖怡研究》，《图书馆理论与实践》2014 年第 2 期。

16. 冯陈祖怡：《图书馆教育急欲发展之理由与计划》，《图书馆学季刊》1923 年第 7 卷第 4 期。

17. 戴志骞：《图书馆学》，《清华周刊》1924 年第 305 期。

18.《图书馆消息》，《中法大学月刊》1932 年第 1 期、1934 年第 2 期、1936 年第 1 期。

19. 冯陈祖怡：《中法大学图书馆概况》，《图学馆学季刊》1933 年第 1~4 期。

20.《会员消息》，《中国图书馆学会会报》1934 年第 9 卷第 4 期、1934 年第 10 卷第 2 期。

21. 贺黎：《中国国际图书馆略说》，《江苏图书馆学报》1997 年第 6 期。

22. 李刚、叶继元：《中国现代图书馆专业化的一个重要源头——中华教育改进社"图书馆教育组"的历史考察》，《中国图书馆学报》2011 年第 37 期。

23.《北平图书馆协会常会》，《中华图书馆协会会报》1931 年第 6 卷第 5 期。

24.《汪事务员呈本院文》，《铁路学院月刊》1934 年第 17 期。

25.《北平图书馆协会三次常会》,《中华图书馆协会会报》1936 年第 12 卷第 3 期。

26.《北平图书馆协会开春季大会》,《中华图书馆协会会报》1937 年第 12 卷第 5 期。

27.《中华图书馆协会第一次年会纪事》,《中华图书馆协会会报》1929 年第 4 卷第 10 期。

28.《中华图书馆协会第二次年会纪事》,《中华图书馆协会会报》1933 年第 9 卷第 2 期。

29.《上海图书馆协会之新职员》,《中华图书馆协会会报》1929 年第 4 卷第 5 期。

30.《上海图书馆协会开会》,《中华图书馆协会会报》1929 年第 5 卷第 1、2 期合刊。

31. 冯陈祖怡:《图书馆教育急宜发展之理由及其计划》,《教育丛刊》1923 年第 3 卷第 6 期。

32. 高增忠:《博物馆形象建设浅论》,《南方文物》2002 年第 3 期。

33. 吴晓明:《文化软实力与免费开放中的博物馆形象塑造》,《杭州文博》2011 年第 1 期。

34. 高峰:《浅谈博物馆形象的塑造》,《文物春秋》2004 年第 2 期。

35. 聂德民、宋守华:《新时期推进农村文化建设的一种思路》,《安徽农业科学》2011 年第 3 期。

36. 冯好:《浅谈博物馆的公共形象》,《沈阳故宫博物院院刊》2008 年第 6 期。

37. 周九常:《公共图书馆社会形象体系模型构建》,《图书馆理论与实践》2013 年第 5 期。

38. 汤景婷:《古根海姆博物馆运作的成功经验》,《美与时代(上)》2012 年第 6 期。

39. 黄少明:《不列颠博物馆和中国读者(一)(二)(三)(四)》,《图书馆建设》1992 年第 6 期、1993 年第 1 期、1993 年第 2 期、1993 年第 4 期。

40. 叶新：《〈古今图书集成〉入藏不列颠博物馆始末》，《文史知识》2019 年第 7 期。

41. 王冀青：《斯坦因与陈贻范交游考》，《南京师范大学学报》2007 年第 4 期。

42. 宋兵：《两封有特殊意义的张元济信札》，《世纪》2017 年第 5 期。

43. 桑兵：《晚清民国知识人的知识》，《学术研究》2020 年第 1 期。

44. 傅振伦：《英国博物院参观纪略》，《中国博物馆协会会报》1936 年第 5 期。

45. 陈恒新：《王重民在法国期间致伯希和四信考释》，《大学图书馆学报》2017 年第 6 期。

46. 徐玲：《从〈夏鼐日记〉看夏鼐与中国博物馆事业》，《中国文物报》，2015 年 6 月 9 日，第 7 版。

47. 斯蒂芬·夸克：《夏鼐先生与古埃及串珠研究》，《考古》2014 年第 6 期。

48. 胡明想、周春晖：《梁启超与松坡图书馆》，《图书馆理论与实践》1997 年第 4 期。

49. 麦群忠：《梁启超和松坡图书馆》，《图书馆论坛》2001 年第 1 期。

50. 刘燕：《梁启超与松坡图书馆》，《北京档案》2003 年第 11 期。

51. 郭英：《梁启超与松坡图书馆》，《河南图书馆学刊》2006 年第 2 期。

52. 李效筠：《梁启超与北京松坡图书馆的创建》，《兰台世界》2014 年第 4 期。

53. 熊月英：《中国南北两"松坡图书馆"史实钩沉》，《图书馆》1995 年第 3 期。

54. 黄菊屏：《松坡图书馆演变的历史及其启示》，《图书馆理论与实践》2000 年第 5 期。

55. 郭英：《梁启超与松坡图书馆》，《河南图书馆学刊》2006 年第
4 期。

56. 岳晓东：《青少年偶像崇拜与榜样学习的异同分析》，《青年研
究》1999 年第 7 期。

57. 彭安玉：《张謇的区域发展观与"南通模式"的兴衰》，《南通大
学学报》(哲学社会科学版)2005 年第 3 期。

58. 黄少明：《我国早期图书馆对博物馆的贡献》，《图书情报工
作》2005 年第 11 期。

59. 姬秀丽：《梁启超的纪念图书馆思想及其现实意义》，《图书馆
建设》2012 年第 8 期。

60. 程焕文：《图书馆人与图书馆精神》，《中国图书馆学报》1992
年第 2 期。

61. 刘方：《近代职业女性从业状况考察》，《河南教育学院学报》
(哲学社会科学版)2009 年第 3 期。

62. 郑永田：《麦维尔·杜威与美国公共图书馆运动》，《图书馆》
2011 年第 4 期。

63. 郭鸿昌：《美国高校图书馆职员待遇及女性馆员状况》，《图书
馆论坛》1995 年第 2 期。

64. 杜定友：《儿童图书馆问题》，《教育杂志》1926 年第 4 期。

65. 杜定友：《图书馆与女子职业》，《妇女杂志》1928 年第 4 期。

66. 杜定友：《妇女与图书馆事业》，《唯美》1935 年第 10 期。

67. 杜定友：《图书馆与女子职业》，罗焕华、袁惠娴笔记，《民族
教师》1941 年第 8~9 期。

68. 陈伯达：《本会图书馆学学函授社告全国图书馆界同志及留心
永久专门职业者》，《上海图书馆协会会报》1930 年第 2 期。

69. 刘自昭：《儿童图书馆之新设施》，《北京市市立第一图书馆馆
刊》1931 年第 1 卷第 1 期。

70. 上海图书馆协会：《提倡图书馆职业案》，《教育与职业》1930年第 116 期。

71.《广州市立职业学校添办图书管理科》，《图书馆报》1929 年第 7卷第 4 期。

72.《安徽省立第一中等职业学校图书馆班十九年度毕业生览》，《中华图书馆协会会报》1931 年第 7 卷第 1 期。

73. 任家乐、姚乐野：《民国时期四川省立成都女子职业学校高级图书管理科办学研究》，《大学图书馆学报》2015 年第 5 期。

74. 王华、郑振铎：《藏书思想对暨南大学图书馆的影响》，《暨南学报》(哲学社会科学版)2006 年第 6 期。

75. 韦庆媛：《民国时期清华图书馆员的大动荡及启示》，《河南图书馆学刊》2019 年第 5 期。

76. 袁逸：《也说民国图书馆员的薪水》，《图书馆报》，2011 年 8月 19 日，第 A7 版。

77. 王献唐：《一年来本馆工作之回顾》，《山东省立图书馆季刊》1931 年第 1 集第 1 期。

78. 屈万里：《载书播迁记》，《春秋》2008 年第 6 期。

79. 李飞：《陶斋博物馆与晚清金石文化转型》，《中国国家博物馆馆刊》2019 年第 1 期。

80. 魏敬群：《姚鹏图与山东图书馆的往事》，《济南时报》，2012年 1 月 10 日，第 B06 版。

81. 许纪霖：《近代中国的公共领域：形态、功能与自我理解——以上海为例》，《史林》2003 年第 2 期。

82. 徐玲：《河南古迹研究会与河南博物馆》，《中原文物》2007 年第 12 期。

83. 魏敬群：《傅斯年、王献唐与山东古迹研究会》，《春秋》2017年第 3 期。

84. 朱秉国：《民众教育馆长的诸问题》，《山东民众教育》1934 年第 3 期。

二、论著

1. 费孝通：《乡土中国：生育制度·乡土重建》，商务印书馆，2015 年。

2. 范并思：《20 世纪西方与中国的图书馆学》，北京图书馆出版社，2004 年。

3. 梁启超：《新大陆游记》，社会科学文献出版社，2007 年。

4. 中国图书馆学会主编，《建筑创作》杂志社编：《百年文萃：空谷余音》，中国城市出版社，2005 年。

5. 陈独秀：《独秀文存》，安徽人民出版社，1987 年。

6. 杨昭悊：《图书馆学》，商务印书馆，1933 年。

7. 马宗荣：《现代图书馆经营论》，商务印书馆，1928 年。

8. 范凡：《民国时期图书馆学著作出版与学术传承》，国家图书馆出版社，2011 年。

9. 丁天顺、许冰：《山西近现代人物辞典》，山西古籍出版社，1999 年。

10. 孟雪梅：《近代中国教会大学图书馆研究》，国家图书馆出版社，2009 年。

11. 高平叔：《蔡元培年谱长编》下，人民教育出版社，1998 年。

12. 赵俊玲：《中华图书馆协会会报》，国家图书馆出版社，2009 年。

13. 梁启超：《饮冰室合集》，中华书局，1989 年。

14. 唐钺、朱经农、高觉敷：《教育大辞书》，商务印书馆，1930 年。

15. 杨宝华、韩德昌编：《中国省市图书馆概况》（1919—1949），书目文献出版社，1985 年。

16. 程焕文：《图书馆精神》，北京图书馆出版社，2007 年。

17. 严文郁：《中国图书馆发展史：自清末至抗战胜利》，台湾中国图书馆学会，1983 年。

18. 谢灼华：《中国图书和图书馆史》，武汉大学出版社，2011 年。

19. 李致忠主编：《中国国家图书馆馆史资料长编：1909—2008》上册，国家图书馆出版社，2009 年。

20. 金敏甫编：《中国现代图书馆概况》，广州图书馆协会，1929 年。

21. 乔志强：《中国近代社会史》，人民出版社，1992 年。

22. 马先阵、倪波编：《李小缘纪念文集》，南京大学出版社，1988 年。

23. 程亚男：《书海听涛：图书馆散论》，北京图书馆出版社，2001 年。

24. 来新夏等著：《中国近代图书事业史》，上海人民出版社，2000 年。

25. 宋景祁等编：《中国图书馆界人名录》，上海图书馆协会，1930 年。

26. 李大钊：《李大钊文集》，人民出版社，1984 年。

27. 沈祖荣著，丁道凡搜集编注：《中国图书馆界先驱沈祖荣先生文集(1918—1944 年)》，杭州大学出版社，1991 年。

28. [印]阮冈纳赞著，夏云等译：《图书馆学五定律》，书目文献出版社，1988 年。

29. 马克思：《马克思恩格斯选集》第 2 卷，人民出版社，1972 年。

30. 李希泌、张椒华编：《中国古代藏书与近代图书馆史料(春秋至五四前后)》，中华书局，1982 年。

31. 周公才：《周公才旅行笔记》，商务出版社，1919 年。

32. 沈学植：《图书馆学 ABC》，ABC 丛书社，1928 年。

33. 北京图书馆《文献》丛刊编辑部：《文献》第 14 辑，书目文献出版社，1982 年。

34. 洪有丰：《图书馆组织与管理》，商务印书馆，1926年。

35. 教育部社会教育司编：《全国公私立图书馆一览表》，教育部社会教育司，1930年。

36. 杨昭悊等译：《图书馆员之训练》，商务印书馆，1933年。

37. 杜定友：《图书馆通论》，商务印书馆，1925年。

38. 国立广西大学图书馆编：《国立广西大学图书馆览》，国立广西大学图书馆，1930年。

39. 李大钊著，《李大钊全集》编委会编：《李大钊全集》，河北教育出版社，1996年。

40. 王振鸣：《图书馆法规文件汇编》，河北大学图书馆学系，1985年。

41. 程伯群：《比较图书馆学》，世界书局，1935年。

42. 董方奎、陈夫义：《梁启超论教育》，三环出版社，2007年。

43. 国立中山大学图书馆编：《国立中山大学图书馆概览》，国立中山大学图书馆，1935年。

44. 施锐：《奋斗一生——纪念施廷镛先生》，南京大学出版社，2008年。

45. 何一民：《近代中国城市发展与社会变迁：1840—1949年》，科学出版社，2004年。

46. 严文郁先生八秩华诞庆祝委员会编：《严文郁先生图书馆学论文集》，台湾辅仁大学图书馆学系，1983年。

47. 埃德加·斯诺著，董乐山译：《西行漫记》，生活·读书·新知三联书店，1979年。

48. 谭新嘉：《梦怀录》，书目文献出版社，1982年。

49. 《海淀文史选编 第10辑》，中国人民政治协商会议北京市海淀区委员会文史资料委员会，2002年。

50. 中国李大钊研究会编注：《李大钊全集》第3卷，人民出版社，2006年。

51. 江南大学图书馆:《构筑创新型文献信息保障平台》,兵器工业出版社,2006 年。

52. 王文俊等选编:《南开大学校史资料选:1919—1949》,南开大学出版社,1989 年。

53. 南开大学图书馆编:《南开大学图书馆建馆八十周年纪念集》,南开大学出版社,1999 年。

54. 北京师范大学图书馆编:《北京师范大学图书馆百年馆庆纪念册》,北京师范大学出版社,2002 年。

55.《学府丛刊》第 1 辑,北京师范大学出版社,1985 年。

56. 丘东江等编著:《国际图联 IFLA 与中国图书馆事业》下,华艺出版社,2002 年。

57. 胡道静:《胡道静文集·上海历史研究》,上海人民出版社,2011 年。

58. 陈祖怡编:《上海各图书馆概览》,世界书局,1934 年。

59. 夏鼐:《夏鼐日记》卷三 1942—1945,华东师范大学出版社,2011 年。

60. 葛延瑛修:《重修泰安县志》第五卷,民国十八年(1929)铅印本。

61. 倪锡英:《曲阜泰山游记》,中华书局,1931 年。

62. 柳建新主编:《泰山文博研究》,山东画报出版社,2008 年。

63. 中国第二历史档案馆编:《冯玉祥日记》,江苏古籍出版社,1992 年。

64. 易君左等撰,周郢校注:《定泰山为国山刍议校注》,泰山文化协会,2010 年。

65. 中国博物馆学会编:《回顾与展望:中国博物馆发展百年——2005 年中国博物馆学会学术讨论会文集》,紫禁城出版社,2005 年。

66. 中国国家文物局、中国博物馆协会主编:《中国博物馆志》上海卷、山东卷、青海卷,文物出版社,2013 年。

67.《山东省文化艺术志资料汇编》第 1 辑，山东省文化厅《文化艺术志》编辑办公室，1984 年。

68. 国家档案局办公室编：《档案工作文件汇集》第二集，档案出版社，1985 年。

69. 国家档案局编：《中国档案年鉴·1989》，档案出版社，1992 年。

70. 天津市地方史志编修委员会总编辑室：《地方志学习参考资料》，1987 年。

71. 河南省地方史志编纂委员会编：《修志文件选编：1981—1989》，1990 年。

72. 中国图书馆年鉴编委会编：《中国图书馆年鉴·1996》，北京图书馆出版社，1997 年。

73. 中共泰安市委党史资料征集研究委员会编：《泰汶星火》，济南出版社，1995 年。

74. 王宏钧：《中国博物馆学基础》，上海古籍出版社，2015 年。

75. [英]唐·汤普森：《疯狂经济学：让一条鲨鱼身家过亿的学问》，南海出版公司，2013 年。

76. 夏鼐：《夏鼐日记》卷一 1930—1935，华东师范大学出版社，2011 年。

77. 曾祥明：《重新发现乡村》，东北林业大学出版社，2017 年。

78.《当代中国的博物馆事业》编辑委员会编：《当代中国的博物馆事业》，当代中国出版社，2009 年。

79. 茅海建编：《戊戌变法史事考二集》，生活·读书·新知三联书店，2018 年。

80. 任继愈：《中国藏书楼》，辽宁人民出版社，2001 年。

81. 郭绍虞编：《近代文编》，辽宁人民出版社，2012 年。

82. 沈颐、路费达、戴克敦编：《民国老课本》中册，群言出版社，2015 年。

83. 谢军、钟楚楚编辑：《胡适留学日记》，海南出版社，1994年。

84. 孟宪承著，周谷平、赵卫平编：《孟宪承教育论著选》，人民教育出版社，1997年。

85. 王余光主编，王余光、汪琴著：《中国阅读通史·理论卷》，安徽教育出版社，2017年。

86. 王余光等著，许欢、李雅编：《中国阅读文化史论》，北京图书馆出版社，2007年。

87. 张德彝著，钟叔河校点：《航海述奇》，湖南人民出版社，1981年。

88. 郭嵩焘撰，梁小进主编：《郭嵩焘全集》第10册，岳麓书社，2018年。

89. 郭嵩焘：《伦敦与巴黎日记》，《走向世界丛书》第4册，岳麓书社，2008年。

90. 李圭：《环游地球新录》，《走向世界丛书》第6册，岳麓书社，2008年。

91. 张德彝：《随使英俄记》，《走向世界丛书》第7册，岳麓书社，2008年。

92. 刘锡鸿：《英轺私记》，《走向世界丛书》第7册，岳麓书社，2008年。

93. 王介南：《近代中外文化交流史》，山西人民出版社，2009年。

94. 郑曦原编：《帝国的回忆〈纽约时报〉晚清观察记（1854—1911）上》，当代中国出版社，2011年。

95. 陈垣编：《敦煌劫余录》上，中央研究院历史语言研究所，1931年。

96. 王韬：《漫游随录》，《走向世界丛书》第6册，岳麓书社，2008年。

97. 夏良才、曾景忠：《近代中国人物》第3辑，重庆出版社，1986年。

98. 张海林：《王韬评传》，南京大学出版社，2007 年。

99. 王咏霓、张元济：《道西斋日记·环游谈荟》，岳麓书社，2016 年。

100. 张元济：《张元济全集：第 1 卷·书信》，商务印书馆，2007 年。

101. 张人凤、柳和城编：《张元济年谱长编》下，上海交通大学出版社，2011 年。

102. 余欣：《博望鸣沙：中古写本研究与现代中国学术史之会通》，上海古籍出版社，2012 年。

103. 任青：《中华风云人物系列：孙中山之谜》，南京出版社，2013 年。

104. [英]简·康德黎·斯图尔特著，施美华、李东译：《仁慈为本：康德黎夫妇的生平》，世界知识出版社，1996 年。

105. 冯契：《中国近代哲学史》上，生活·读书·新知三联书店 2014 年。

106. 康有为：《欧洲十一国游记》，广西师范大学出版社，2016 年。

107. 康有为：《英国游记》，岳麓书社，2016 年。

108. 郑观应著，辛俊玲评注：《盛世危言》，华夏出版社，2002 年。

109. 王晓秋：《近代中日文化交流史人物研究》，昆仑出版社，2015 年。

110. 王学珍、张万仓编：《北京高等教育文献资料选编：1861—1948》，首都师范大学出版社，2004 年。

111. 郑振铎著，陈福康整理：《郑振铎日记全编》，山西古籍出版社，2006 年。

112. 向达：《唐代长安与西域文明》，商务印书馆，2017 年。

113. 戈公振：《中国报学史》，生活·读书·新知三联书店，

2011 年。

114. 胡适：《胡适全集》第 9 卷，安徽教育出版社，2003 年。

115. 王重民：《英伦所藏敦煌经卷访问记》，《敦煌遗书论文集》，中华书局，1984 年。

116. 刘诗平、孟宪实：《敦煌百年：一个民族的心灵历程》，广东教育出版社，2000 年。

117. 甘肃省社会科学院文学研究室编：《关陇文学论丛：敦煌文学专集》，甘肃人民出版社，1983 年。

118. 胡适：《胡适谈读书》，百花洲文艺出版社，2016 年，第224 页。

119. 修彩波：《近代学人与中西交通史研究》，光明日报出版社，2010 年。

120. 夏鼐：《夏鼐日记》卷二 1936—1940，华东师范大学出版社，2011 年。

121. 金耀基：《中国文明的现代转型》，山东人民出版社，2016 年。

122. 殷光熹：《殷光熹文集》第 3 卷，云南大学出版社，2015 年。

123. 韬奋基金会、上海韬奋纪念馆编：《韬奋全集》增补本第 6 册，上海人民出版社，2015 年。

124. 孙进已、苏天钧、孙海主编：《中国考古集成·华北卷》，哈尔滨出版社，1994 年。

125. 梁启超：《新民说》，中州古籍出版社，1998 年。

126. 吴晞：《从藏书楼到图书馆》，书目文献出版社，1996 年。

127. 任继愈：《中国藏书楼》，辽宁人民出版社，2000 年。

128. 蒋永福编：《图书馆学基础简明教程》，知识产权出版社，2012 年。

129. 李桂林、戚名琇、钱曼倩编：《中国近代教育史资料汇编——普通教育》，上海教育出版社，1995 年。

130. 周洋：《梁启超传》，北京时代华文书局，2016 年。

131. 高占祥主编，周婷著：《蔡锷传》，北京时代华文书局，2016 年。

132. 梁启超：《梁启超全集》，北京出版社，1999 年。

133. 夏晓虹编：《追忆梁启超》增订本，生活·读书·新知三联书店，2009 年。

134. 中国第二历史档案馆编：《中华民国史档案资料汇编》第 3 辑，江苏古籍出版社，1991 年。

135. 曾国藩、胡林翼：《曾胡治兵录》，中共中央党校出版社，2008 年。

136. 梁启超：《饮冰室合集·文集之 40》，中华书局，1989 年。

137. 丁文江、赵丰田：《梁启超年谱长编》，上海人民出版社，1983 年。

138. 郁达夫：《故都的秋：郁达夫散文经典》，吉林出版集团股份有限公司，2018 年。

139. 陶行知：《行知书信集》，安徽人民出版社，1981 年。

140. 徐铸成：《旧闻杂忆》，四川人民出版社，1981 年。

141. 周秋光：《熊希龄集》中册，湖南人民出版社，2008 年。

142. 蒋复璁、梁实秋主编：《徐志摩全集》第 1 辑，台湾传记文学出版社，1980 年。

143. 朱自清、徐志摩：《中国现代文学名家经典合集·志摩的诗》，四川人民出版社，2018 年。

144. 陈燮君、盛巽昌主编：《二十世纪图书馆与文化名人》，上海社会科学院出版社，2004 年。

145. 姜德明编：《梦回北京：现代作家笔下的北京：1919—1949》，生活·读书·新知三联书店，2009 年。

146. 胡适：《胡适文存三集》，中央编译出版社，2014 年。

147. 汤志钧：《戊戌变法人物传稿》增订本上，中华书局，

1961 年。

148. 汤志钧：《戊戌变法史》修订版，上海社会科学院出版社，2015 年。

149. 汤志钧、陈祖恩：《戊戌时期教育》，上海教育出版社，1993 年。

150. 章开沅：《章开沅文集》第 5 卷，华中师范大学出版社，2015 年。

151. 王倚海：《南通博物苑百年苑庆纪念文集》，文物出版社，2005 年。

152.《张謇全集》编纂委员会：《张謇全集》第 6 册，上海辞书出版社，2012 年。

153. 汪敬虞：《中国近代工业史资料》第 2 辑，科学出版社，1957 年。

154. 丁守和：《中国历代治国策选粹》，高等教育出版社，1994 年。

155. 张謇：《东游日记》，《张季子九录·专录》第 4 卷，中华书局，1931 年。

156. 张冠生：《纸声远》，人民东方出版传媒有限公司，2018 年。

157. 李淑萍、宋伯胤：《博物馆历史文选》，陕西人民出版社，2000 年。

158.《张謇全集》，江苏古籍出版社，1994 年。

159. 南京博物院：《宋伯胤文集·博物馆卷》，文物出版社，2009 年。

160. 王喜旺：《教育家张之洞研究》，山东人民出版社，2016 年。

161. 钱端升：《钱端升全集·民国政制史》下，中国政法大学出版社，2017 年。

162. 陈亮：《南通市图书馆志 1912—2012》，上海古籍出版社，2012 年。

163. 章开沅：《开拓者的足迹——张謇传稿》，中华书局，1986年。

164.《毛泽东选集》第1~4卷，人民出版社，1991年。

165. 谢青：《求真集——谢青史学论文选》，安徽师范大学出版社，2018年。

166. 中国人民政治协商会议全国委员会文史资料研究委员会编：《文化史料丛刊》第2辑，文史资料出版社，1981年。

167. 印顺等编：《太虚大师全书》第26册，宗教文化出版社，2005年。

168. 王中忱：《走读记》，中央编译出版社，2007年。

169. 孙培青：《中国教育管理史》第2版，人民教育出版社，2013年。

170. 舒新城：《近代中国教育史料》，中国人民大学出版社，2012年。

171. 陈文源主编，无锡市史志办公室编：《荣德生文论存稿类选》，古吴轩出版社，2015年。

172. 中国科学院微生物研究所：《薛禹谷文集：八十华诞纪念》，2003年。

173. 刘劲松：《抗战时期中国图书馆界研究》，商务印书馆，2018年。

174. 董方奎、陈夫义主编：《梁启超论教育》，三环出版社，2007年。

175. 马先阵、倪波编：《李小缘纪念文集》，南京大学出版社，1988年。

176. 章开沅、马敏主编：《基督教与中国文化丛刊》，湖北教育出版社，2004年。

177. 周洪宇：《不朽的文华——从文华公书林到文华图书馆学专科学校》，华中师范大学出版社，2013年。

178. 浙江省图书馆志编纂委员会：《浙江省图书馆志》，中国书籍出版社，1994 年。

179. 李明：《青岛往事：从德国租借地到八大关，重组的城市影像》，北方文艺出版社，2017 年。

180. 刘荣华编著：《湖州百年收藏》，浙江古籍出版社，2012 年。

181. 梁实秋：《梁实秋散文集》，北方文艺出版社，2018 年。

182. 赵俊玲：《中华图书馆协会会报》第 3 册，国家图书馆出版社，2009 年。

183. 许晚成：《全国图书馆调查录》，上海大南门龙文书店，1935 年。

184. 杜定友：《图书馆通论》，商务印书馆，1925 年。

185. 王振鸣：《图书馆法规文件汇编》，河北大学图书馆学系，1985 年。

186. 郑锦怀：《中国现代图书馆先驱戴志骞研究》，中国海洋大学出版社，2017 年。

187. 浦江清：《清华园日记　西行日记》(增补本)，生活·读书·新知三联书店，1999 年。

188. 清华大学校史研究室，《清华大学史料选编》第二卷上，清华大学出版社，1991 年。

189. 北京图书馆《文献》丛刊编辑部，吉林省图书馆学会会刊编辑部编：《中国当代社会科学家》第 6 辑，书目文献出版社，1984 年。

190. 上海图书馆编：《顾廷龙先生纪念集》，上海科学技术文献出版社，2014 年。

191. 何一民：《近代中国城市发展与社会变迁：1840—1949 年》，科学出版社，2004 年。

192. 广东省立中山图书馆编：《情书：致中山图书馆》，广东教育出版社，2012 年。

193. 上海图书馆编：《我与上海图书馆》，上海科学技术文献出版社，2002 年。

194. 陶善耕：《旧时河南县级图书馆寻踪"五陋居"札记》，吉林文史出版社，2009 年。

195. 魏奕雄：《抗日乐山》，四川省乐山市档案馆编印，2015 年。

196. 王运堂主编，王文刚等撰稿，《山东省图书馆》编委会编：《山东省图书馆志》，中华书局，2004 年。

197. 山东省图书馆编：《山东省图书馆馆史资料选编》上，齐鲁书社，2015 年。

198. 钱基博：《近百年湖南学风》，岳麓书社，2010 年。

199. 王志民主编：《山东重要历史人物》第 4 卷，山东人民出版社，2009 年。

200. 孙青松、贺福顺主编：《嘉祥汉画像石选》，香港唯美出版公司，2005 年。

201. 杨培明主编：《南菁书院志》，上海书店出版社，2015 年。

202. 谢兆有、刘勇、王毅编著：《山东书画家汇传》，中国文联出版社，2003 年。

203. 陈镇波：《宋恕评传》，浙江人民出版社，2010 年。

204. 金丹霞、潘虹主编：《温州百年文化星座》，浙江摄影出版社，2013 年。

205. 聂立申：《金代泰山名士稽考》，吉林大学出版社，2015 年。

206.（清）叶昌炽撰，王其校点：《语石》，辽宁教育出版社，1998 年。

207. 武汉大学中国高校哲学社会科学发展与评价研究中心组编：《海外人文社会科学发展年度报告·2015》，武汉大学出版社，2015 年。

208. 钱基博：《近百年湖南学风：经学通志》，湖南师范大学出版社，2018 年。

209. 上海图书馆编：《汪康年师友书札》第二册，上海书店出版社，2017 年。

210. 胡珠生:《宋恕集》,中华书局,1993年。

211. 王绍曾、沙嘉孙:《山东藏书家史略》,山东大学出版社,1992年。

212. 陈元晖主编,高时良、黄仁贤编,中国近代教育史资料汇编:《洋务运动时期教育》,2007年。

213. 苑书义、孙华峰、李秉新主编,秦进才常务副主编,吕苏生、徐俊元、孙广权副主编:《张之洞全集》第8册,河北人民出版社,1998年。

214. 钱基博著,刘梦溪主编,傅道彬编校:《中国现代学术经典·钱基博卷》,河北教育出版社,1996年。

215. 安可荇、王书林手稿整理,杜泽逊编校整理:《王献唐师友书札》上,青岛出版社,2009年。

216. 陈道华、姚鹏图:《日京竹枝词·扶桑百八吟》,岳麓书社,2016年。

217. 江琳:《从"文物保护"到"文化保护":近代中国文物保护的制度与实践研究:1840—1949》,新华出版社,2015年。

218. 李勇慧:《王献唐著述考》,山东教育出版社,2014年。

219. 罗振玉著,罗继祖主编:《罗振玉学术论著集》第3集,上海古籍出版社,2010年。

220. 朱正:《鲁迅研究文丛》第3辑,湖南人民出版社,1981年。

221. 北京鲁迅博物研究室编:《鲁迅研究资料·24》,中国文联出版公司,1991年。

222. 赵炳武主编:《山东省公共图书馆发展简史》,中国文联出版社,2005年。

223. 李耀曦、周长风编著:《老舍与济南》,济南出版社,2018年。

224. 石兴泽:《傅斯年别传》,中国社会出版社,2005年。

225. 李勇慧:《一代传人王献唐》,山东教育出版社,2012年。

226. 王献唐：《砖瓦图书为什么要开会展览？》，山东省立图书馆排印本，1931年。

227. 傅增湘：《藏园游记·游山东灵岩日记》，印刷工业出版社，1995年。

228. 张希鲁：《西楼文选》，昭通地区行署文化局，1985年。

229. 赵俪生：《赵俪生文集》第5卷，兰州大学出版社，2002年。

230. 李克欣主编：《中国留学生在上海》，东方出版中心，2013年。

231. 吴宓著，吴学昭整理注释：《吴宓日记》第6册，生活·读书·新知三联书店，1998年。

232. 山东省政协文史资料委员会编，《山东文史集粹》修订本下集，中国文史出版社，1998年。

233. 中国博物馆学会编：《中国博物馆志》，华夏出版社，1995年。

234. 史勇：《中国近代文物事业简史》，甘肃人民出版社，2009年。

235.《民国山东通志》编辑委员会编：《民国山东通志》第5册，山东文献杂志社，2002年。

236. 中国博物馆协会编辑：《中国博物馆一览》，中国博物馆协会，1936年。

237. 中国戏曲志编辑委员会：《中国戏曲志·山东卷》，中国ISBN中心出版社，2000年。

238. 汪坦主编：《第三次中国近代建筑史研究讨论会论文集》，中国建筑工业出版社，1991年。

239. 曲进贤主编，周郢等编撰：《泰山通鉴》，齐鲁书社，2005年。

240. 王世民：《夏鼐传稿》，社会科学文献出版社，2020年。

241. 马先阵、倪波编：《李小缘纪念文集》，南京大学出版社，

1988 年。

三、学位论文

1. 侯玮辰：《卡内基图书馆捐建活动的历史与价值》，硕士学位论文，北京大学信息管理系，2010 年。